Bettina Reiter
Spaziergänge mit Freud

für Fanny

Bettina Reiter

Spaziergänge mit Freud

Psychoanalytische
Beobachtungen

EDITION **STEINBAUER**
Wien 2007

Dieses Buch entstand mit großzügiger Unterstützung durch:
Die Kulturabteilung der Stadt Wien, Wissenschafts- und Forschungsförderung

Bibliografische Information der Deutschen Bibliothek
Die Deutsche Bibliothek verzeichnet diese Publikation in der Deutschen Nationalbibliografie;
detaillierte bibliografische Daten sind im Internet über http://dnb.ddb.de/ abrufbar.

Edition Steinbauer
Alle Rechte vorbehalten
© Edition Steinbauer GmbH
Wien 2007
Redaktion: Reingard Grübl-Steinbauer
Druck: Druckerei Theiss GmbH
Printed in Austria

ISBN: 978-3-902494-21-4

Inhalt

7 Psychoanalytiker – ein unmöglicher Beruf?
8 Psychoanalytiker haben es schwer?
29 Identifikation und Neugier
33 Seitenblicke
36 Eine nachträgliche Begegnung
41 Wie wird man ein Psychoanalytiker?

45 Erster Spaziergang : Wien
46 Das Sigmund Freud Museum Wien
53 Übertragung I
62 Die Hysterie: Miss Lucy R.
65 Die Verdrängung: „Wo ordinärt denn der Herr Doktor?"
69 Übertragung II: Verzaubert-Sein-Wollen

77 Begeisterung und Ablehnung
78 Alfred Adler – ein Fallbeispiel
78 *Adlers Bruch mit Freud*
80 *Manès Sperber – Politische Psychologie als Missverständnis*
85 *Wie passen Minderwertigkeit und Gemeinschaftsgefühl zusammen?*
86 *Sperber als Adlers Sprachrohr*
88 *Das Ende einer Beziehung*
92 Der Narzissmus der kleinen Differenz
98 Der Widerstand

117 Zweiter Spaziergang: London
118 Maresfield Gardens
126 Die Sammlung in Maresfield Gardens
128 Ödipus, Penisneid, Kastrationsangst
134 Das Unbewusste
138 Erste und zweite Topik
140 Konflikt, Trauma und Nachträglichkeit: Neurosezutaten

155	**Frauen und Psychoanalyse – Psychoanalyse der Frauen**
157	Margarethe Hilferding
160	*Mutterliebe*
162	*Was braucht die Mutter?*
167	Sabina Spielrein
168	*Eine fatale Beziehung*
170	*Die Destruktion als Ursache des Werdens*
172	Melanie Klein
177	*Kontrahentinnen: Anna und Melanie*
178	*Waffenstillstand*
180	*Kontroverse Diskussionen*
187	**Dritter Spaziergang: Freiberg/Příbor**
205	*Ausgewählte Literatur*

Psychoanalytiker – ein unmöglicher Beruf?

„Es hat doch beinahe den Anschein, als wäre das Analysieren der dritte jener ‚unmöglichen' Berufe, in denen man des ungenügenden Erfolges von vornherein sicher sein kann. Die beiden anderen, weit länger bekannten, sind das Erziehen und das Regieren."
Sigmund Freud: Die endliche und die unendliche Analyse, 1937, GW, 16 S. 95

Psychoanalytiker haben es schwer?

Über die Psychoanalyse ein Buch zu schreiben: ehrenvolle und interessante Einladung nach einem kleinen Zeitungsartikel, der gefallen hatte. Reizvoll, einmal aufzuschreiben und einem imaginären Konversationspartner auszuführen, was die Psychoanalyse ist: nicht, wie sie sich selbst versteht, darüber gibt es genügend Bücher, sondern wie sie verstanden wird, besser: nicht verstanden wird. Die vielen Gespräche, die sich mit Bekannten und Unbekannten ergeben, wenn sie mitbekommen, dass man Psychoanalytikerin ist und ihre Neugier befriedigt wissen wollen, sind der Ausgangspunkt und ich kann nicht leugnen, dass ein gewisses: „jetzt sag ich es ihnen einmal, und dann ist eine Ruhe!", dabei eine Rolle spielt, die freundliche Einladung anzunehmen, aufzuschreiben, was immer wieder auftaucht, wenn von Freud und der Psychoanalyse die Rede ist.

„Das ist sicher ein sehr schwerer Beruf!" ist zum Beispiel eine beliebte Eröffnung. Nein, eigentlich nicht. Bauer zu sein oder Heimhilfe ist sicher viel schwerer, denke ich mir (aber vielleicht verwahren sich der Bauer und die Heimhilfe auch gegen meine Phantasien). Jedenfalls weiß ich nicht, was schwer daran sein soll, sich morgens in einem bequemen Sessel niederzulassen und zu festgesetzten Zeiten Menschen zu empfangen, die dafür bezahlen, dass mein „mentaler Apparat", meine Ohren, meine Aufnahmefähigkeit und meine Konzentration für 50 Minuten ihnen gehören. Es ist eine höchst komfortable Arbeitssituation und auch nicht sehr aufwendig, was die Infrastruktur angeht. Alles, was man braucht, ist ein Zimmer mit einem Ruhebett, einer Couch, zwei möglichst bequemen und gleichwertigen Fauteuils und einen klaren Kopf. Letzteres ist vielleicht am schwierigsten herzustellen. Keine großen Investitionen wie bei meinen Kollegen, den Zahnärzten (apropos schwerer Beruf! Den ganzen Tag in die ungepflegten Münder anderer Menschen schauen und darin herumklempnern! Aber wenigstens müssen die Zahnärzte nicht mit ihren Patienten reden, das ist wahrscheinlich schon eine passable Rache für die nicht gerade appetitliche Aussicht auf die Artikulations- und Kauapparate der KundInnen).

Keine institutionellen Hahnenkämpfe, keine Konflikte am Arbeitsplatz, keine KonkurrentInnen, die einen jeden Tag daran erinnern, dass auch noch andere hinter dem Nobelpreis her sind wie an den Universitäten: Die Psychoanalyse findet außerhalb statt (von wenigen Instituten abgesehen), und ihr Bezugspunkt ist immer die Sitzung, die Situation „à deux", bei der es keine Zeugen geben kann.

Und vor allem: kein Chef! Unschätzbarer Vorteil, sagenhafte Freiheit, märchenhafte Wirklichkeit! Nicht, dass alle Chefs schrecklich wären, es gibt sehr fähige (und ich persönlich hatte eigentlich immer Glück mit den meinen). Aber Chefs sind in gewisser Weise eine natürliche Katastrophe durch ihr bloßes Chef-Sein als solches. Sie geben ihre Linie vor und stehen auf jeden Fall der eigenen Linie im Weg, selbst wenn sich die Linie mit der eigenen grosso modo deckt, sie stellen Ansprüche und haben Eigeninteressen, sie müssen auch die Interessen der anderen, der Kollegen-Konkurrenten vertreten und so weiter. Sie sind wie die Eltern in einer Figur zusammengefasst: manchmal mehr Vater und manchmal mehr Mutter, meistens beides zusammen und je nachdem angenehm, fördernd, strafend und/oder sonst etwas. Die KollegInnen/KonkurrentInnen lassen sich dementsprechend auch als Nachfahren der Geschwister (der „peer groups" in Kindergarten, Schule etc.) auffassen. Und wer will schon sein ganzes Leben in einer Familie arbeiten?

Das alles gibt es in der nicht umsonst sogenannten „freien Praxis" nicht, es herrscht der König, die Königin selbst über sein/ihr kleines Reich.

Die Arbeitssituation eines Psychoanalytikers ist also – so betrachtet – ideal. In der Literatur zu Freuds Vita wird immer wieder betont, dass er nur ungern und gegen seine zentralen akademischen Interessen die Universität verlassen hat, um seine Praxis zu eröffnen, zuerst in der Rathausstraße, später in der berühmtesten Adresse von Wien, der Berggasse 19. Das soll nicht bezweifelt werden, sicher wollte Freud vor allem an der Universität bleiben, Professor werden und die Reputation des Titels zugleich mit der Einbettung in die akademische Welt, die Kollegen und Konkurrenten nutzen und genießen, und insofern war die Niederlassung in der „freien Praxis" eine Notlösung, die aber immerhin ein Einkommen versprochen hat, was auf der Universität ja für den jungen Mann, Jude und mittellos, der er war, nicht zu erwarten war. Und diese neue Situation sollte er gar nicht genossen haben? Ich finde das schwer vorstellbar ... Er wollte ja auch heiraten und sich auch in diesem Sinn niederlassen, erwachsen werden in jeder Hinsicht und die eigenen Interessen, so gut es ging, verfolgen: privat, wissenschaftlich und auch therapeutisch.

Diese Jahre der Autonomisierung, wie man sagen könnte, sind in den unvergleichlichen „Brautbriefen" dokumentiert; Briefe, die Freud an seine Verlobte Martha in Hamburg geschrieben hat und die zum Glück erhalten sind. Alle Ambitionen, Größenideen und Pläne, Phantasien und Wünsche finden sich hier in einer zärtlichen und vertrauensseligen, sehnsüchtigen Stimmung an die geliebte Frau niedergelegt, und Martha ist dem jungen Heißkopf auch eine gute Zuhörerin. Man wünscht sich zurück, unwillkürlich, in eine Zeit, in der Beziehungen über Jahre gepflegt und gehalten werden konnten und nicht, wie heute, die unmittelbare Konsumation erfordern und kaum eine Frustration ertragen können.

Ein sehr sprechendes Beispiel für das hier Gemeinte, die Änderung in unseren Beziehungsvorstellungen und -mustern gibt der großartige Film „The Eternal Sunshine of the Spotless Mind" von Michel Gondry aus dem Jahr 2004. Kate Winslet spielt darin Clementine, die beschließt, nach einem heftigen Streit sich einfach aller Erinnerungen an ihren Freund Joel (gespielt von Jim Carrey) zu entledigen – ihn in sich selbst auszulöschen. Das gelingt ihr auch mit Hilfe der Agentur „Lacuna" (sic!), die sie, während sie schläft, an einen Computer anschließt (vorher musste sie noch altmodisch „händisch" alle Gegenstände aus ihrer Wohnung entfernen, die sie an Joel erinnern hätten können) – und flugs am nächsten Morgen ist sie sozusagen frei von ihm – erkennt ihn nicht einmal mehr, als er ein paar Tage später in den Buchladen kommt, in dem sie arbeitet – schon wieder verliebt in jemanden anderen. Echt praktisch! Joel ist so wütend, dass er dasselbe machen will, aber bei ihm klappt es nicht so, irgendwas in ihm rebelliert gegen die Idee, dass alles, auch der Schmerz über die Trennung ausgelöscht werden soll …

Die beiden Figuren in diesem Film repräsentieren sozusagen zwei Positionen: Clementine die Utopie und den Wunsch, es solle keine Trauer geben – Liebe soll kommen und gehen ohne Preis und ohne Kosten, vor allem ohne Spuren in einem selbst. Die Idee der Agentur „Lacuna", die eine Lücke herstellt dort, wo gerade noch eine Liebe war, ist der filmische Ausdruck dieses modernen Beziehungssettings: die Beziehung zum Liebesobjekt bleibt etwas Äußerliches, das entfernt werden kann – es geht nicht an die Substanz, die Person erleidet, wenn Lacuna die Arbeit getan hat, keinen Verlust.

Natürlich klappt das nicht in Wirklichkeit und dafür steht Joel, dessen Leiden, Trauer und dessen sehnsüchtige Wünsche, Wut und Verlassenheit den weiteren Fortgang des Filmes bestimmen und damit die zweite, aber ein wenig tragikomische altmodische Utopie der Liebe repräsentiert, die einen verändert – unwiderrufbar und ohne Chance. Und nebenbei die Freudsche Theorie von der Trauer als einem notwendigen inneren Prozess illustriert, die einer Art Geisteskrankheit gleicht: der Melancholie.

Alles hat seinen Preis, wie man weiß, auch die Freiheit. Und so sind wir – seit Freud, der dies auch schmerzlich erfahren musste, Abhängige unserer Patienten. Kommen sie, verdienen wir Geld, bleiben sie aus, haben wir Pech gehabt. Eine wirkliche Unabhängigkeit gibt es also auch hier nicht: Was die Kollegen im Spital an Nachteilen haben: Nachtdienste, unfreundliche Kollegen, Patienten und Krankenschwestern, bürokratische Hemmnisse, schlechte Ausstattung etc. wird durch das 13. und 14. Monatsgehalt überzeugend ausgeglichen, durch bezahlten Urlaubs- und Pflegetageanspruch sowie Krankenstand; stattdessen bringt unsere nebbiche Freiheit die ganze Unsicherheit des Freiberuflers mit sich: das volle Risiko bei Krankheit, bestenfalls zehn Monate im Jahr ein Einkommen und eben die direkte Abhängigkeit davon, ob Patienten in ausreichender Zahl und Zahlungsfähigkeit in die Praxis kommen und diese Art von Hilfestellung suchen, die wir anbieten können. Und das werden in den letzten Jahren nicht mehr, sondern tendenziell eher weniger Patienten. Die Gründe hierfür werden wir weiter unten besprechen.

Und auch die Tatsache, dass niemand seinen Senf dazugibt, wie man arbeitet und was man arbeitet, kann als Glück, aber ebenso gut auch als Nachteil empfunden werden. Schließlich muss man sich als Psychoanalytiker in der Praxis alles mit sich selbst ausmachen: Ärger kann man bestenfalls auf die eigenen Unfähigkeiten haben, kein Kollege ist da, der sich immerhin als „Hau den Jakob" anbieten würde; und es ist eben auch kein Chef da, der für die Linie und die Vorgabe sorgen würde – auch diese Funktion muss man selbst übernehmen und für Ordnung im eigenen Laden sorgen und vor allem dafür, dass die Ordnung aufrecht bleibt.

Die Ordnung, die hier gemeint ist, ist vor allem eine innere Ordnung, eine, die den Analytiker in die Lage versetzt, das zu tun, was – als bloße Arbeitssituation betrachtet – natürlich eine sehr komfortable Sache ist. Die innere Ordnung geht leicht flöten und verschwindet in allen möglichen eigenen unbewussten und charakterlichen Fallen. Und dies umso mehr, je weniger es äußere, soziale Korrektive gibt, z. B. in einer institutionellen Situation, wie sie eine Spitalsabteilung ist. Dort ist das Über-Ich, der Chef/die Chefin lebendig vor der Nase, und auch, wenn es ein unfähiger Chef, eine launische Chefin ist, so ist sie/er doch der Boss und die eigene Verantwortung ist zumindest partiell entlassen. Das ist eine angenehme Sache für unsere Bequemlichkeit. In der analytischen – wie in der ärztlichen Praxis allgemein – ist das Normale, dass man mit sich selbst (und dem

Patienten) alleine ist, d. h., dass man sich auch die Normen der Arbeit selbst setzt und die Strukturen und den Rahmen festlegt. Und das bezieht sich bei den medizinischen Tätigkeiten selbstverständlich nicht nur auf die Äußerlichkeiten. Allen – nicht umsonst sogenannten „freien Berufen" – ist dies ein gemeinsamer Zug und es ist klar, dass diese Art von Arbeit eine besondere, nämlich wirklich stabile und nicht korrumpierbare Über-Ich-Struktur erfordert.

Es ist nämlich auch langweilig, immer dasselbe und immer alleine zu tun. Die Rechtsanwälte, Ärzte, Psychotherapeuten, Architekten, die in kleinen Praxen/Büros bleiben und nicht dem Trend zur Kollektivierung und Kapitalisierung zugleich durch „Poolbildung" und „Gruppenpraxen" folgen, brauchen demgemäß eine ein wenig eigensinnige und vielleicht auch ein bisschen sonderliche Apartheit, die sich nicht einpassen mag und deswegen die Einsamkeit des eigenen Geschäfts trotz der damit einhergehenden Langeweile dem Kontakt, der Unterstützung und der Einbindung in die Realität der Konkurrenz und Kollegialität vorzieht.

Bei den Psychoanalytikern geht es ja auch gar nicht anders. Die analytische Situation kann es nur zu zweit geben. Sie konstituiert einen Dialog, aber einen, der sich von anderen stark und klar unterscheidet: Das psychoanalytische Gespräch ist im strengen Sinne keines, sondern, könnte man sagen, ein Monolog mit Kommentar. Denn im Gegensatz zum Dialog im Kaffeehaus, auf der Bühne, im Bett und am Arbeitsplatz, spricht hier der Patient, und nur er. Der Psychoanalytiker hört zu und hält tunlichst den Mund – das eigene Leben, die eigene Meinung, Vorlieben und Abneigungen, haben hier nichts verloren. Der Dialog, der dabei entsteht, geht also nicht um ein Abwägen des „besser" oder „schlechter", gesund oder krank, um Handlungsanleitungen oder Ratschläge, die der Analytiker allenfalls aus seinem eigenen Erfahrungsschatz und einigen gelernten Tricks geben könnte, die also in jedem Fall gefärbt blieben von den persönlichen Stellungnahmen; aber das ist natürlich nicht das Ziel einer Psychoanalyse, die – wie das „Analyse" schon sagt, es mit dem Aufdröseln hat, mehr mit dem Verstehen als mit dem Ändern. Das Ändern, so sagt man sich hinter der Couch gelassen, das kommt von alleine, so nebenher, manchmal ganz unauffällig. Eines Tages fällt es dann auf, dass etwas anders geworden ist, zum Beispiel:

Ein Arzt, Kollege, Psychotherapeut, sucht mich auf, weil er an seinem Arbeitsplatz in für ihn unerträgliche Neid- und Konkurrenzgefühle zu einer ihm vorgesetzten Kollegin geraten ist, die ihm doppelt unangenehm sind. Zum einen versteht er gar nicht, wie es dazu kommen konnte: die beiden kennen sich seit Studientagen, waren immer ein berufliches Paar und haben alle Karriereschritte gemeinsam gemacht, auch, dass „sie" jetzt die Leitungsfunktion übernommen hat, war eigentlich ausgemacht; es ist also völlig unverständlich, warum gerade jetzt dieser qualvolle Neid über ihn hereinbricht, der – das weiß er – ganz unangemessen stark ist und sein Leben in einem Ausmaß überschattet, das er – ganz Profi – nur als schwere neurotische Krise begreifen kann. Und zu dieser Kränkung kommt noch hinzu, dass er – obwohl Profi – nicht selbst verstehen kann, was „dahintersteckt".

Die Psychoanalyse, die er beginnt, kreist um dieses Symptom und findet alle möglichen Hinweise: die wiederbelebte Geschwisterrivalität, die narzisstische Kränkung, dass die Kollegin nun Vorgesetzte ist und die Aggressionshemmung, die ihn davon abgehalten hat, sich selbst an diesen Platz durchzuboxen, den fressenden und fast hemmungslosen Neid, der ihn plagt und den wir allmählich als eine Wiederbelebung einer infantilen Neidsituation begreifen können, die sich auf die Tatsache des Geschlechtsunterschieds selbst bezogen hatte. – Daneben und rundherum sind die Stunden mit allem anderem in seinem Leben gefüllt, Beziehung, Trennung, erwachsen werdende Kinder, Umzug, neue berufliche Perspektiven, die Eltern und die wirklichen Geschwister, das ganze Leben rollt sich in der Erinnerung, dem Nachdenken und dem – man möchte sagen: Nachträumen – auf. Und immer wieder die Kollegin, zu Tränen kann sie meinen Patienten treiben, auch noch drei, vier Jahre in die Analyse hinein; und obwohl dies wirklich eine hartnäckige Sache ist, widmen wir ihr nicht mehr Aufmerksamkeit als allen anderen Einfällen und Gedanken des Patienten. Eines Tages nun kommt er und sagt, er habe gestern bei einer Besprechung mit seiner Kollegin gemerkt, wie er sich ihr gegenüber anders fühlt, freier und gelassener, so, als könnte sie ihn nicht mehr so direkt erreichen.

Die Veränderung, die sich hier erst andeutete, wurde allmählich immer deutlicher und befreite ihn so von einer Aggressionshemmung. Er konnte kündigen, seine „Berufsschwester" verlassen und sich ein eigenes Berufsfeld aufbauen. WAS nun genau diese Veränderung in ihm bewirkt hat, welche Interpretation oder welche Intervention, welche Deutung – das blieb unklar. Wie meistens; wenn es auch stimmt, dass ohne Deutung keine Analyse stattfindet, dass es also die Interpretation des unbewussten Inhaltes ist, die die Sache vorantreibt, so ist es doch auch richtig, dass es eine rationalistische Illusion ist zu glauben, es gäbe DIE Deutung, die wie ein Messer die Schleier der Abwehr und des Widerstandes durchdringt und die psychische Wahrheit zutage fördert.

Freud allerdings, und mit ihm die ersten Analytiker, waren diesem Ideal verpflichtet. Sie glaubten an die Rekonstruktion der frühkindlichen sexuellen Wünsche aus den Fehlleistungen, den Symptomen, Träumen und Phantasien der Patienten und daran, dass es nur der richtigen Deutung bedarf, damit sich der unbewusste Knoten löst und der Mensch – mittels der Erkenntnis – von seinem Leiden geheilt wird. Jedenfalls war diese Annahme und die auch tatsächlich ja oft verblüffenden Symptomheilungen, die – mit dem Furor und dem Schwung der jungen Wissenschaften vorgebracht – bei den frühen Patienten erreicht wurden, sicher der Hauptgrund, warum die Analysen damals so kurz waren: im Regelfall einige Monate, vielleicht maximal ein Jahr. Man war zufrieden, wenn man die Hauptkomplexe gegen den Widerstand der Patienten hatte rekonstruieren können und vertraute den Rest dem Leben und der Vernunft der Patienten an.

Heutzutage dauern ja die Analysen wesentlich länger. „Und warum dauert das so lange? Entwickelt sich da nicht eine schreckliche Abhängigkeit, da kann man ja an nichts anderes mehr denken?", auch das eine Frage, die man oft hört, die ja eigentlich ein Bedenken ist, ein impliziter Einwand; genauso wie das Bedenken, das Menschen aus künstlerischen Berufen oft gegenüber der Psychoanalyse haben: dass sie ihre Kreativität zerstören würde, indem die inneren Antriebe, die sie zum Schaffensprozess bringen, durch eine stinknormale und langweilige Anpassungspersönlichkeit „weganalysiert" würden. Beides sind interessante Einwände, und vielleicht können wir beide gemeinsam beantworten.

Tatsächlich entwickelt sich eine Abhängigkeit zwischen dem Patienten und dem Psychoanalytiker, die sogar gewünscht ist und sozusagen den ganzen Clou der Methode ausmacht. Wir wollen, überspitzt gesagt, dass der Patient sich mit möglichst viel von seinem Innen- und Phantasieleben uns zuwendet und in der Analyse unterbringt – dabei werden wir unweigerlich zum Objekt dieser Phantasien, Wünsche, Reminiszenzen und Erinnerungen. „Übertragung" hat Freud das genannt und damit wörtlich gemeint, dass sich der Analytiker zum Strohmann/zur Strohfrau hergibt für alles mögliche, das nicht ihm als Person, sondern der Vergangenheit, der inneren Objektwelt und den Phantasien des Patienten angehört. Dieser „überträgt" all das auf die Analyse und – könnte man sagen – auf die einzige anwesende andere Person, den Analytiker. Die Übertragung ist nun auch einer der beiden Hauptgründe, warum die Analysen sich immer länger hingezogen haben und heutzutage regelmäßig zwischen fünf bis sieben Jahre dauern, manche auch noch länger. Die Analyse der Übertragung hat den Platz der Analyse des Widerstandes eingenommen, den man in den Pionierzeiten für den Hauptgrund hielt, wenn ein Patient nicht und nicht auf die guten und richtigen Deutungen reagieren wollte.

Der unbewusste Widerstand gegen Veränderungen aller Art, insbesondere aber das Ansinnen der Vernunft, auf ein Symptom verzichten zu sollen, spielt nicht die kleinste Rolle in unserem Seelenleben. Freud hat von der „Trägheit des Seelenlebens" gesprochen und die Analogie zum 1. Newtonschen Gesetz, dem Trägheitsprinzip, ist natürlich gewollt: Ein Körper, so sagt dieses aus, verharrt im Zustand der Ruhe oder der gleichförmig geradlinigen Bewegung, solange keine äußeren Einflüsse auf ihn wirken. Im Falle des „Seelenkörpers" oder des „psychischen Apparates", wie Freud sich ausdrückte, ist der äußere Einfluss das Leben insgesamt, und die Psychoanalyse nur der sozusagen kondensierte und konzentrierte Sonderfall; und geradezu dafür ausgedacht, das psychische Trägheitsprinzip zu überlisten. Viermal pro Woche, in England auch fünf Mal, kommt der Patient und nimmt auf der Couch Platz und überlässt sich, so gut es geht, seinen Einfällen, seinen „freien Assoziationen"; und trifft auf einen Analytiker, der sich seinerseits unvoreingenommen, quasi nicht-wissend dem Zuhören widmet, in „freischwebender Aufmerksamkeit", um wiederum Freuds Ausdruck zu benutzen. Auch diese hohe Frequenz, oft belächelt und als Beweis für die Abhängigkeitswünsche der Patienten genommen, gehört in den Werkzeugkasten, mit dem die Psychoanalytiker ausgestattet an den Schrauben und Haken des Unbewussten herumzudrehen versuchen.

Ausgestattet mit der hohen Frequenz, der frei schwebenden Aufmerksamkeit und dem Wissen um den Widerstand, gegen den sich die Übertragung und die Technik des Analytikers gleichermaßen verbünden, kann dann die Arbeit losgehen.

Menschen aus sogenannten „kreativen Berufen" scheuen die Psychoanalyse oft besonders und neben allen möglichen verächtlichen Argumenten (altmodisch, überholt, zu kalt, zu wenig emotional, zu wenig unterstützend) hört man dabei auch immer wieder die Furcht um das eigene Potential an Kreativität. Diese Menschen haben also noch mehr als die anderen den Eindruck, dass sie ihre ganz persönliche Form des psychischen Trägheitsgesetzes brauchen und verteidigen müssen. Neben dem ganz offensichtlich narzisstischen Zug dieser Meinung: „ich brauche etwas Besonderes, Wärme, Nähe, Zuwendung, Nahrung für meine empfindlichen kreativen Teile", sagt dieses Bedenken ja zunächst nichts anderes, als dass die Person sich anscheinend um diese Kreativität fürchten muss, ihr nicht viel zutraut und sie leicht für verloren gibt, schon alleine anscheinend, wenn man sie befragt und den „Träger" derselben zum Gegenstand einer eingehenden Untersuchung macht. So, als würde die Psychoanalyse einen Raubzug darstellen und das Besondere, Einmalige böswillig und neidisch verfolgen, um es wegzumachen und zu nivellieren. Das ist natürlich ein Unsinn, und es dürfte schon klar werden, dass diese Sorge mehr dem Umstand zuschulden ist, dass jemand sich seiner eigenen inneren Kapazitäten nicht sicher genug ist und die eigene Kreativität mehr wie eine Trophäe empfindet, die es gegen imaginäre Angreifer (die Mutter? die Kastrationsdrohung des Vaters?) zu verteidigen gilt, als dass sie eine Fähigkeit und Eigenschaft für ihn ist, die ihm – zusammen mit Arbeit und Disziplin – die Hervorbringung von Kunst ermöglicht. Warum das für den Einzelnen so sein mag, bleibt einer individuellen psychoanalytischen Erforschung vorbehalten und kann sicherlich nicht generell beantwortet werden.

Wohl gibt es Versuche, zu Forschungs- und Dokumentationszwecken Sitzungen aufzunehmen, auf Tonband und/oder auf Video. Ich kann mich an sehr komische, weil künstliche Aufzeichnungen von Sitzungen erinnern, die Igor A. Caruso beim Analysieren einer Patientin zeigen, die auf der Couch liegt und von der Seite gefilmt wurde, während er „en face" zu sehen ist. Ich weiß nichts mehr über die Inhalte dieser Aufzeichnung, aber es ist der Eindruck von Künstlichkeit geblieben. Ich glaube, dass sie im besten Bemühen darum entstanden sind, etwas über den Prozess des Analysierens zu erfahren, um das, was in der Psychoanalyse passiert, sozusagen zu objektivieren. Diese Aufnahmen müssen, wenn ich es richtig einordne, etwa in den frühen Sechzigerjahren des 20. Jahrhunderts entstanden sein, zu einer Zeit, als man begann, sich dafür zu interessieren, was denn eigentlich an der Psychoanalyse „wirke". Die Psychotherapie-Forschung ist seither ein boomender Forschungszweig geworden, allerdings einer, der nicht immer die Ergebnisse bringt, die man sich erwarten möchte. Der Boom hängt damit zusammen, dass die Psychoanalyse ja krankenkassenfähig geworden ist und deswegen der Wirkungsnachweis von immer zentralerem Interesse wurde, vor allem für die Sozialversicherungsträger, aber natürlich auch die konkurrierenden Schulen. Eine Zeitlang waren dementsprechend die Arbeiten en vogue, die Vergleiche zwischen den einzelnen psychotherapeutischen Schulen anstellten und in sogenannten „outcome studies" Aussagen darüber machten, welche Methode denn nun gut wirkt und welche nicht. Die Ergebnisse sind grob zusammengefasst: Sowohl die Verhaltenstherapie als auch die Psychoanalyse haben eine gute Wirksamkeit, die anderen Methoden schneiden schlechter ab.

Manche Psychoanalytiker meinen – und nicht ganz zu Unrecht – dass die Krankenkassenfähigkeit einen normativen Druck auf die Kunst des Analysierens ausübt, der ihrer Freiheit abträglich ist, ja, sie geradezu im System von medizinischer Versorgung, von Ansprüchen und Leistungsnachweis fesselt. Die Debatte, ob die Psychoanalyse zum Heilen da ist, also ein Teil der Medizin ist oder ob sie eine eigene Sache, eine Forschungsmethode vielleicht, oder eher eine Kunst oder eine Art von exklusivem Dialog, der – unter beobachtbaren und nachvollziehbaren Bedingungen – in völliger Privatheit vor sich geht und sich bewusst und gewollt der Kontrolle und dem Legitimationsdruck entzieht, diese Debatte ist so alt wie sie selbst. Und die Schwierigkeiten, die wir, die Psychoanalytiker – und die anderen, repräsentiert durch die Krankenkassen damit haben, sind zwar nicht deckungsgleich, aber wohl zumindest in ihrer Quantität vergleichbar.

Nehmen wir zur Illustration dieser Schwierigkeit das Psychotherapiegesetz in Österreich. Seit Inkrafttreten dieses Gesetzes 1990 gilt – theoretisch – für jeden Österreicher, psychotherapeutische Hilfe in Anspruch nehmen zu können, wenn dies erforderlich ist, und es gilt gleichermaßen der Auftrag des Gesetzgebers an die Sozialversicherungsträger, die Verwirklichung dieses Anspruches zu ermöglichen. Denn das Gesetz definiert den Beruf des Psychotherapeuten als zweiten Heilberuf neben den Ärzten, sodass sich schon daraus logisch ergibt, dass die Bürgerinnen und Bürger des Landes Zugang zu dieser Art von Behandlung bekommen müssen.

Bis dahin wurde Psychotherapie (und damit natürlich auch Psychoanalyse) von Menschen ausgeübt, die sich in Zusatzausbildungen nach ihren Studien in Psychologie, Pädagogik, Theologie, Medizin, Jus, Sozialarbeit (oder anderen) in einer der psychotherapeutischen Schulen weitergebildet hatten. Die Ausbildungen waren von den Gesellschaften und Vereinen organisiert – im Falle der Psychoanalyse also von der Wiener oder der Deutschen Psychoanalytischen Vereinigung (WPV oder DPV) oder – im Falle der Schweiz – der Schweizer Gesellschaft für Psychoanalyse. Es gibt natürlich noch mehr solche Vereine, die nur der Übersichtlichkeit halber hier nicht alle im Text angeführt werden. Exemplarisch seien hier nur etwa die Deutsche Psychoanalytische Gesellschaft (DPG), das Züricher Psychoanalytische Seminar oder der Wiener Arbeitskreis für Psychoanalyse (WAP) genannt.

Es gab keine – oder wenn, dann nur eine geringe Kostenbeteiligung seitens der Krankenkassen. Menschen, die sich in psychischer Not an einen Psychotherapeuten wandten, hatten es leicht und schwer zugleich: Es war nicht leicht, die notwendigen Informationen zu bekommen, wo es überhaupt solche Therapeuten gab. Es gab keine Listen, keine Verbände, Bücher und Ratgeber, Beratungsstellen oder Hotlines. Mundpropaganda war wohl der wichtigste Faktor dafür, einen Behandlungsplatz zu finden – und dazu zählt natürlich auch die Zuweisung von Patienten durch Kollegen, die die Psychotherapie für einen Patienten für indiziert hielten. Der Rest war dann leicht: Die Kosten für die Behandlung musste der Patient selbst tragen, bei den Fachärzten für Psychiatrie und Neurologie gab es – in Österreich – immer eine Kostenbeteiligung der Krankenkassen, die aber die Kosten bestenfalls zur Hälfte abdeckte. Es gab keine Kontrollen, es mussten keine chefärztlichen Genehmigungsanträge gestellt werden, was der Psychoanalytiker und sein Patient taten, blieb tatsächlich dort, wo es auch stattfand, eine Sache zwischen den beiden Beteiligten.

Das hatte natürlich zur Folge, dass es wenige Psychotherapeuten gab, denn es gab ja auch wenige Menschen, die die Behandlung bezahlen konnten. Viele behandelten damals immer einen Patienten kostenfrei oder – besser gesagt – für ein sehr geringes, symbolisch zu nennendes Honorar. Diese gute Tradition rührte aus der Zwischenkriegszeit her, als die Wiener Psychoanalytiker diese Regelung unter sich getroffen hatten, um – wie man heute sagen würde – einkommensschwachen Bevölkerungsgruppen – den Zugang zur Psychoanalyse ebenfalls zu ermöglichen. (Diese Gleichung lässt sich aber auch genauso gut umkehren: um sich selbst den Zugang zu interessanten und komplizierten Patienten zu ermöglichen, mussten sie sich auch der sozialen Situation dieser Menschen annähern).

Diese „Versorgungsungerechtigkeit" haben die Proponenten des Psychotherapiegesetzes zu Recht angeprangert und zu beheben versucht. Herausgekommen ist allerdings ein ziemlicher Palawatsch – und es geht auch gar nicht anders.

Denn die Psychotherapie – und schon gar die Psychoanalyse – lässt sich nicht so ohne weiteres ins Medizin-System integrieren. Das fängt schon damit an, dass sie eine Sache ist, für die der Patient selbst Sorge tragen muss – im Gegensatz zu einer Operation oder der Verschreibung einer Arznei, bei denen sich der Patient weitgehend passiv dem Prozess der Medizin überlassen kann (und soll), ist in der Psychotherapie die Arbeit an sich selbst gefragt. Assoziieren kann man nicht für den Patienten, träumen auch nicht, und der Leidensdruck, der erforderlich ist, um das Ganze überhaupt in Schwung zu bringen, ist auch nicht von außen herstellbar. Jemand muss schon selbst das Gefühl haben, dass etwas nicht in Ordnung ist mit ihm oder ihr selbst, damit er oder sie sich auf den Weg zum Psychotherapeuten macht. Und das sind nicht unbedingt mehr Menschen geworden, seit es das Gesetz gibt. Was allerdings mehr geworden ist, ist die Idee, dass Psychotherapie das Mittel der Wahl bei der Bewältigung gesellschaftlicher Probleme ist. In dieser Hinsicht grassiert geradezu eine Psychotherapeutisierungsepidemie.

Neulich zum Beispiel ruft mich ein Journalist an mit der Frage, was ich zu folgendem Befund sage, den er in einem renommierten medizinischen Journal gefunden hatte: Kinder aus Familien, in denen ein Elternteil im Irak-Krieg stationiert ist, werden überdurchschnittlich häufig Opfer von Misshandlungen. Und was ich als Analytikerin denn dazu sage? Er – wohlmeinend und auf der guten, der Antikriegsseite, hatte natürlich selbst schon eine Meinung dazu, die, finde ich, auch gar nicht falsch ist: dass nämlich der Krieg zurückwirkt in die Familien und die Abwesenheit eines Elternteiles (wohl, trotz der Soldatinnen, immer noch häufiger die Väter) die Brutalisierung des Alltagslebens des alleine bleibenden Elternteils hervorruft; so weit, so gut; mein Gesprächspartner meinte aber auch, den Grund für diesen katastrophalen Befund zu kennen: es sei die Wut und Verzweiflung des zu Hause bleibenden Elternteils, dass der Vater (die Mutter) in diesen Krieg müsse, die dann die Kinder in Form von Misshandlungen zu spüren bekommen. Seine These ist also, dass es sozusagen die Administration Bush ist, die für diesen Anstieg an körperlicher und seelischer Grausamkeit verantwortlich ist; und die zurückgebliebenen Elternteile ihre sozusagen „politische", bewusste Wut „nur" am falschen Objekt ausgelassen haben. Und dass, demgemäß, wären nur die Eltern beide da, diese Zahl von alleine sich wieder „normalisierte"; was, frage ich ihn skeptisch, ist eigentlich mit den übrigen Misshandlungen, die es immer gibt, auch wenn alle „care taker" da sind – gibt es denn sowas wie normale Misshandlungszahlen? Ist es nicht vielleicht eher so, dass durch die Abwesenheit die Familien in einen Stress geraten, der sie an den Rand der Balancefähigkeit pusht und oft genug darüberhinaus; und dass das unabhängig vom Krieg so ist, weil nämlich der zweite Elternteil vor allem für die innere Balance und Kontrolle des einen, mit der Pflege befassten Elternteils notwendig ist. Der Partner heißt nicht umsonst so, er (oder sie) gibt das innere Bild ab, für den (oder die) die ganze Brutpflege gemacht wird und der (oder die) sich dann stolz, zufrieden und glücklich dem gelungenen Werk zuwendet und den (oder die) care taker/in dafür liebt, wie gut sie die gemeinsame Frucht betreut. So jedenfalls könnte die grobe Skizze des inneren Bildes einer Elternsituation aussehen. Der Vater ist also nicht so sehr – unter dem Aspekt der psychischen Balance, wohlgemerkt! – dafür notwendig, die Windeln real zu wechseln (was aber schon auch nicht schlecht ist ...), sondern dafür, die Mutter zu lieben und das Kind über den Umweg der Mutter großartig und wunderbar zu finden. Und umgekehrt, versteht sich. Belohnung, könnte man sagen, muss auch hier sein, zumindest in der Phantasie und für den Moment. Desintegration der pflegerischen Funktion von Mutter oder Vater hat also mit Störungen in diesen inneren Bildern zu tun, die wiederum – natürlich – mit den gewachsenen Bildern davon zusammenhängen, wie man und frau sich einen Vater und eine Mutter imaginiert, wie also die eigenen waren – mehr subjektiv als objektiv gemeint. Die meisten Eltern würden sich selbst in den Schilderungen ihrer Kinder aus der Couch oder in Sprechzimmern von Psychotherapeuten nicht wiedererkennen, und die meisten Beobachter auch nicht.

Nun, sagt der Journalist am anderen Ende der Telefonleitung, dann müssen die doch alle psychotherapeutische Hilfe bekommen – und jetzt denkt er schon nicht mehr an die misshandelten Kinder in amerikanischen Soldatenfamilien, sondern an die schwierigen Eltern-Kindsituationen, die bei uns zu finden sind: an die Wut, die alleinerziehende Elternteile auf ihre Kinder haben können, wenn die anderen Elternteile es sich durch Abhauen leicht gemacht haben, an die Entgleisungen in Alkohol, deren Zeugen und Opfer Kinder oft genug werden, an die die chronischen Vernachlässigungen, die entstehen, wenn Eltern unter sozialem und finanziellen Stress ihre Kräfte für die Subsistenz verbrauchen und keine mehr übrig haben für eine liebevolle Zuwendung an die Kinder. Für all das, so meint mein Anrufer, bräuchten die doch Hilfe, Psychotherapie.

Aber, gebe ich zu Bedenken, das wäre ja auch nicht besser als die weiland Tröstungen der Kirche, die auch kein Brot herbeischaffen konnte, aber ein offenes Ohr für die Unzulänglichkeiten der Gotteskinder hatte, damals noch „Sünden" genannt. Die beste psychohygienische Prophylaxe sei, meine ich, immer noch, dass die Menschen gute Arbeit haben, mit der sie neben Geld auch Anerkennung erhalten und gute Ausbildungen, mit denen sie sich Interessen über das Geldverdienen hinaus leisten können – Lebenszufriedenheit ist ein aktiver Prozess (darin der Psychoanalyse vergleichbar), der aus den Säulen Einkommen und Arbeit (Interesse, Neugier), Anerkennung und soziale Bindung besteht. Alle drei zusammen, aber auch wirklich nur zusammen, machen es wahrscheinlich, dass man nicht ausflippen muss in destruktivem und aggressivem Verhalten – sich selbst oder Fremden gegenüber; dass man, psychoanalytisch gesprochen, einen freundlichen Umgang mit dem eigenen Über-Ich pflegen kann und mit dessen externen Agenturen: den Gesetzen und Normen, den Ansprüchen und Anforderungen der Gesellschaft und der Mitmenschen.

Freud, unser Ahn, bezeichnete diese notwendige, aber noch nicht hinreichende Kombination für ein nach außen und innen einigermaßen balanciertes Leben noch viel schöner, nämlich als die Wiederherstellung oder Aufrechterhaltung von „Arbeits- und Liebesfähigkeit" eines Menschen, die das Ziel einer gelungenen Psychoanalyse sei. Arbeits- und Liebesfähigkeit braucht es also, um nicht aus den menschlichen Fugen zu geraten. Freud hatte mit seiner berühmten Formulierung das Ziel der psychoanalytischen Kur im Sinn, oder genauso stimmig auch umgekehrt: den Ausgangspunkt der Kur, wenn Arbeits- und Liebesfähigkeit, A und L, durch neurotische, also innere, eigene und unbewusste Gründe, gestört sind. Die gleichen Kriterien, A und L, können wir aber auch angeben, wenn wir etwas darüber aussagen wollen, was die Menschen zu einem hinreichend guten Leben brauchen, so generell und überhaupt.

Der Gesundheitsbegriff der WHO, eine der meistrapazierten Formulierungen, ist auch so eine gute, umfassende und nicht einengende Beschreibung: „Gesundheit ist ein Zustand vollständigen körperlichen, geistigen und sozialen Wohlbefindens und daher weit mehr als die bloße Abwesenheit von Krankheit oder Gebrechen." Und mit diesem Pathos im Sinn ist wohl auch das Psychotherapiegesetz entstanden und hat mein freundlicher Journalisten-Anrufer gemeint, die Psychotherapie sei das, was den ausgerasteten Eltern zu einem hinreichend guten Funktionieren fehle.

Und das meinen auch viele Psychotherapeuten. Auch sie verwechseln gerne „Trost und Rat" mit Behandlung und Arbeit an inneren Problemen. Sie wollen sich in das medizinische Modell einschreiben und sich als Helfer und Heiler verstehen, die die Menschen instand setzen, ihr tristes Leben besser zu ertragen.

Dabei verstehen sie sich aber auch explizit als Konkurrenten der eigentlichen Medizin, meinen, im Prinzip auch oft nicht zu Unrecht, dass viele Krankheiten und chronische Gesundheitseinschränkungen psychischen Ursprungs sind und deswegen mit Psychotherapie behandelt gehören, also von ihnen – und nicht den Ärzten. Interessanterweise gibt es diese Konkurrenz umgekehrt nicht so sehr. Die Ärzte sind eher ganz froh, die Psychotherapeuten zum Abwälzen von unangenehmen Patienten und Problemen zu haben, von denen sie sagen, das ist „psychisch" – mit anderen Worten: dafür bin ich nicht zuständig! (allenfalls noch der Psychiater), aber wenn es mehr um „Trost und Rat" geht, um Zuwendung, Zuhören und den Beschwerden Raum geben, dann eben der Psychotherapeut. Es gibt also jetzt zwei Berufsgruppen, die sich um den Patienten – nicht gerade streiten, aber doch rangeln, und beide sind erstaunlicherweise in ihrem Selbstverständnis dem medizinischen Kontext verpflichtet.

Aber nur die Ärzte müssen dafür ein Hochschulstudium abliefern. Psychotherapeut kann man – dem Gesetz zufolge – mit der Matura und jedem beliebigen Quellenberuf werden. Das hat vielen Menschen, die in ihren alten Berufen unzufrieden waren oder die – nach Berufspausen – wieder Anschluss ans Berufsleben suchten und/oder eine Umorientierung wünschten, eine für sie sehr attraktive und sinngebende Perspektive eröffnet.

Wer sich für den Beruf interessiert, muss zunächst einmal das sogenannte „Psychotherapeutische Propädeutikum" absolvieren – einen nicht unaufwendigen und auch gar nicht billigen Lehrgang, der die Grundvoraussetzungen der Auszubildenden angleichen und einen gemeinsamen Informationsstand schaffen soll. Hier werden Fächer wie Ethik, Einführung in die Psychiatrie, rechtliche Rahmenbedingungen, Vorstellung psychotherapeutischer Modelle und Ähnliches unterrichtet. Das Propädeutikum wurde von tausenden Menschen gestürmt, die alle – polemisch gesagt – witterten, dass sie auf einmal Ärzte, also jedenfalls Heiler werden konnten, ohne Medizin studieren zu müssen; und die ihr eigenes Unbehagen dem Leben gegenüber, der Instrumentalisierung des Menschen in der Medizin und der Perspektivlosigkeit ihrer eigenen beruflichen (und vielleicht auch privaten) Situation plötzlich entkommen zu können glaubten. Die Folge war ein Psychotherapie-Boom und die Überschwemmung des Marktes mit Psychotherapeuten, die natürlich alle Patienten haben wollen und müssen, um die Investition in ihre Ausbildung zu amortisieren und das Gelernte endlich in eigener Verantwortung auszuüben.

Landes- und Bundesverbände wurden gegründet, derzeit wird an der Gründung einer Psychotherapeutenkammer gebastelt (damit auch nur ja alles wie bei den Ärzten ist …?), Verhandlungen mit den Sozialversicherungsträgern brachten erste kleine Verwirklichungen von dem, was plakativ und fordernd gerne die „Psychotherapie auf Krankenschein" genannt wird, worunter ja nicht mehr und nicht weniger gemeint ist als der Anspruch auf kostenfreie psychotherapeutische „Versorgung" für alle gesetzlich krankenversicherten Menschen in Österreich.

Warum nur kann ich den skeptischen, leicht spöttischen Unterton nicht unterdrücken, wenn ich darüber schreibe und den Sie, liebe Leserin, lieber Leser, schon längst bemerkt haben?

Weil ich nicht glaube, dass die Psychotherapeutisierung einen wie auch immer gearteten Fortschritt in der Humanisierung unserer gemeinsamen Umwelt geleistet hat. Die niedergelassenen Psychotherapeuten sind verschieden gut qualifiziert und leisten verschieden gute Arbeit, Psychoanalytiker übrigens inklusive. Ihr gesellschaftlicher Anspruch aber ist überzogen und hat einen künstlichen, unangenehmen Beigeschmack, der nach Neid und Missgunst schmeckt. Die Psychotherapie ist in diesem – der Medizin verpflichteten Verständnis – des Heilberufes immer irgendwie in der Konkurrenz zur Medizin gefangen – und natürlich besonders der Konkurrenz zu den gar nicht so wenigen MedizinerInnen, die selbst PsychotherapeutInnen sind, also sozusagen beide Identitäten in sich vereinen. Das war auch – nebenbei – das erklärte Ziel der Proponenten des Gesetzes, es den Ärzten zu zeigen. Dass sie damit ein weit verbreitetes gesellschaftliches Bild bedient haben und frustrierte Bedürfnisse ganz gut bedienen konnten, hat die Welle an Psychotherapeuten gezeigt, die sich seither über Österreich ergossen hat.

Ein zweiter schwieriger Punkt im Selbstverständnis der Psychotherapeutenszene gegenüber den Medizinern ist die akademische Ausbildung, denn das Gesetz schreibt ja nur die Matura als Zugangsvoraussetzung vor (und ein Alter von 24 Jahren). Dieser Umstand hat zu einem gewissen Druck geführt; die ehrgeizigen und profilierungswilligen Psychotherapeuten haben sich als zweitklassige Ärzte gefühlt und waren deshalb heilfroh, als der gleiche Mann, der ihnen schon das Psychotherapiegesetz bescherte, ihnen auch noch die S. Freud Privatuniversität schenkte, auf der nun seit 2005 ein Fach gelehrt wird, das es sonstwo auf der Welt nicht gibt: „Psychotherapiewissenschaft". Auf der Website der SFU wird auch nicht erklärt, was das für ein Fach ist, alles, was man dort lesen kann, bezieht sich auf die Psychotherapie und nicht auf die Wissenschaft von und/oder über die Psychotherapie. Was also auf der SFU gelehrt wird, ist Psychotherapie, wenn man der Website glauben darf (was ich nur mit Vorsicht tun würde) derzeit angeblich acht verschiedene Methoden, die dort als eigene Studienfächer auftreten. Es scheint sich also, wenn der Eindruck nicht ganz täuscht, um Berufsausbildungen zu handeln, die mit einem akademischen Titel (von Bac. bis Dr.) belohnt werden und ca. 5000 Euro pro Semester kosten. Eine psychoanalytische Ausbildung, das ist sicher, kostet auch nicht mehr, aber dafür muss man vorher schon studiert haben und bekommt nicht das eine im Gewand des anderen hinterhergeschmissen. Übrigens ist im Lehrpersonal der SFU außer dem Dekan, der ein schon ziemlich lange pensionierter Universitätsprofessor für Psychologie ist, niemand mit einer einschlägigen akademischen Lehrbefugnis zu finden. Dafür tragen alle bei den Graduierungen, die – wenn man der Presse glauben darf, sehr rasch und mit mageren akademischen Ergebnissen erreicht werden können, Talare wie die Alten, von denen wir, auch der Rektor der SFU, in unserer Jugend noch meinten: „Unter den Talaren der Muff von tausend Jahren." Die moderne Abwandlung dieses studentenrevoltierenden Spruches ist wohl: „Unter den Talaren der Mief von vielen Euros."

Die Psychoanalyse hat übrigens von dieser ganzen, im Wesentlichen unerfreulichen, Entwicklung keinesfalls profitiert. Es haben nicht mehr, sondern eher weniger Menschen den Weg in die langwierige, komplizierte und teure psychoanalytische Ausbildung gefunden, die nach wie vor von den beiden Vereinen WPV und WAP organisiert und durchgeführt wird. Die Zeiten ändern sich eben. War es vor 25 bis 30 Jahren vollkommen klar, angesagt und logisch, dass man als junger Profi in Psychiatrie oder Psychologie, wenn man auch nur einen gewissen romantischen und revolutionären Ehrgeiz hatte, Psychoanalytiker werden wollte und alles daran setzte, dies auch durchzusetzen, ist das heute keinesfalls mehr zutreffend. Keine andere psychotherapeutische Schule verlangt von ihren „Kandidaten" so viel an persönlichem, finanziellem und zeitlichem Einsatz denn überall sonst ist die Qualifikation leichter zu bekommen. Und während es bei der Psychoanalyse immer noch ein wenig so ist, dass die Identifikation mit der langen, komplizierten und gewundenen Geschichte und dem Ahnherrn Freud, notabene, ein implizit gefordertes Prärequisit darstellt, ist dies bei den anderen Schulen leichter zu haben; die Gründungsfiguren sind weniger überragend, manchmal werden sie, wie im Falle der Individualpsychologen, deren Gründer Alfred Adler sich ja schon 1911 von Freuds Gruppe trennte, eher ein bisschen verschämt geehrt oder sie sind einfach mehr in den Hintergrund getreten wie etwa Carl Rogers, auf den die sogenannte „personenzentrierte Gesprächstherapie" zurückgeht; (auch hier kann ich die kleine polemische Zwischenbemerkung nicht unterdrücken, dass es wohl notwendig war, zu betonen, dass der „Klient" im Mittelpunkt steht und nicht der Therapeut?) Die sogenannten „systemischen" Schulen, die den Menschen und die Gruppe, in der er lebt (die Familie zumeist) im Anschluss an systemtheoretisches Denken als eine Art „lebendes und offenes System" betrachten, sind überhaupt frei von solch überragenden Gründungsgestalten und bedienen sich in allen Läden der Psychologie, Psychiatrie, Soziologie, Erkenntnistheorie und Philosophie.

Was also ist nun mit der Versorgungsungerechtigkeit und dem psychischen Leid der Bürgerinnen und Bürger? Bin ich nun dafür oder dagegen, dass alle in den Genuss der Leistungen der Zunft der Psychotherapeuten kommen können? Darauf habe ich, ich hatte gehofft, das schon klar gemacht zu haben, keine einfache Antwort. Eher nein, möchte ich sagen, es gibt Wichtigeres: zum Beispiel Lehrplätze für alle Jugendlichen, das wäre als gesellschaftliche Investition mit Sicherheit sinnvoller als noch mehr Krankenkassenplätze für das psychotherapeutische Händchenhalten bei Menschen, deren A und L aufgrund der schlechten Lebensumstände gestört ist und nicht aufgrund ihrer eigenen inneren Verwicklungen. Okay, natürlich hängt das zusammen. Aber dennoch maßt sich die Psychotherapie (und von ihrer „Wissenschaft" à la SFU ist da noch einiges Schlimmes zu erwarten) mit diesem Allgemeinheitsanspruch an, Reparaturarbeiten erledigen zu können, die woanders verursacht worden sind. Dagegen bin ich, so wie ich auch immer noch starrköpfig meine, dass man Menschen, die in Katastrophen geraten sind, vor allem, wenn sie in anderen Kulturen als der unseren leben, rasch und viel besser und mehr, als wir es tun, materiell helfen soll dabei, ihre Existenzen wieder aufzubauen. Die Beglückung mit Traumatherapeuten, die sich ihrem Unglück und ihrer Verzweiflung als „Experten" nähern – und womöglich dabei noch einen Dolmetscher brauchen – wie das in den Jahren seit dem letzten Balkankrieg üblich geworden ist, kann ich nicht gut finden. Das erinnert mich immer an einen Sanitäter, den ich vor Jahrzehnten kannte, der – in seinem Feuereifer für die große Verantwortung, die ihm mit dem Blutdruckgerät und dem Verbandskasten übertragen war – einfach allen seine Dienste aufdrängte im sicheren Gefühl, dass ihn auch alle brauchen würden – wo es doch nur er selbst war, der sich gebraucht hat.

Also eher nein. Ein gewichtiges Argument auf der Nein-Seite ist auch, dass die Patienten, die in der Tat von einer geordneten Psychotherapie am meisten hätten, diese mit dem Psychotherapiegesetz nun fast noch weniger bekommen können als vorher; psychotische Patienten zum Beispiel, also Menschen, deren Innenleben von Wahn, Halluzinationen, Denkstörungen bestimmt ist. Gerade sie profitieren von sicheren, stabilen und unzerstörbaren Beziehungen, wie dies eine – allerdings von den meisten Psychotherapeuten nicht leistbare, weil hochkomplexe Behandlung – Psychotherapie darstellen sollte, sehr viel. Aber der Preis für die Krankenkassenfähigkeit der Psychotherapie war, dass sie auf Indikationen eingeschränkt wird, bei denen eine Heilung erreichbar scheint (was auch immer das nun wieder sein mag; aber das ist schon wieder eine andere Diskussion); und die Krankenkassen nehmen an, dass dies bei psychotischen Patienten nicht der Fall ist, deswegen bekommen gerade sie keine Stunden genehmigt. Was einem echten Skandal gleichkommt, sind doch psychotische Patienten meist nicht in der Lage (wegen des inneren Trümmerfeldes, in dem sie sich verzweifelt zu orientieren versuchen), geordnet zu arbeiten und Geld zu verdienen – was ihnen dann eine Behandlung ermöglichen würde.

Oder Jugendliche, die in Suchtproblemen stecken, die Persönlichkeitsstörungen oder Essstörungen haben oder auch „nur" in Adoleszenzkrisen und Entwicklungsstörungen stecken, sind chronisch unterversorgt, was eine psychotherapeutische Versorgung angeht, die diesen Namen verdient. Und auch sie haben natürlich kein Geld, das sie dafür ausgeben können, aus dem Schlamassel herauszukommen. Für beide Gruppen wünsche ich mir Modellinstitutionen, die psychoanalytisch orientierte Behandlungen anbieten, die von den Krankenkassen übernommen werden. Und sicher ist die Liste nicht vollständig.

Für alle anderen würde ich es gerne wieder so haben, wie es früher war: schwierig und leicht zugleich. Das wird nicht eintreten, aber wünschen wird man es sich ja noch dürfen.

Erstaunlicherweise ist der imaginäre Gesprächspartner vom Anfang noch immer interessiert und will noch mehr Auskunft haben.

„Aber die schweren Schicksale!", so lässt er sich wieder vernehmen, „ich könnte das nicht aushalten!" Ich gehe einmal davon aus, dass eine solche Frage auch den Unfallchirurgen gestellt wird oder den Kinderonkologen, die in meinen Augen die wahrhaft schwere Arbeit tun und mit tatsächlich entsetzlichen Situationen umgehen müssen. Wir hingegen, hinter unseren Couchen, haben es auch da bequemer: das Leid, das uns die Patienten mitbringen, kommt nicht überfallsartig daher wie in einer Ambulanz und ist auch nicht lebensgefährlich (im akuten, körperlichen Sinn) wie bei einer Krebserkrankung. Wir können uns innerlich auf die Begegnung mit dem nächsten Patienten vorbereiten, in der Regel kommen sich Analytiker und Patient in ihrem Ordnungsbedürfnis entgegen und halten „den Rahmen" und „das Setting" ein, d. h. beginnen pünktlich und hören pünktlich auf und dazwischen findet lediglich – in einer schönen Formulierung Freuds – ein Austausch von Worten statt und nichts anderes.

Die Menschen, die Psychoanalytiker aufsuchen, sind meist – aber nicht immer – gut artikulationsfähig und können sagen, was ihnen fehlt und was ihnen einfällt. Sie sind meist – aber nicht immer – imstande, ihre Sache selbst in die Hand zu nehmen und sie sind meist – aber nicht immer – verlässlich und vertragsfähig, können selbst kommen und gehen (oder haben Personen, die ihnen dabei behilflich sind, wie etwa Kinder oder Menschen, die wegen eines Handicaps Hilfe brauchen). Was ihre innere, psychische Situation angeht, so schaut es schon anders aus, deswegen kommen sie ja und haben sich dafür entschieden, die Dienste eines Analytikers in Anspruch zu nehmen. Aber da bewegen wir uns auf vertrautem Feld, mitten in den Dramen, die „in den besten Familien vorkommen": Neid, Eifersucht, Todeswünsche, Rachebedürfnisse, Vergeltungsabsichten, Traumatisierungen und Verletzungen – äußere und innere – schlechte Lebensbedingungen, Vernachlässigung, Missbrauch, Verwahrlosung, aber auch Liebe, Hingabe, Leidenschaft und Zärtlichkeit werden uns gebracht. Genauso solche Geschichten eben, wie wir sie selbst erlebt haben und in denen wir uns selbst erleben und die wir selbst nicht „durchschauen".

Das Auskunft geben über unsere Arbeit ist für uns Analytiker meistens unangenehm und ein bisschen belästigend: es schwingt nicht nur das Interesse an der Sache mit, mit dem man sich auch bei einem Installateur oder einer Boutiqueverkäuferin erkundigen würde, was er oder sie eigentlich tut und wie die Arbeit geht, sondern es ist immer eine misstrauische Komponente auf der einen Seite dabei. Und die Neugier auf der anderen Seite ist immer auch ein wenig intrusiv, eindringend und räuberisch, weil auf einen Gewinn gezielt, der nicht bezahlt werden soll: schnell sag mir etwas über mich, ohne dass ich dich danach fragen muss. Getarnt in der Frage nach der Psychoanalyse, die meist als „Psychotherapie" oder – noch schlimmer „Psychologie" tituliert daherkommt, will der Fragensteller einen Extragewinn machen und unerkannt davonkommen. Erkannt werden aber soll der Psychoanalytiker, der sich rechtfertigen muss für die Tätigkeit, die darin besteht, anderen Menschen zuzuhören. Ist das an sich ein hochgeschätztes Gut – „Ich kann gut zuhören" könnte als Qualifikation in einer Heiratsannonce stehen und wäre der „guten Figur", der „Lebenslust" und dem „Wunsch nach Zärtlichkeit" mindestens gleichrangig – wird es durch den Zweck, in der das in der Psychoanalyse geschieht, auch ein bisschen unheimlich.

Die Erforschung des Unbewussten, das Kennenlernen der inneren Geschichte eines Menschen ist in der Tat das Ziel dieses Zuhörens. Und so kommt es nicht von ungefähr, dass unser Gegenüber die ein wenig verschmitzt angebrachte Frage anschließt: „Nun, es ist ja gefährlich für mich, Ihnen alle diese Fragen zu stellen, denn Sie durchschauen mich ja natürlich sogleich?!" Halb zog es ihn, halb sank er hin, heißt es bei Friedrich Uhland – und denke ich bei mir; halb möchte mein Ausfrager erkannt, durchschaut werden, setzt sich mit Vergnügen dem Nervenkitzel aus, halb fürchtet er, seine Geheimnisse nicht bewahren zu können und sie unwillkürlich preiszugeben und auch, etwas über sich zu hören, das ihm noch nicht bekannt ist.

Leider kann ich ihn nicht bedienen, sage ich ihm, durchaus so ironisch gemeint, denn noch habe ich leider keine Röntgenröhre eingebaut und zaubern kann ich – ebenfalls leider – auch noch nicht. Zauberer, Hellseher, das wäre die rechte Adresse für ihn, bei mir allerdings müsse er beim nächsten Mal schon mit einer Honorarnote rechnen und mit der Aufgabe, zu sagen, was ihm einfalle. In einer analytischen Sitzung wäre es dann so, dass er nicht unbedingt eine direkte Antwort auf seine Fragen bekomme wie jetzt, bei unserer Plauderei, sondern dass ich mich bemühen – und mich aber auch damit begnügen würde, die mögliche unbewusste Bedeutung seiner Frage zum Thema zu machen, also etwa das zu sagen, was ich mir vorher nur dachte: dass seine kleine Aufregung über das Durchschautwerden ein Wunsch und eine Furcht zugleich ist und dass es interessant wäre, darüber mehr zu hören.

Meistens hören Unterhaltungen an diesem Punkt abrupt auf, so genau wollen es die meisten dann doch nicht wissen. Deswegen habe ich mir angewöhnt, auf die Frage, was ich denn so im Leben mache, oft zu antworten, ich sei Krankenschwester. Das ist für beide Teile einfacher.

Identifikation und Neugier

Es ist keine ganz einfache Übung, den Werdegang eines Psychoanalytikers zusammen mit der ganzen Geschichte und allen damit verbundenen Urteilen und Vorurteilen der Psychoanalyse gegenüber so darzustellen, dass die Sache zugleich konkret und anschaulich, nachvollziehbar und logisch, aber auch einigermaßen unterhaltsam und glaubwürdig ist. Ein Wörterbuch wäre eine Möglichkeit, die Hauptbegriffe der Psychoanalyse kurz erklärt, ein kommentiertes Glossar. Das hätte den Vorteil der Übersichtlichkeit und Benutzbarkeit. Sie wollen wissen, was das nun ist mit dem Ödipus-Komplex? Bitte sehr: Definition – Geschichte – Literaturhinweise – fertig.

Dann könnten Sie sich aber immer noch nichts dazu vorstellen, wie der Ödipus-Komplex sich bemerkbar macht, wie die Analytiker in der Begegnung mit ihren Patienten darauf kommen und wie sie mit ihren Patienten darüber reden, dass diese mit ihrer Mama/ihrem Papa schlafen wollen (oder wollten) und sonst im Unbewussten auch alles ein wenig anders ausschaut, als man es vermuten wollte und sollte. Ein Lehrbuch könnte man auch noch in Betracht ziehen. „Einführung in die Psychoanalyse für Laien" (oder so ähnlich) oder ein Textbuch mit Auszügen aus den wichtigsten Werken der klassischen Autoren, Freud Sigmund und Anna, Abraham, Ferenczi, Federn, Melanie Klein, Winnicott, Lacan, Laplanche etc., etc. Also eine Klassiker-Ausgabe, so wie die Schulausgaben zurechtgemacht: gekürzt und mit pädagogischen Anmerkungen versehen, am Ende des Kapitels können Sie im Selbstversuch Ihr Wissen abfragen, bevor Sie das nächste Kapitel beginnen …

Die Möglichkeit, mit der Romanciers oft hantieren, scheint uns für den Zweck der anschaulichen und vergnüglichen Reise in die Psychoanalyse am besten geeignet, nämlich vorwiegend Geschichten zu erzählen. Das hat auch gleichzeitig den Vorteil, dass wir einer guten alten psychoanalytischen Tradition huldigen können, indem wir sie umdrehen. Werden bei den Psychoanalytikern immer Fälle erzählt und beschrieben, denn sie sind ja der Bezugspunkt sowohl unserer Erfahrung und unseres Nachdenkens über unsere Erfahrungen mit den Patienten, so können wir uns jetzt den Spaß erlauben, die Fälle von Analytikern aufzuschreiben, uns eine Bild von der Psychoanalyse zu machen, indem wir die Geschichten derer kennenlernen, exemplarisch natürlich, die diesen Beruf erlernt haben. Wir machen also die Psychoanalytiker zu den

Patienten und uns selbst, die Autorin und vor allem Sie, die Leserinnen und Leser, zu Analytikern, die den Patienten ihre ungeteilte, neutrale und ungerichtete Aufmerksamkeit schenken, in dem Bemühen, sie besser zu verstehen und ihnen auf die Schliche ihres Unbewussten zu kommen. Meistens entdeckt man dabei, auch die Analytiker der Wirklichkeit, etwas über sich selbst – quasi gestohlenerweise, so nebenbei – und man sollte dann auch nicht zu viel Aufhebens davon machen.

Anhand dieses „Settings": Leser Analytiker – Analytiker Patient, können wir gleich etwas über die Tricks der Schriftsteller festhalten. Zunächst die Identifikation: Wenn Sie die Geschichten lesen, können Sie nicht umhin, eine Identifikation, zumindest probeweise, mit den Protagonisten einzugehen und sich – so en passant und meist nicht ganz bewusst, die Frage zu stellen: wie wäre das für mich? Würde ich das auch so sehen, machen, wollen? Würde ich so sein wollen? Würde ich auch so reagieren auf Misserfolg und Zurücksetzung, fände ich es auch aufregend, im Sessel zu hocken und zuzuhören? Was ist der Thrill an diesem verrückten Beruf?

Damit ergibt sich gleich der zweite Trick der Schriftsteller: sie bedienen unseren Hang zum Voyeurismus. Aus der Loge des Lehnsessels können wir zuschauen, wie sich unsere Analytiker bewähren und blamieren, verrennen und verwickeln und sich unserer Häme und unserem Urteil ausliefern und es nicht einmal wissen. Praktisch! Und je nachdem, wie gut oder schlecht es dem Schriftsteller gelingt, uns die Wendungen und Entwicklungen des Helden oder der Heldin plausibel zu machen, umso eher (oder eben nicht) bewundern wir das Geschick des Autors/der Autorin, uns etwas beigebracht zu haben, ohne dass wir es gemerkt haben. Sie sehen, es steht also auch für mich etwas auf dem Spiel, nämlich mindestens Ihre gute Nachred'.

Die beiden oben für die Leserhaltung eingeführten Begriffe, die Sie natürlich aus anderen Zusammenhängen gut kennen: die Identifikation und der Voyeurismus, eignen sich aber auch ganz gut für eine erste kurze Definitionsrunde.

Was versteht die Psychoanalyse unter Identifikation? Vertraut ist uns das Wort und sein Bedeutungsraum natürlich. Aber haben Sie eine Idee davon, wie eine Identifikation in Gang kommt? Welche Ihrer Körper- und Geistesstrukturen dazu benutzt werden, wie sich eine Identifikation halten kann und welche Veränderungen sie durchmacht? Welche Personen sich dafür eignen und wer eher nicht?

Die Antwort kann man auf verschiedenen Ebenen suchen und finden. Eine – relativ einfache – Ebene ist die entwicklungspsychologische. Darunter verstehen wir alle Vorstellungen, Theorien und Befunde, die uns Aufschluss über die Art und Weise geben (oder zu geben hoffen), wie aus einem neugeborenen Winzling ein ganzer Mensch wird – welche notwendigen Schritte und Stadien es dabei braucht und welche Störungen auf diesem Weg eintreten können. Entwicklungspsychologisch gesehen beginnt die Identifikation mit dem „so sein wollen wie" – der bewunderte Papa, die hinreißende Mama, der große starke Bruder, der immer gutgelaunte Hund, die liebevolle Babysitterin … der strenge, aber mitreißende Lehrer, der tolle, fesche und großartige Fußballer.

Wie man sieht, lassen sich hier zahlreiche Beispiele anführen, die zeigen, dass die Psychoanalyse der Tummelplatz für alles Ambiguöse und Unbestimmte, alles Doppelwertige und Ambivalente ist. Wo weiblich ist, ist männlich nur gleich dahinter versteckt und umgekehrt. Wo scheinbar Stärke herrscht, kann man sich auf das Auftauchen der Schwäche schon einrichten, wo jemand Nein sagt, hören wir ein „ich will nicht ‚JA' sagen müssen" etc. etc.

Was man allerdings an diesen Beispielen sehen kann, ist, dass es zum „Identifizieren mit" als Voraussetzung eine gewisse Wahrnehmungsbreite braucht, die das Neugeborene oder der noch kleine Mensch bis zum, sagen wir einmal grob, Sprachalter oder ein wenig davor, wohl kaum haben kann. Das Kind muss die Eigenschaft, die es sich zu eigen machen will, wohl vorher wahrnehmen und registrieren können, wenn auch nicht bewusst. Die Imitation, des Sprechens, des Bewegens, des Lachens, des Laufens von Mutter und/oder Vater steht am Anfang der Identifikation, und über diese Schiene ist sie auch ein starker Trigger des Lernens – Jimi Hendrix war die Identifikationsfigur für die Gitarristen aus meiner Klasse, heute wollen die Kids immer noch plötzlich mit 14 oder 15 Jahren Schlagzeug, Bass und Gitarre lernen, weil sie sich mit dem Musiker der Band XYZ identifizieren. Und die klugen Volksschullehrerinnen wissen, dass die Kinder ihnen zuliebe lernen und ihnen tägliche Liebesbeweise machen, wenn sie wieder ein Wort gelernt haben oder einen Purzelbaum zusammenbringen. Die Imitation weist also den Weg von außen nach innen, und wer lange genug nachmacht, wird dann auch so wie das „Vorbild".

Die Rede vom Vorbild ist aber etwas irreführend, weil psychoanalytisch uninformiert. Das Vorbild braucht immer eine gewisse Ermahnung: nicht alles an einer Person taugt zum Vorbild, manches bleibt besser versteckt. Dass der verehrte

Lehrer daheim ein Haustyrann ist, der von seiner Frau nur mehr Verachtung erntet, möchte er vor seinem Bewunderer lieber nicht entdeckt wissen. Die schöne Sportprofessorin mit der tollen Figur und dem immer lustigen, motivierenden Lachen etwa muss vor ihren sie anhimmelnden Schülerinnen geheimhalten (weil sie es partiell auch vor sich selbst geheimhält), dass sie nur mehr mit Tabletten über den Tag kommt und vor lauter Angst vor allem und jedem am Rande des Zusammenbruchs dahinbraust, zum Beispiel auch der Angst, als Vorbild zu versagen und eine der letzten Bastionen von Selbstwert und narzisstischer Erfüllung, die Bewunderung und Liebe der Schülerinnen, zu verlieren. „Du musst ein Vorbild sein" ist also geradezu ein Synonym für „Reiß dich zusammen!" Umgekehrt kann man die Rede auf jemanden, der „stets ein Vorbild gewesen ist", ruhigen Blutes dechiffrieren als: „das muss ein rigider Typ gewesen sein, dem man nichts wirklich Freundliches nachsagen kann." Vorbild riecht nach Anstrengung, Maßstab, früher hätte man gesagt: Anstand und Sitte, psychoanalytisch sagt man Über-Ich.

Zur Identifikation gehört nicht nur die Imitation, die allerdings der erste notwendige Schritt ist: „Ich bin Figo, wenn ich jetzt den Ball wie er kicke", „Ich werde wie Mama, wenn ich jetzt meinen Kakao wie sie trinke und die Tasse zum Mund führe mit der gleichen Geste wie sie" oder eine ähnliche Figur. Der darin steckende Wunsch ist: durch die Imitation so zu werden wie … Und genau das ist auch der zweite Schritt in dem identifikatorischen Vorgang: das ein Zug der bewunderten begehrten „Identifikationsfigur" in das eigene Innere übernommen wird, sozusagen einverleibt wird. Man könnte sogar sagen, dass es sich um einen räuberischen Prozess handelt (Freud sagt dazu sogar „kannibalisch", weil es sich um einen oralen Modus handelt), dass das Ich des Räubers sich einer Eigenschaft, eines Zuges an der Persönlichkeit des anderen Menschen bemächtigt und ihn – psychisch gesehen – auffrisst und ihn damit dem eigenen inneren, seelischen Stoffwechsel einverleibt. Diese sogenannten „primären" oder auch „präödipalen" Identifizierungen sind die Einzelteile, aus denen sich die Charakter- und Persönlichkeitsstruktur zusammensetzt, die sich miteinander mischen und verschränken und auch nebeneinander existieren können, sodass sich auch widersprüchliche Identifikationen halten UND mancherlei Überraschungen bereithalten können. Ein wenig vereinfacht kann man den Prozess der Identifizierung auch so ausdrücken: Anfangs liebt das Kind die Mama und den Papa und den Opa und die Oma … in einer undifferenzierten, gesamthaften und gleichzeitig von den Partialtrieben getriggerten Weise. Über den Umweg der Imitation und Identifizierung kann es zweierlei erreichen: erstens sich selbst stabile Eigenschaften zulegen und zum Zweiten sich von diesen sogenannen Primärobjekten ein Stück weit ablösen, weil es sie ohnehin schon in sich trägt und sie deswegen als äußere Objekte sozusagen gar nicht mehr braucht. Am „Ende" (wann ist sowas schon abgeschlossen?) i s t das Kind ein bisschen Mama, ein bisschen Figo, ein bisschen Kurt Cobain, Jimi Hendrix …

Vielleicht sind Sie über das Wort „Partialtrieb" im vorigen Abschnitt gestolpert und haben sich geärgert, dass da schon wieder ein nicht erklärtes Wort steht (wobei ich hoffe, dass es nicht schon zu viele waren, sodass Ihr Ärger zu Recht bestünde). Diese kleine Zumutung wollen wir sofort wieder gutmachen und anhand des vorhin erwähnen Voyeurismus, den wir als einen quasi allgemeinmenschlichen Zug qualifiziert haben, etwas über die Partialtriebe erfahren. Auch hier bewegen wir uns wieder im Reich der kleinen Kinder, die bekanntlich gerne schauen und ganz ungehemmt neugierig sind, auf alles, was sich ihnen darbietet. Eine besondere Neugier, nicht im Sinn von exklusiv, sondern im Sinn von einer besonderen Art, ist aber die auf das Sexuelle.

Seitenblicke

Neulich in einem Wiener Restaurant, kurz vor einer Opernpremiere. Das Lokal ist voller gut gekleideter Menschen, die schauen, ob sie gesehen werden so wie sie selbst sehen: den Intendanten des Mozart-Jahres, den Generalsekretär der Bundestheater, den Chef der Freunde der Wiener Staatsoper, den berühmten Kritiker, die bekannte Journalistin, den Anwalt einer großen Partei, die Professorin aus dem AKH und pleno titulo sehen und darauf schauen, dass sie auch gesehen werden. Voilà der Schautrieb, in seiner sozusagen „erwachsenen" Form. Manche genießen das, das sind dann die, die zu den Salzburger Festspielen nicht nur fahren, sondern auch die VIP lounges bevölkern, na bitte sehr; hier geht der Schautrieb mit der narzisstischen Lust der Eigenliebe eine produktive Verbindung ein, die viel Geld kostet und in der Repetitivität – wie jedes narzisstische Vergnügen – irgendwie öd wird. Das österreichische Fernsehen hat für die

Berichterstattung von solchen Ereignissen, die ja nicht den Eingang in die Kultursendungen finden, da sie das vorher und nachher betreffen und nicht die Oper selbst, den genialen Titel der „Seitenblicke" erfunden. Besser kann man die mehr oder weniger verschämte Art der mit der Befriedigung des Schautriebes verbundenen Lust kaum ausdrücken. Der Schautrieb will immer nur das eine sehen: wer mit wem, wer ist auf dem Markt der Eitelkeiten schöner, besser, reicher, attraktiver? Und warum? Weil im Kern dieser Pfauenräder die Sexualität steckt. Die Phantasien über das „wer mit wem" sind das Zentrum der ganzen Seitenblicke-Welt, wie auch – natürlich noch weiter weg vom Ort des Geschehens, mit Hilfe der ultra-zoom-Teleobjektiv-Linsen der Paparazzi gerade noch unscharf sichtbaren – der Illustrierten-Welt. Die Befriedigung der (kleinbürgerlichen) Neugier auf die Intimitäten der anderen, die es im Leben – jedenfalls materiell – besser getroffen haben als man selbst – ist nur unschwer als Abkömmling dieser infantilen Neugier auf die Sachen zu erkennen, die die Eltern da im Schlafzimmer machen und noch genauer: wie das ausschaut, was sie machen und die Organe, mit denen sie es machen. Insbesondere sind natürlich die Sexualorgane des andersgeschlechtlichen Elternteils von hohem Interesse, aber nicht viel weniger auch die des eigengeschlechtlichen, besteht doch die – nicht unrichtige – Vermutung, dass ein erwachsener Sexualapparat beträchtlich anders ausschaut als der eigene (wenn man gerade einmal drei oder vier Jahre alt ist).

Andere, zu diesen zählt die Autorin, können diesen Schautrieb nicht so ungehemmt ausleben und haben – an den Seitenblicken sowieso, aber auch an Restaurants und Premieren, an „gesellschaftlichen" Gelegenheiten immer etwas auszusetzen, spötteln und machen sich lustig, sind keine „Adabeis", nein, beileibe nicht. Sie fürchten die Kritik und den Spott der anderen, der Schönen und Reichen, und kommen dem zuvor, indem sie sich selbst schnell lustig machen (ob sie dabei gute oder schlechte Argumente haben, spielt hier im Moment keine Rolle!).

Sie sind also, könnte man mit Alfred Adler sagen, von einem „Minderwertigkeitskomplex" geplagt und „kompensieren" diesen durch Spott und Abwesenheit (so, wie wenn die Premiere dann an Glanz verlöre, wenn sie nicht dabei sind!). Dies ist aber nur eine oberflächliche Beschreibung – und warum die Annahme der Minderwertigkeit in meinen Augen keine besonders weittragende Erklärung für psychische Phänomene bietet – also meine Kritik an Alfred Adler und seinen Ideen – finden Sie dann im Kapitel über Manès Sperber.

Der Spott und die strafende Abwesenheit sind die Einwände, die das Ich – der Autorin und aller anderen Opernfans, die den Premieren wegen Schau- und Zur-Schaustell-Stresses fernbleiben – aufbringt, um den Schautrieb in Schach zu halten und abzuwehren. Wie geht das? Ganz einfach: Das Über-Ich sagt: das hast du nicht notwendig, das entspricht nicht deiner Vorstellung von einem ernsthaften Musikinteresse; und das Ich zieht daraus den Schluss: die, die dort hingehen, gehen ja „nur" wegen des Schauens hin. So ist aus einer Triebregung eine Hemmung geworden, unter Zuhilfenahme der strengen Stimme des Über-Ich (wohl ein Nachfahre einer primären Identifizierung mit der arbeitsamen und ernsthaften Mutter) und der Abwehrleistung des Ich, das – eins, zwei, drei – aus einem eigenen Impuls: schauen, wer mit wem und wie – etwas macht, das ja „nur" die anderen wollen.

Aber ich sitze im Restaurant mit meinem Bekannten, Herrn Dr. S., einem Kavalier der alten Schule, der mir all die Aufmerksamkeiten zukommen lässt, die am Boden des Charmes das sexuelle Interesse gerade nicht mehr spüren lassen, aber wie eine Erinnerung aus fernen Zeiten, als die Frauen noch verehrt wurden und sich immer auf einem vor ihnen aufgerollten Teppich bewegen durften (allerdings eben auch nicht daneben!) wirkt und tatsächlich außerordentlich bezaubernd ist. Natürlich steht er auf, als ich komme, begrüßt mich mit einem formvollendeten Handkuss und hilft mir aus dem Mantel. Selbstverständlich lässt er nicht zu, dass auch nur ein Moment zu lange meine Wünsche vom Ober nicht erfüllt werden und nimmt mir die Bestellung nach einer freundlichen Beratung ab. Und klar spricht er mich mit „meine Liebe" an, was ja auch ein wenig von oben herab klingen könnte, wäre da nicht dieser chevalreske Blick, mit dem er mir zu verstehen gibt, dass er es auch so meint, wie das Wort gesprochen ist. Ich gestehe: Ich genieße so etwas.

Da sagt der Mann: „Eine Zeitlang hatte ich große Auseinandersetzungen mit meinen Eltern" (er wusste natürlich schon von meinem Beruf), „dann habe ich irgendwann einmal mit meiner Mutter geschlafen, und das hat mir sehr gut getan. Ich hoffe, ihr auch." Ich bestehe diesen Test in Contenance (schließlich habe ich jahrzehntelange Praxis in der Praxis) und sage nichts. Was soll ich auch zu diesem ungewollten Seitenblick, der Indiskretion in Demel-Torten-Papier der guten Umgangsformen und dem winzigen Hauch von Flirt verpackt, diesem weit geöffneten Tor mitten ins Schlafzimmer des Herrn Dr. S. sagen? Zu einem tatsächlichen Inzest?

Lieber nichts, denke ich mir und: so eine schöne Bestätigung für die Schautrieb-Idee. Da sitzen wir mitten in dem schicken Restaurant, umgeben von allen Schauern drinnen und denen, die nur draußen vorbeigehen und neugierige Blicke hineinwerfen, schauen selbst und kommentieren den einen oder die andere, bestens gelaunt, und dann das! Wie, wenn es sich um einen Sonntagsausflug handelte! Und was möchte Herr Dr. S. von mir: die neugierige, schautriebgesteuerte Nachfrage? Die professionelle Deutung? Eindruck schinden? Oder vielleicht etwas über sich selbst deponieren, das – womöglich doch nicht nur eindeutig so großartig und erfüllend gewesen ist, wie er vor sich selbst und mir, der „Expertin" mit seiner sehr direkten Mitteilung tut?

Eine nachträgliche Begegnung

Neulich, als ich gerade ein paar Tage frei hatte, um das Manuskript fertigzustellen (so jedenfalls der Plan!) kommt die Nachricht, dass am 31. März 2007 Paul Watzlawick verstorben ist. Der österreichische Psychologe war eine sehr bekannte Figur – vor allem in den 70-er und 80-er Jahren des 20. Jahrhunderts; mit seinem Bestseller „Anleitung zum Unglücklichsein" landete er einen Riesenerfolg und wurde eine Zeitlang als Experte für alles herumgereicht – was vielleicht auch damit zusammenhing, dass er – nach seiner Ausbildung in Jungscher Tiefenpsychologie in der Schweiz sich zusehends systemischen Ansätzen aus der Familientherapie angenähert hatte, und das war ja in der fraglichen Zeit sehr à la mode. Watzlawick erschien mir damals, als Jungspundin der Psychiatrie und Psychoanalyse, völlig oberflächlich, und ich habe mich – bis heute – geweigert, das Buch auch nur zu lesen.

Aber mit dem Alter wird man ja milder, und als mich die Nachricht seines Todes übers Radio erreichte, war ich doch aufmerksam und auch bereit, ihm nochmals neu und endlich offen zuzuhören; die Sendung, die dann folgte im Österreichischen Rundfunk war ein Vortrag bei einer Veranstaltung der Industriellenvereinigung – umrahmt von einer Würdigung seines Lebenswerkes, die der Redakteur offensichtlich aktuell vorgenommen hatte.

Also hörte ich – beim Kochen, köstliche Zeit der Produktivität und Vorfreude! – Watzlawick aus dem Jahr 1993 zu, seiner eigentlich angenehmen Stimme mit erkennbar kärntnerischem Akzent, wie er den Industriellen Tipps zur Vermeidung von Organisationsverwicklungen gegeben hat. Er war damit ein relativ früher Vertreter der Coaching- und Beratungskultur, die sich inzwischen ja schwammerlartig ausgebreitet hat und den Eindruck kultiviert, dass man ohne Berater völlig aufgeschmissen ist: beim Sport, im Beruf, bei der Scheidung, beim Stillen (Laktationsberater), beim Abnehmen (Diätberater), bei einfach allem. Insbesondere Manager brauchen Coaching, und Organisationen brauchen Beratung, sonst machen sie Fehler, brennen aus und was soll dann aus uns werden, uns armen Bürgerinnen und Bürgern – ohne Führung in Konsum und Verwaltung, Meinung und Geldwesen?

Inzwischen gibt es – das kommt mir allerdings im Gegensatz zu den meisten Beratungsangeboten, vor allem den psychologischen, außerordentlich sinnvoll vor! –Beratungsfirmen, die der Wirtschaftskriminalität in Unternehmen auf die Spur kommen. Da ist vielleicht das Geld besser investiert als bei den Wochenendschulungen für den neuesten „Führungsstil" – mit Pferden oder tiefenpsychologisch, je nach Vorurteil … es gibt ja kaum noch ein großes Unternehmen, das frei von Schmiergeldskandalen und anderen kriminellen Verwicklungen ist.

Und in Japan, höre ich, gibt es Beratungs- und Selbsthilfegruppen für Ehemänner, die lernen müssen, ihre Ehefrauen nicht wie Möbelstücke zu behandeln. Diese – die Ehefrauen lassen sich jetzt nämlich massenhaft scheiden, seit die Sozialgesetze in Japan so geändert wurden, dass die Pension des Mannes geteilt werden muss und der Frau die Hälfte im Falle einer Scheidung zusteht – diese Selbstverständlichkeit scheint in Japan erst eine rezente Einführung zu sein. Und die Ehemänner in der besagten Gruppe wollen lernen, wie sie ihre Frauen bei sich behalten können, es also schaffen, dass die nicht den Hut auf die Ehe hauen; also durchlaufen sie ein Training: wie man im Haushalt hilft, wie man sich mit der Frau in der Öffentlichkeit zeigt, wie man ihr den Arm reicht, wie man sich erkundigt, wie es ihr geht, wie man weniger säuft, wie man ihr sagen kann, dass man sie schätzt. Die höchste Stufe erreichen nur die, die es schaffen, ihrer Frau zu sagen, dass sie sie lieben: einfach so; aber in dieser Stufe sind erst ein paar Männer angelangt, wenn ich mich recht erinnere, waren es 10 oder so. Samurai werden ist dagegen ja fast ein Kinderspiel! (Diese Beratungsabsurdität habe ich übrigens einer anderen Radiostation, nämlich BBC 4 zu verdanken, neulich in London …)

Nun hat uns die Neumode von Beratung und Coaching ganz von Watzlawick weggeführt und dem, was ich eigentlich erzählen wollte. Er war jedenfalls ein Pionier!

Also, ich höre ihm zu: Er beginnt mit der Bemerkung, dass in „seinem Gebiet", der Psychologie, immer noch und immer wieder der Fehler gemacht wird, dass nur das einzelne Individuum angeschaut würde. Das sei aber ganz falsch, wie er gleich an einem Beispiel erklärt: Irgendwo in Südamerika musste das Balkongeländer erhöht werden, weil immer mal wieder einer rücklings hinuntergefallen ist und sich verletzt hat. Es kommen die Anthropologen aus Nordamerika und studieren dieses seltsame Phänomen und stellen fest, dass die Unfallserie dem Umstand zuschulden war, dass europäische und nordamerikanische Menschen den in ihren Augen aufdringlichen Annäherungsversuchen ihrer südamerikanischen Gesprächspartner auf der Terrasse des Hotels mittels einem Schritt nach rückwärts ausweichen wollten. Watzlawick klärt die Industriellen darüber auf, dass die rechte Distanz, die man zu seinem Gegenüber halten möchte, kulturell verschieden ist und sich bei uns z. B. auf die sprichwörtliche Armeslänge bezieht. In Südamerika hingegen ist diese Distanz viel kleiner – die armen Verunglückten hatten also lediglich versucht, die in ihrer Kultur angemessene Distanz zu ihrem Gesprächspartner herzustellen und waren bei dessen Nachrücken immer selbst auch etwas zurückgewichen, bis sie ans Geländer stoßend … hahaha, die Industriellen lachen, ich höre es im Radio.

Watzlawick kommt auf sein Eingangsargument zurück: Der Fehler, der nun früher, aber immer noch und immer wieder gemacht wird, „in meinem Gebiet", ist, dass man die Gründe nur in einer von beiden Personen gesucht hat: Freud hätte wohl gesagt, der Verunfallte hatte einen Todestrieb … hahaha, die Industriellen sind erneut amüsiert.

Ich nicht. Was hat der arme Freud da verloren, denke ich und schneide die Zwiebel schon mit einer kleinen Zornesfalte. Watzlawick fährt fort: Sein zweites Beispiel, das die Beschränktheit des Zugangs in „seinem Gebiet" beweisen soll, bezieht sich auf die Unterschiede im „Paarungsverhalten" (so nennt er das!) zwischen amerikanischen Soldaten und englischen Mädchen, das nach dem Zweiten Weltkrieg untersucht worden ist. Ich werfe die Zwiebel ins heiße Öl und schäle die Knoblauchzehe, denke dabei, ich wusste gar nicht, dass Amerikaner auch in England stationiert waren. In Deutschland, wo ich aufgewachsen bin, waren Soldaten aus anderen Ländern ganz normal … aber ist ja wurscht, was sagt Watzlawick? Er sagt, dass die Missverständnisse, die zwischen den beiden „paarungswilligen" Gruppen entstanden sind, auf ihren verschiedenen Erwartungen aneinander beruhen, die wiederum sind geprägt von den kulturell unterschiedlichen Bedeutungen, die z. B. ein Kuss in Amerika und England hat. Man kann sich das gut vorstellen und es gäbe wohl Stoff für einige spritzige Filmszenen: von Billy Wilder vielleicht oder Ernst Lubitsch? Die Industriellen sind auch ganz animiert, und Watzlawick bringt wieder den Fehler, um den es ja geht und der sein Argument ist, warum er überhaupt den Industriellen etwas zu sagen hat, die ja eben nicht Einzelpersonen sind, sondern über ganze Organisationen herrschen, also das Argument mit dem Fehler, der immer und immer wieder gemacht wird: nur die eine Person zu betrachten; wie zum Beispiel Freud, der das Mädchen sicher mit einer Hysterie ausgestattet hätte … hihihi, höre ich durch das Küchenradio aus dem Festsaal der Industriellenvereinigung am Schwarzenbergplatz das schallende Gelächter.

Knoblauch in die Pfanne und dann den Reis, schwitzen lassen, nicht ärgern! Das Risotto, also in weiterer Folge ich, muss dann darunter leiden … geht nicht …! … Es ist doch immer dasselbe: er redet zwar von etwas ganz anderem, von Kommunikation oder Verhalten oder wie immer man das nennen will, was zwei Leute miteinander machen, und eben nicht davon, wie sich der Stürzende fühlt oder das Mädchen, das in ihren Augen überfallsartig geküsst wird – aber Freud mal eben abwatschen, das passt immer und man hat die Lacher auf seiner Seite! Denn Watzlawick redet ja nicht von Problemen der einzelnen Menschen, von Symptomen und Konflikten, Ängsten und Hemmungen, sondern von Slapstick – von Kommunikationsmissverständnissen, meinetwegen Kulturunterschieden. Die junge englische Frau, die den Kuss des amerikanischen Soldaten als Übergriff erlebt, kann gut und gerne ihre Hysterie haben – trotz der Kulturunterschiede in den „Paarungsverhalten", sie muss aber natürlich nicht. Herausfinden würde man es nur, wenn man mit ihr redete; und den Gedanken des Todestriebes, den Freud entwickelt hat, um sich eine passende Vorstellung von der Aggressivität zu machen mit dem Mann zu verknüpfen, der rücklings das Geländer hinunterstürzt, ist schon ziemlich blöd und zeigt ein aggressives Nichtverstehen dessen, was die Psychoanalyse denkt.

Watzlawick aber ist an diesen kleinen Unterschieden nicht interessiert, es geht ihm ja darum, auf die Industriellen einen guten, modernen Eindruck zu machen und da kommt es schon ganz gut, wenn man Freud altmodisch schminkt und den eigenen Denkfehler dem anderen unterstellt – aber das stört ja anscheinend niemand. Im Gegenteil, man hat den Eindruck beim Zuhören, dass es irgendwie ganz genüsslich ist, dem Alten eine auszuwischen.

Den Eindruck habe ich übrigens oft, wenn ich mit Äußerungen zu Freud und der Psychoanalyse konfrontiert bin – dass sie von aggressivem Nichtverstehen getragen sind und eben nicht einfach nur ahnungslos. Das gibt es natürlich auch, aber das ist ja noch sympathisch, denn Ahnungslosigkeit geht doch mit einer prinzipiellen Offenheit einher, die vielleicht eine Erklärung hören mag – aber vielleicht auch nicht.

Aggressives Nichtverstehen hingegen weiß es ja schon. So wie Watzlawick, dessen Bücher ich also auch jetzt, nach seinem Tod, nicht werde lesen müssen, was mich einerseits erleichtert, denn ich muss schon genug lesen, andererseits natürlich auch irgendwie traurig macht, weil meine Vorurteile sich als richtig herausgestellt haben. Schade, wieder nix geworden mit: sieh mal an, da hab ich mich getäuscht, dumm ist man in der Jugend, aber jetzt … nein, jetzt ist nur das Risotto fertig und eh ganz gut geworden. Übung und Disziplin helfen – in Analysen und beim Kochen.

Gegner der Psychoanalyse – ein wahrlich eigenes Kapitel. Womöglich habe ich Paul Watzlawick zuviel Ehre angetan, er ist wohl nicht einmal ein Gegner, wahrscheinlich war ihm Freud nur für die rhetorisch billige Figur recht. Da gibt es natürlich schon andere Kaliber. So erfolgreich, wie die Psychoanalyse im 20. Jahrhundert war, so zahlreich waren auch ihre Kritiker. Begonnen hat das natürlich schon zu Lebzeiten Freuds. Legendär ist der Spruch der Wiener Professorenkollegen, dass bekanntlich nur Frauen einen Uterus haben, was ihnen als Beleg genug dafür diente, Freud scheinbar lächerlich zu machen, als er in der Gesellschaft der Ärzte seinen ersten Fall einer männlichen Hysterie vorstellte. Die Geschichte der Gegnerschaften wäre aber schon wieder ein eigenes Buch geworden.

Wie wird man Psychoanalytiker?

Um eine psychoanalytische Ausbildung zu beginnen, muss „der Kandidat/die Kandidatin" (so heißen die Bewerber und Lehrlinge bis zu ihrer Aufnahme als Mitglieder in die jeweilige Fachgesellschaft) ein paar Voraussetzungen erfüllen. Einige davon, wie ein abgeschlossenes Hochschulstudium und ein Mindestalter von 27 Jahren sind die Regel, können aber in einzelnen Fällen außer Kraft gesetzt werden. Es gibt so etwas wie einen „Genie-Paragraphen", der es im Prinzip möglich macht, auch ohne Studium angenommen zu werden und auch schon in jüngeren Jahren. Manchmal, wenn auch selten, gelingt dies einigen Angehörigen vor allem sozialer Berufe. Auf jeden Fall muss man einen Beruf erlernt haben und kann nicht einfach nach der Matura Analytiker werden. Es handelt sich also immer um eine postgraduale Ausbildung, die eine größere Investition in das eigene Leben in jeder Hinsicht darstellt: zeitlich, finanziell, inhaltlich.

Die Kandidaten müssen sich zunächst dem sogenannten „Rundlauf" unterziehen, das heißt, bei drei Lehranalytikern, die ihnen von der Fachgesellschaft genannt werden, Interviews führen, in denen ihre prinzipielle Eignung für den Beruf abgeklärt werden soll. Die Eindrücke dieser Interviewer werden dann im „Lehrausschuss" diskutiert und, wenn Einigkeit besteht, dass der Kandidat geeignet ist, wird ihm eine Liste mit den Lehranalytikern übergeben, aus denen er sich dann seinen Lehrer suchen kann. In Wien – als in jeder Hinsicht nahe liegendem Beispiel, das aber durchaus repräsentativ auch für die Situation in Deutschland und der Schweiz herangezogen werden kann – in Wien kann man sich mit dem Ausbildungswunsch an zwei Fachgesellschaften wenden: die Wiener Psychoanalytische Vereinigung und den Wiener Arbeitskreis für Psychoanalyse. Und hier fangen die Unterschiede schon an. Wer sich etwa für eine Ausbildung bei der Wiener Psychoanalytischen Vereinigung interessiert, käme nie auf die Idee, sich bei dem anderen Lehrinstitut in Wien, dem Wiener Arbeitskreis für Psychoanalyse (der früher noch „Arbeitskreis für Tiefenpsychologie" hieß) zu bewerben. Die „Vereinigung", wie sie allgemein genannt wird, ist immerhin von Freud und seinen frühen Mitstreitern 1908 gegründet worden – steht also beim Erscheinen dieses Buches kurz vor ihrem 100. Geburtstag!

In dieser „Vereinigung" waren alle berühmten Analytiker und gehörten gleichzeitig zur Internationalen Psychoanalytischen Vereinigung (IPV), die auch in der Tradition von Freud stand, der sie 1912 gegründet hatte. Aus der Perspektive eines Kandidaten der „Vereinigung" scheint demgegenüber der Arbeitskreis so etwas nicht ganz Echtes zu sein. Zwar stand – jedenfalls früher – der Arbeitskreis im Ruf, viel liberaler zu sein, nicht so „orthodox" (was auch immer das heißen mag!), es ging mehr um Gruppen und um Psychotherapie ganz allgemein, die Technik war nicht so strikt, die Theorie schon gar nicht und alle möglichen als Experimente angesehenen Behandlungsformen wurden geschätzt und beherbergt. Die Tradition war keine jüdisch-sozialdemokratisch-intellektuelle, wie in der Vereinigung, sondern christlich-katholisch und irgendwie unklar. Zwar waren sehr nette Kollegen dort und die persönlichen Beziehungen zwischen Mitgliedern in den beiden Gesellschaften waren schon lange gut und oft von Freundschaften geprägt, aber warum man nicht gleich zum Schmid ging für eine psychoanalytische Ausbildung, sondern zum – aus der Perspektive der Ahnherrschaft Freuds – „Schmidl", war den meisten von uns nicht klar. Meine Freunde im Arbeitskreis sagen dann manchmal: bei uns gab es nichts anderes – z. B. wenn man in Innsbruck studiert hatte oder in Salzburg, wo ja Caruso, der den „Arbeitskreis" gegründet hat, eine Professur hatte. Und natürlich war auch mit seiner Figur eine ganze Aura von Weltoffenheit, liberaler bis linker Attitüde und sozusagen „Jugendlichkeit" verbunden, während die gute alte Vereinigung dagegen – auch mit den damals echt starren und unglaublich rigiden Umgangsformen ein echtes Abschreckungsszenario für junge Leute sein konnte. Meine Lehrer haben etwa erzählt, dass sie als Kandidaten in den wissenschaftlichen Sitzungen das Wort nicht ergreifen durften – nur ehrfürchtig zuhören!

Und so ist vielleicht eine gute Erklärung für die individuelle Wahl, dass man dort gelandet ist, wo es einem passender schien (wenn das schon eine Erklärung ist!?). Jedenfalls ist in der Wahl des Ausbildungsvereines auch implizit immer eine Abwehrleistung versteckt: die Überidentifikation mit den angeblich hervorstechenden Zügen des eigenen Vereins (die Ahnherrschaft und das Erbe bei der „Vereinigung", die liberale und offene Haltung beim „Arbeitskreis") sind sozusagen auch – und aus der Perspektive der Lehranalyse – Symptome, weil, Phantasien und identifikatorische Vorannahmen, denen gar nicht so viel Realitätsgehalt beizumessen ist. Die Ausbildungen sind – de facto gar nicht viel verschieden, zumindest, was die Formalitäten und die Erfordernisse angeht und inzwischen ist sowieso alles anders geworden.

Heute, wo der Wiener Arbeitskreis als Study Group der IPV angehört und viele KollegInnen dort direkte Mitglieder der IPV geworden sind, gibt es einen regen Dialog zwischen den Gruppen, viele gute und stabile Arbeitsbeziehungen und Freundschaften und eine ganze Reihe gemeinsamer Projekte. Die Zeiten ändern sich – zum Glück – und immer mehr tun sich jene Psychoanalytiker zusammen, die etwas für die Entwicklung der PSA tun wollen und dabei ihre Vereinszugehörigkeiten nicht so wichtig finden. Das aktuellste Projekt zum Beispiel ist die gemeinsame Gründung der Wiener psychoanalytischen Akademie, die sich der Fortbildung in analytischen Themen und konkreten Arbeitsfeldern wie „Psychoanalyse und Film", „Kulturtheorie", Psychoanalyse in angewandten gesellschaftlichen Bereichen (Sozialarbeit, Pädagogik, Politik) und anderen Wissensgebieten (Neurobiologie, Geschichte, Literaturwissenschaften) widmen wird. Mit dem Jahreswechsel 2007/2008 wird die Akademie ihr Quartier in Wien beziehen – am Salzgries im Ersten Bezirk, und nicht nur das: die beiden Fachgesellschaften werden ihren Vereinssitz auch dorthin verlegen, sich also in unmittelbarer Nachbarschaft ansiedeln, sozusagen Schrebergarten an Schrebergarten mit den Veranstaltungsräumen der Wiener psychoanalytischen Akademie als gemeinsamer Schutzhütte. Das ist natürlich ein starkes Lebenszeichen der Psychoanalyse in Österreich und vor allem eine starke Ansage in Richtung des S. Freud-Museums in der klassischen Adresse Berggasse 19. Wie titelte doch der „Falter" im Sommer 2007 so schön, in dem er einer Freud-Puppe auf dem Titelblatt die Sprechblase gab: „Ich ziehe aus!"

Der Kandidat hat also einen Lehranalytiker gefunden und beginnt seine eigene Analyse, die ihn sicher sehr beschäftigen wird. Frühestens nach zwei Jahren kann er dann mit der theoretischen Ausbildung beginnen, die in Form von Seminaren unter der Leitung von wissenschaftlich und klinisch erfahrenen Lehranalytikern stattfinden und in denen etwa 2 Semester „Krankheitslehre", 1 Semester „Entwicklungspsychologie", 2 Semester „Technik" und andere Themen behandelt werden. Zur Ausbildung gehört aber vor allem auch die supervidierte klinische Erfahrung mit zwei sogenannten „Kontrollfällen", ein Praktikum in einer psychosozialen Institution, das Erfahrungen mit psychisch kranken Menschen vermitteln soll und die Abschlussarbeit, die ein theoretisches Thema der Psychoanalyse darstellen und behandeln muss. Dann, am Ende, so ungefähr nach 8 bis 10 Jahren ist man dann Mitglied der WPV oder des WAP und kann den Beruf des Psychoanalytikers ausüben.

Wie schon oben gesagt, ist hier die Wiener Situation als Beispiel gewählt, im Wesentlichen unterscheiden sich die Ausbildungssituationen in den benachbarten Ländern nicht sehr davon. Überall gibt es mehrere Fachgesellschaften, deren Verhältnisse zueinander sich zwar im Detail zu den hier für Wien beschriebenen gegenseitigen Zuschreibungen unterscheiden, aber in der Reichweite und wohl auch dem Realitätsgehalt irgendwie ähnlich sind. In der Schweiz etwa gibt es neben der Schweizer Gesellschaft für Psychoanalyse (SGPsa) auch das Psychoanalytische Seminar Zürich, das sich vor rund 35 Jahren etabliert hat, damals nach dem Austritt einiger prominenter Lehranalytiker der SGPsa (z. B. Paul Parin und seiner Frau, Goldy Parin-Matthey). Natürlich stand das Zürcher Seminar im Ruf, die revolutionäre Gruppierung zu sein, Hierarchien wurden abgeschafft und die Institutsregeln demokratisch bestimmt, was wiederum auf der anderen Seite dazu führte, dass die Ausbildung für einige Kandidaten zu chaotisch und kompliziert wurde, die dann ihre Rettung wieder in der alten SGPsa suchten – also auch hier ein komplexes und nicht eindeutiges Bild, das, wenn ich meinen KollegInnen in der Schweiz zuhöre, inzwischen zu einer – ähnlich wie in Wien – geordneten, respektvollen Nachbarschaft geworden ist.

Erster Spaziergang: Wien

Das Sigmund Freud Museum Wien

Ein verregneter, kalter Samstagnachmittag im August 2006. Endlich habe ich Zeit, und wegen des Buches auch einen Grund, die Ausstellung im Wiener Freud Museum zu besuchen. „Die Couch. Vom Denken im Liegen" ist der Titel und sie hat schon fast ein Jahr vor der Eröffnung im Sommer 2005 zu einer etwas seltsamen Kontroverse geführt. Damals fühlte sich der Gründer der Sigmund-Freud-Gesellschaft, Harald Leupold-Löwenthal, zu einer Polemik gegen die Pläne veranlasst, die die inzwischen zur S. Freud Privatstiftung mutierten Unternehmung Berggasse 19 für das Freud-Jahr 2006 angekündigt hatte. Es war ein polemischer Artikel im Standard, der sich vor allem gegen die Direktorin des Museums, Inge Scholz-Strasser, richtete und unter anderem auch die geplante Ausstellung zum emblematischen Möbel der Psychoanalyse, der Couch, im Visier hatte. Leupolds Argumente waren nicht besonders gut, aber den darauffolgenden Generalangriff der Frau Direktor haben sie sicher auch nicht gerechtfertigt. Dieser war ein Rundumschlag gegen die Psychoanalytiker im Allgemeinen und die Wiener Analytiker im Besonderen, die in ihren Augen „Gralshüter" sind und in der „Geiselhaft der Patientenverhältnisse" den Blicke nicht frei haben für die hehre Aufgabe der wissenschaftlichen Arbeit, die aber sie, Frau Scholz-Strasser selbst, international leiste und deswegen ganz präpotent meint, die Befreiung der Privatstiftung von jeglichem psychoanalytischen Input und dem, was sie hämisch die „Wiener Neidkultur" nennt, hätte der Privatstiftung „zum Wohle gereicht".

Man muss allerdings wissen, dass, wenn Frau Scholz-Strasser einen Analytiker im Kopf hat, es Leupold-Löwenthal ist. Er hat sie in die S. Freud-Gesellschaft geholt, hat sie gefördert und „aufgebaut", wo es nur ging und zur Generalsekretärin der Gesellschaft gemacht.

Leupold-Löwenthal ist am 13. März 2007 verstorben. Er war der bekannteste Psychoanalytiker aus Österreich, der seine Stimme laut, offen und polemisch, oftmals auch streitbar für die Sache Freuds erhoben hat. Seine wissenschaftlichen Arbeiten befassten sich mit historischen, kulturellen und politischen Fragen; er schrieb aber auch viele Zeitungsartikel zu aktuellen Themen, war in den Talk Shows der 70er und 80er Jahre (dem legendären „Club 2") und im Radio ein gerne und oft eingeladener, pointiert formulierender, manchmal auch polternder Gast, der polarisierte und verführte, mit Verve und Leidenschaft seine Sache vertrat. Und seine Sache war die Psychoanalyse, die er wortreich und gebildet verteidigte gegen Verballhornungen und Vereinfachungen – darin in Affekt und Haltung etwa K. R. Eissler nicht unähnlich, den er – vielleicht wegen einer gewissen Nähe der charakterlichen Disposition – allerdings als seinen Feind betrachtete.

Er spielte eine wichtige Rolle bei den Bemühungen der IPA, noch zu Zeiten des Kalten Krieges PsychoanalytikerInnen aus den damaligen sozialistischen Ländern Schlupflöcher zum Kontakt mit dem „Westen" zu organisieren und vor Ort den Ausbildungsbetrieb wieder zu beleben. Und ihm gelang es, das Freud-Museum in der Berggasse in Schwung zu bringen, die erste Ausstellung dort einzurichten, Anna Freud zur Rückkehr nach Wien zu bewegen (1971) und mit der Gründung der Sigmund Freud-Gesellschaft auch eine Organisationsform für die Vermittlung zwischen der institutionellen Psychoanalyse (im wesentlichen der WPV und der IPA) und der interessierten Öffentlichkeit zu finden.

Wir Jüngeren hatten es nicht immer leicht mit ihm, er forderte zu Widerspruch heraus, den er aber nur ungern duldete und gleichzeitig erwartete, er wollte bewundert sein und wusste sich die Bewunderung auch von vielen zu verschaffen, er war ein schlechter Menschenkenner und griff in seinen Urteilen oft daneben – genauso oft aber war er ein Unterstützer und ein Macher, der seine weiche und verletzliche Seite hinter einer polternden und ungehobelten „Goschn" versteckte und viele von uns begeisterte.

Als „seine" Sigmund Freud-Gesellschaft sich mehr und mehr von der Psychoanalyse ab und der Marke „Freud" zuwandte, zog er sich zurück, nur manchmal machte er noch öffentliche, bissige Bemerkungen. Die Umwandlung in die Sigmund Freud Privatstiftung, die dann vor wenigen Jahren mit der putschartigen Säuberung der Vereins- und Stiftungsgremien von allen Psychoanalytikern (und den entsprechenden Inhalten) einherging, muss ihn sehr geschmerzt haben. Wo wären, fragt man sich, die gut verdienende Direktion und die Aufsichtsräte der Privatstiftung, hätte nicht die Leidenschaft und Beharrlichkeit Leupolds ihnen die Treppe gebaut? Etwas Respekt hätte er wohl dafür verdient, sollte man meinen – aus der Berggasse allerdings hörte man anlässlich seines Todes kein Wort.

Sodass wir wieder mal mitten in einer Fallgeschichte der Psychoanalyse gelandet sind, einer ödipalen Verwicklung, einem Vater-Tochter-Krieg, der die ganze Situation der Psychoanalyse in Wien miterfasst hat und eine sehr unerfreuliche Situation geschaffen hat.

Die Gründung des Wiener Freud-Museums ist das Verdienst von Friedrich Hacker und dem damaligen sozialdemokratischen Landesparteichef Otto Probst sowie Harald Leupold-Löwenthals, der bald nach der Gründung Hacker als Präsidenten ablöste und dem es gelungen ist, die Wohnung und die Praxisräume, in denen Sigmund Freud von 1908 bis 1938 lebte und arbeitete, als Museum einzurichten und mit der Gemeinde Wien den Betrieb langfristig abzusichern. Die Sigmund Freud-Gesellschaft, war seit ihrer Gründung 1968 ein ganz gut laufender Verein, der eine Bibliothek einrichtete, Arbeitskreise und Vortragsreihen zu Themen aus der angewandten Psychoanalyse, besonders für Pädagogen und Richter, abhielt und Veranstaltungen für sogenannte „Laien" organisierte. Ihre Aufgabe war es, so sahen das die darin arbeitenden Psychoanalytiker, die Inhalte der PSA in ihrer Relevanz für die allgemeine Öffentlichkeit zu präsentieren und nicht nur für Sigmund Freud als großem Sohn der Stadt, losgelöst von seinem Werk, seiner Arbeit und von der therapeutischen und erkenntnisorientierten psychoanalytischen Kultur zu werben, wie das heute leider mit der Privatstiftung der Fall ist.

Natürlich hatte es auch in der alten Gesellschaft immer Streit um dieses oder jenes gegeben, wie das in Vereinen so üblich ist – und insbesondere gab es einen andauernden Konflikt mit der Wiener Psychoanalytischen Vereinigung. Nun, da das alles schon viele Jahre her ist und von der harten Realität der S. Freud-Privatstiftung überholt worden ist, weiß man gar nicht mehr recht, worum denn der Streit gegangen ist, die Zeit mutet irgendwie idyllisch an. Tempi passati.

Denn heute geht es darum, „das Erbe Sigmund Freuds und seiner Zeit als zentrales Zeugnis europäischer Kultur zu pflegen, wissenschaftlich zu erforschen und die wissenschaftliche Diskussion aktiv voranzutreiben." (Website der S. Freud-Privatstiftung).

Im Neusprech der Frau Direktor heißt das so: „Österreich hat 2006 die Möglichkeit, die Strahlkraft von Sigmund Freuds Wirken zu nutzen und die Adresse Berggasse 19 zu einem Symbol für offenen internationalen Gedankenaustausch, einem Ort des Wissens und der Wissenschaft, des Erinnerns und Gedenkens und zu einem Ort der Brückenschläge sowie lebendigen Diskussionen werden zu lassen." (Pressetext der Website www.freud-museum.at) Das heißt, und darin ist der Frau Direktor nur zuzustimmen, dass die beschworenen Charakteristika der Tätigkeit des Museums derzeit nicht gegeben sind. Und das ist in der Tat so. Das einzige, das funktioniert, ist die Adresse. Der Besucherstrom, der sich in die

Berggasse ergießt, ist endlos und anhaltend – wie in allen Museen Wiens und allen Städten Europas. Alles andere ist ziemlich aufgesetzt und künstlich. Die Sammlung moderner Kunst, von der so viel die Rede ist, ist ja ganz gut und manchmal auch schön, kann aber erstens nicht präsentiert werden, weil kein Platz, und ist zweitens ja wohl kaum als zentrales Anliegen einer nachhaltigen wissenschaftlichen Arbeit und für das Werk Freuds zu sehen, wenngleich für sich selbst natürlich interessant und gut. Zu den wissenschaftlichen Symposien, die hin und wieder stattfinden, kommt niemand, sie werden nicht publiziert und sind so bloße Alibi-Handlungen. Die S. Freud-Vorlesung, die früher ein Highlight im intellektuellen Leben der Stadt war und alljährlich zum Geburtstag Freuds am 5. Mai den großen Festsaal der Universität überfüllte, ist eine Privatissimum-Veranstaltung geworden und hat außerdem durch die von den beiden Fachgesellschaften veranstalteten Freud-Vorlesungen eine lebendige und die Kultur der Psychoanalyse bereichernde Konkurrenz bekommen.

Wie aus dem Zitat oben ersichtlich, kommt die Psychoanalyse im Programm der Privatstiftung nicht vor. Das ist bedauerlich, aus der Sicht einer Psychoanalytikerin natürlich allemal. Aber auch aus der Sicht des Museums ist es ein deplorabler Zustand, denn das „Wirken" S. Freuds war nun einmal die Psychoanalyse, und sie ist, allen Unkenrufen und Verächtlichkeiten von Frau Scholz-Strasser zum Trotz, eine ziemlich lebendige Angelegenheit, auch und gerade in Wien. Ein Freud gewidmetes Museum sollte also in die eigene Zukunft investieren und sich der Kooperation und der Freundschaft derer versichern, die für die Weiterentwicklung des Paradigmas, für die Validität der Tradition und die Entwicklung des klinischen und theoretischen Feldes sorgen. Leider ist das Gegenteil der Fall. Keiner aus dem Feld will mit dem Museum noch etwas zu tun haben. Das kann auf die Dauer nicht gut sein für die inhaltliche Entwicklung der „Adresse" und vielleicht fällt das den Beiräten und Vorständen auch einmal auf. Da dort allerdings Wirtschaftsinteressen überwiegen und erfolgreich ja alle analytischen Kompetenzen hinausgedrängt worden sind, ist es leider unwahrscheinlich, dass es zu diesem Umdenken kommt.

Nun, also auf die Couch. Diese ganze Geschichte habe ich natürlich immer irgendwie im Hinterkopf, wenn ich in die Berggasse gehe, was in den letzten Jahren immer seltener geworden ist. War es in den früheren „good old public times" doch auch die Bibliothek, die mich und andere Werktätige mit besucherfreundlichen Öffnungszeiten am Samstag Vormittag gelockt hat, fällt das jetzt auch weg, denn sie ist nur noch dienstags geöffnet und dann nur von 10–18 Uhr. Aber ich freue mich, dass die Ausstellung auch die Wohnung im Stock über Freuds Wohnung nutzen kann und auch das große Lokal im Erdgeschoss nun dem Museum zur Verfügung steht. Früher war dort ein Bootsgeschäft und tatsächlich wurden in der „Berg"gasse Boote verkauft, wie um gleich damit auf dem Donaukanal das Weite zu suchen, hinaus in die Welt. Irgendwie absurd war das immer, aber gleichzeitig eine absurd-passende, praktische Metaphorik.

Neuerdings leitet ein riesiges Schild mit der Aufschrift „FREUD" alle Touristen und Wiener Besucher schon vom Gipfel der Berggasse hinunter ins Museum. Eigentlich hat die alte Steintafel am Haus doch auch ganz gute Dienste geleistet. Eleganter ist sie auf jeden Fall. Das Bootsgeschäft heißt jetzt „Lounge" und soll angeblich mit Couchen aus der Kollektion eines großen österreichischen Möbelherstellers bestückt sein. Stimmt aber nicht, der Raum ist öde, ein paar verloren wirkende Fauteuils der nämlichen Firma stehen herum und zwei schräg in den Raum gestellte Schaukästen, in denen die Freud-Devotionalien ausgestellt sind, die man dann auch im Museums-Shop ein Stockwerk darüber kaufen kann, machen die Sache auch nicht gerade „hip". Im Eck hantieren junge Leute hinter zwei nackten Tischen behelfsweise als Garderobiere und sammeln an dem heutigen nasskalten Nachmittag die Schirme, Jacken und Rucksäcke ein, die sie – mangels anderer Möglichkeiten – auf dem Boden verteilen, wohl mit Nummernzettelchen versehen; der Raum bleibt, was er war – ein leer geräumtes Bootsgeschäft, nackt, ungemütlich, kahl. Es gibt auch keine „Lounge"-üblichen Kaffees oder Cocktails auch keine Musik (welche könnte man sich auch vorstellen?).

Na gut, dann eben gleich in die Ausstellung. Es sind sehr viele Menschen da, viele junge Leute, ich höre eine Menge Sprachen: Italienisch, Spanisch, Hebräisch, Deutsch und Englisch. Das winzige Museum, das ja in der Wohnung Freuds untergebracht ist, geht über vor Leuten und die meisten studieren eifrig die Ringbücher, die bei der Kasse als Führer durch die Ausstellung in drei Sprachen aufliegen. Ich bin überrascht und erfreut über die Aufmerksamkeit und das Interesse, das die Atmosphäre bestimmt und das sich von dem lärmenden und eben unaufmerksamen touristischen Treiben in großen internationalen Museen eigentlich wohltuend unterscheidet.

Die Ausstellung über die Couch würde für sich selbst genommen und an einem anderen Ort kaum so viele Besucher anziehen. Die meisten kommen wegen der berühmten Adresse und haben mit den beiden Räumen, die dem ursprünglichen, noch von Leupold-Löwenthal eingerichteten Museum, das sich in den ehemaligen Praxisräumen Freuds befindet, auch schon genug gesehen. Diese beiden Räume sind in ihrer Konzeption seit 1986 unverändert und ihr Hauptschaustück ist eine Lücke: die Couch Freuds fehlt. Sie ist es, nach der die meisten Besucher fragen und über deren Fehlen die größte Enttäuschung herrscht. Kein Wunder und vollkommen nachvollziehbar also, dass die Kuratorin, die Leiterin der Wissenschaft in der Privatstiftung, Lydia Marinelli, sich gerade dieses Thema für die Geburtstagsausstellung ausgesucht hat.

An dem Platz also, wo im Wiener Freud Museum nichts steht, soll sich mit der Ausstellung ein ganzer Denkraum entfalten. Und die Couch hat sich das ja auch eigentlich verdient, könnte man sagen. Sie ist Diwan und Ruhebett, Mittelding zwischen Möbel und Therapeutikum, Ort der Verführung und des Rückzugs gleichermaßen, weckt Assoziationen an Exotisches und Heimisches, Heimliches und Offiziöses ...

Leider aber wird „die Lücke", das Fehlen der Original-Couch, gar nicht thematisiert. Die Freud-Couch kommt nur indirekt, „auratisch" vor und muss sich als Thema von den vielen Couchen vertreten lassen, die die Ausstellung ansammelt. So viele sind es übrigens auch nicht.

Dabei hätte es, finde ich, einen guten Startpunkt abgegeben und auch einen guten Kristallisationspunkt des Nachdenkens über die Couch in der Psychoanalyse generell. Die Couch ist in London, hat also zusammen mit Freud Wien verlassen. Sie hat auf der anderen Seite der Zeitskala die Berggasse als Geschenk einer Patientin betreten, damals, als Freud einzog, 1891 schon, und dann 47 Jahre lang dasselbe Zimmer in der Berggasse 19 im ersten Stockwerk bewohnt.

(Die Hausfrau in mir fragt sich, ob sie da nie aufgepolstert werden musste? Meine Couch braucht das alle 10 Jahre!)

In dieser „stehenden Bewegung" entfaltete sich, wenn man es denn sehen würde wollen, ein ganzes Spektrum: das des Lebens von Freud genauso wie das der Psychoanalyse selbst. Nicht umsonst gibt es ein – humoriges, gut informiertes und auch flott geschriebenes und ebenso gut gezeichnetes – Buch von Christian Moser: „Freud. Sein Leben erzählt von seiner Couch." Das war wohl den Ausstellungsmachern zu naheliegend und vielleicht auch zu banal, wenn es bereits ein Comic-Buch darüber gibt. Okay.

Aber die Couch hat ja noch mehr zu bieten: z. B. eine ganze Tradition in der europäischen Malerei seit dem späten 18. und dem frühen 19. Jahrhundert, als Maler begannen, Frauen auf Ruhebetten in zurückgelehnten Positionen zu bringen und sie, die Maler anzuschauen, angezogen und nackt. Odalisken und Majas bevölkern auf einmal die Leinwände und Salons, in denen sie – zuerst zum Kauf, dann als Trophäen – aufgehängt wurden. Ingres und David stehen natürlich auf den Schultern von Rubens und den barocken Meistern und ihren Frauendarstellungen in ganz oder halberotischen Situationen, Allegorien oder religiösen und anderen Extasen.

Aber – so dünkt es jedenfalls mich – die neue Malerei ist eine andere: Die Menschen haben die französische (und die amerikanische) Revolution erlebt und die Individuen haben sich in ihrer Geltung geändert. Männer wie Frauen sind Bürger und Bürgerinnen geworden, haben ein Gesicht und ein individuelles Selbstbewusstsein.

In einer Abhandlung über die „Malerei der Romantik" finde ich dies wieder: „[Die französische Revolution] hatte eine vollkommene Umwandlung des menschlichen Bewusstseins zur Folge. Von da an spürte der Mensch die schöpferischen Kräfte, die in einem lebendigen Volk schlummern, er fühlte sich als Individuum eines persönlichen Schicksals würdig und fähig, das Schicksal der Allgemeinheit mitzubestimmen."

Und als wäre von unserem Mann in der Berggasse die Rede, der allerdings erst 50 Jahre später das Licht der Welt erblickt, schreibt Jean Cassou weiter:

„Mit der Revolution tritt das Tragische in einen neuen Bedeutungskreis, den wir bei Gros, Goya, Géricault, Delacroix ebenso gut erkennen wie bei Stendhal oder Balzac. Es handelt sich um eine gelebte Tragik: den Heroismus. Der Heroismus erfüllt sich nicht nur in den gewaltigen Stürmen des Jahrhunderts, sondern genauso in der Friedenszeit, im alltäglichen Leben. Der ‚Heroismus des modernen Lebens' wird später für Baudelaire zum Gegenstand einer hellsichtigen Analyse, und er verherrlicht ihn mit vornehmem und melancholischem Stoizismus." (Cassou, J.1967, S. 4)

Der Heroismus des modernen Lebens – kaum ein Mann in dieser Zeit um die Jahrhundertwende, der Zeit der Erfindung, Etablierung und Zerstörung der Moderne verkörpert diesen Typus so wie Sigmund Freud.

Dieses drückt sich – so scheint es mir jedenfalls in der Erinnerung und ohne kunsthistorische Kenntnis – in der seltsamen Mischung aus „Verobjektalisierung" und simultaner „Individualisierung" aus. Denke ich etwa an die „Majas" oder an „Madame Recamière", aber auch die vielen, vielen Odalisken, die Matisse noch hundert Jahre später – wie besessen von diesem „Setting" malte: Immer ist es das Modell, das sich, zurückgelehnt, entspannt und schon alleine dadurch aufreizend, in fragwürdig arrangierter Kleidung oder gleich ganz nackt, dem Betrachter (= Maler) zuwendet und sehr oft den Blick des Malers direkt aufnimmt und zurückgibt: ruhig, offen, selbstbewusst und provozierend. Der Blick des Malers und der Blick des Modells beggnen einander direkt und beide wissen, worum es geht, beide kennen den Warencharakter des weiblichen Körpers und sein Geheimnis zugleich und beide partizipieren in der Erforschung von beidem. Am Ende und dieses Ende ist natürlich das Zentrum – steht immer die Erotik, und diese Bildertradition ist auch immer so lesbar oder sehbar – wie die voranalytische Erforschung der Erotik mit malerischen Mitteln.

Und dann kommt eine Patientin und schenkt dem nach dem Unbewussten (= Erotik) suchenden Wiener Doktor einen Diwan! Um ihm dabei zu helfen, um sich selbst unvergesslich zu machen, um sich zu rächen (auf höchst subtile Weise!) und wir wissen nicht wofür, aber die „Übertragung", die dabei mitgespielt haben muss, scheint unermesslich …

Übertragung I

Freud hat die Übertragung in den frühen 90er Jahren des 19. Jahrhunderts gefunden und erfunden, beschrieben und systematisch erforscht. Wenn schon für nichts anderes, so gebührte ihm schon allein für diesen Beitrag zum Verständnis der Menschheit die größte Anerkennung.

Janet Malcolm hat für das Phänomen der Übertragung die Formel gefunden, sie sei „die Art, wie wir uns alle entsprechend unseren frühen Blaupausen erfinden." (Malcolm, J. 1988, S. 6) Diese Formulierung gefällt mir deswegen gut, weil darin beide Aspekte von Übertragung zum Ausdruck kommen: der deterministische (Blaupause) und der „selbstorganisierende". Wir wollen Janet Malcolm noch ein bisschen zuhören: „Die Ideen der kindlichen Sexualität und des Ödipus Komplexes sind viel einfacher zu akzeptieren und können auf einstimmigere Akzeptanz hoffen als der Gedanke, dass die wertvollsten und unveräußerlichen unserer Besitztümer – unsere persönlichen Beziehungen – in Wirklichkeit ein Durcheinander von Mißverständnissen und bestenfalls einen brüchigen Waffenstillstand von mächtigen Phantasien darstellen. Sogar (und ganz besonders) die Verliebtheit ist ausschließlich eine einsame egoistische Phantasie und in ihrem Zentrum steht eine tiefe ‚Unpersönlichkeit'." (Malcolm, J. 1988, S. 6; Übers. B.R.)

Übertragung befasst sich also damit, wie die Menschen miteinander umgehen und warum das aus sich selbst heraus ein tragisches Unterfangen ist: wir können uns gegenseitig nicht kennen, wir tasten nach „dem Anderen" wie in einem „Dschungel von nicht anwesenden Personen" (Malcolm, a. a. O.). Und nicht einmal das ist richtig, es sind nicht die Personen, die uns daran hindern, unser Gegenüber so wahrzunehmen, wie es ist: wir haben unsere eigenen Phantasien, die sich in uns gebildet haben und als quasi „stehendes Personal" und „Dauermieter" mit uns herumgehen und nicht nur immer dabei sind, wenn wir – sagen wir – uns verlieben, sondern diese Verliebtheit auch steuern und beeinflussen. Die Verdrehungen und Zusätze, die wir an den realen Vorbildern unserer inneren Personen vorgenommen haben, haben sie zu unserem ureigensten Besitz werden lassen und es ist nur eine metaphorische und ungenaue Rede, wenn wir sie hier als sozusagen ganze Personen überhaupt stehen lassen; die inneren Phantasien, die „Objektbeziehungsrepräsentanzen", wie das hochgestochen im psychoanalytischen Jargon heißt, sind natürlich nicht ganze Figuren mit Haut, Haaren, Kopf und Geschichte, sondern Fragmente davon, Einzelteile, die sich als brauchbar oder notwendig erwiesen haben, als das ganz kleine Kind dabei war, sich selbst zu erfinden und unter dem „Ent-wicklungsdruck" seiner Biologie und dem „psychischen Druck" seiner Primärerfahrungen mit lebendigen Objekten einen eigenen Weg gefunden hat, innerlich zu wachsen und ein kleiner, aber ganzer Mensch zu werden.

Unsere Eltern, Großeltern, Geschwister, Lehrer würden sich nicht wiedererkennen, begegneten sie sich so, wie unsere Psyche sie ausgestattet, aber auch deformiert hat.

Die Idee der Übertragung ist unauflöslich mit dem Fall der Anna O. verbunden, eine der Patientinnen Freuds aus seiner Frühzeit, als er sich, systematisch dem Grundsatz „Trial and Error" folgend, mit den Hysterien befasste – um Geld zu verdienen einerseits, und um seinem forscherischen Ehrgeiz gerecht zu werden andererseits.

Es lohnt sich aus mehreren Gründen, sich die Geschichte der Anna O. und ihre Behandlungsgeschichte als „Ur-Fall" der Psychoanalyse ein wenig ausführlicher anzuschauen. Zum einen ist da die außergewöhnliche medizinhistorische Tatsache, dass eine Patientin ihrem Arzt die Erfindung einer neuen Methode durch ihre Symptome abgenötigt hat und dabei eigentlich die ganze Zeit der Behandlung über federführend war; ihr Arzt musste ihr „nur" folgen und in Offenheit und Unvoreingenommenheit zuhören und gewähren lassen, die Fäden zusammenhalten und Zusammenhänge herstellen, wo die Patientin es selbst nicht vermochte. Am Anfang der Psychoanalyse stehen – wenn man sie so betrachtet – nicht Freud selbst, sondern zwei andere Personen und es war wiederum das Verdienst Freuds, der Geschichte zwischen diesen beiden Personen genau und wach und offen zuzuhören und sie zu mehr benutzen zu können, als es den beiden beteiligten Protagonisten möglich gewesen war.

Denn es war nicht Freud, der Anna O. wegen ihrer vielen verschiedenen und höchst dramatischen Symptome behandelte, sondern Josef Breuer, ein etwa zehn Jahre älterer Kollege Freuds, der ihm vielfältig verbunden war. Breuer war ein sehr angesehener wissenschaftlich orientierter Arzt, auch ein hochgeschätzter Hausarzt bei reichen jüdischen Familien Wiens und in jeder Hinsicht Freuds „Senior", den der jüngere sehr schätzte, dessen fachlichen Rat er suchte und dessen medizinischen und wohl auch menschlichen Urteilen er vertraute. Die Familien waren befreundet und die Freuds nannten sogar ihre älteste Tochter nach Breuers Frau Mathilde. Breuer erzählte Freud von seiner intensiven Behandlung von Anna O., nachdem diese bereits abgeschlossen war. Die Behandlung war nicht gut ausgegangen, die beiden Kollaborateure hatten sich nicht freundlich voneinander nach getaner Arbeit verabschiedet, sondern Breuer war vor seiner Patientin geflüchtet und Anna hatte sich – so können wir mutmaßen – von ihrem Arzt im Stich gelassen gefühlt, nicht zum ersten Mal in der ganzen Geschichte, aber zum endgültigen Mal. Breuer verbuchte die Therapie sicher nicht als einen großen Erfolg, die Erinnerung an diese Krankenbehandlung war ihm unangenehm, er hatte das Gefühl, in der Aufgabe, Anna O. von ihren Symptomen zu befreien, versagt zu haben. Er erzählte Freud davon, in einer vertrauensvollen und kollegialen Atmosphäre und weil Freud seinerseits ihm von seiner Beobachtung erzählt hatte, dass seine Patientinnen sich in ihn verliebten, und zwar regelmäßig. Breuers Fall überstieg aber bei weitem die bisherigen Erfahrungen des Jüngeren und faszinierte ihn. Anna O. hat seither nicht aufgehört zu faszinieren, man hat den Eindruck, dass „ihr Fall", wie ein Gründungsmythos für eine Gesellschaft, immer wieder neu erzählt werden muss, auf sie rekurrieren viele Autoren, ihre Krankengeschichte wird immer und immer wieder kommentiert, neu interpretiert, endgültig gedeutet, neuerlich beleuchtet.

Seit ihre reale Lebensgeschichte bekannt geworden ist (durch Freuds ersten großen Biographen Ernest Jones von 1953) ist auch ihr Leben Gegenstand vielfältiger Interpretationen geworden – viele Autoren kontrastieren es mit ihrer therapeutischen Erfahrung, andere sehen in ihrem Leben einen Beweis für den mangelnden Erfolg der psychotherapeutischen Bemühungen um sie oder wenden – in polemischer Absicht – ihre Lebensgeschichte gegen die Psychoanalyse.

Und ihre reale Lebensgeschichte ist auch interessant genug, um erzählt zu werden. Das Rätsel über beidem: hätte es auch anders gehen können? Was wäre gewesen, wäre Breuer nicht geflohen – wäre z. B. der schon mutigere und weitsichtigere Freud der Arzt dieser einmaligen Patientin gewesen – UND: Ist ihr Leben wirklich befriedigend verlaufen für sie? War sie nicht doch einfach unglücklich? Hat sie nicht selbst vielleicht gar nichts von der Behandlung gehalten und fühlte sich schlecht betreut?

Anna O.'s Symptome umfassten unter anderem eine Lähmung der Beine, sie litt an einem schweren nervösen Husten, hatte eine Sehstörung – schielte stark – und konnte nicht mehr in ihrer Muttersprache sprechen, weil sie sie vergessen hatte, sondern sich nur mehr englisch ausdrücken. Und sie hatte eine Neigung, sich aus der Realität in einen Zustand von „Absencen" zurückzuziehen, in dem sie für eine normale Kontaktaufnahme nicht mehr erreichbar war. Breuer hatte Anna O. ernst genommen und – in scharfem Kontrast zu den meisten Ärzten seiner Zeit, die in der Hysterie eine Art von Getue sahen und bestenfalls „mehr Sex" verordneten – versucht, ihr mit Zeit, Geduld, Zuwendung und Erfindungsgeist zu helfen.

Monika Huber schildert die Voraussetzungen dieser Begegnung: „Josef Breuer war ein in Wien äußerst angesehener Internist und Wissenschaftler, zudem ein umfassend gebildeter Mann mit einem ausgeprägten psychologischen Verständnis. Er war bereit, seine Patientin als Persönlichkeit wahrzunehmen und ihr aufmerksam zuzuhören, sich von ihr und ihrer unbewussten Innenwelt berühren zu lassen.

Sie, die Patientin Anna, war eine 21-Jährige außergewöhnlich intelligente und geistig vitale Frau, die mit all ihren Begabungen in ihrer Familie verkümmerte. Breuers Zuwendung war wie die ersehnte Rettung, wie ein Bissen Brot für eine Verhungernde. Sie sollte den großen Teil der Gedankenarbeit in dieser Behandlung übernehmen.

Zwischen diesem Arzt und dieser Patientin entwickelte sich im Nu eine völlig neue Art der Beziehung. Nicht nur, dass Breuer hunderte Stunden mit seiner Patientin verbrachte, auch die klare Trennung zwischen wissendem, bestimmendem Arzt und passiv Behandlungen empfangender Patientin war aufgehoben. Breuer war mehr Forschender als Arzt, musste ertragen, nicht zu verstehen und nicht zu wissen, wo es lang geht, was auch für Mediziner heute noch sehr schwer auszuhalten ist.

Die Faszination und Gefahr, der Breuer dabei ausgesetzt war, nämlich irreversibel in den Strudel von archaischen Prozessen zu geraten, spürt ein aufmerksamer Leser von Breuers Krankengeschichte. Man wird in einen Prozess hineingezogen, der etwas aufdeckt und verhüllt zugleich. Das Verhüllte erschließt sich – wie das Unbewusste – erst durch mühevolle Arbeit, strahlt aber eine nachhaltige Faszination aus, wovon die nicht enden wollenden Arbeiten zur Anna O. zeugen." (Huber, M. 2006) Wir haben es oben schon erwähnt, keine andere Fallgeschichte ist so oft kommentiert, neu interpretiert, wieder und wieder betrachtet worden wie die der Anna O.

Erstmals von Breuer, der sich nur zögerlich von Freud dazu überreden ließ, diese Krankengeschichte aufzuschreiben und in die „Studien zur Hysterie", dem gemeinsamen Buch der beiden, 1895 aufzunehmen. Freud verdankt also die ersten Ideen zur Psychoanalyse, die damals noch „kathartische Methode" hieß, seinem Freund Breuer und vor allem natürlich der Betroffenen, Anna O.

Und die war in der Tat eine außergewöhnliche Person. „In den ‚Studien zur Hysterie' charakterisiert Breuer sie als eine neuropathisch mäßig stark belastete Frau „von bedeutender Intelligenz, erstaunlich scharfsichtiger Intuition; ein kräftiger Intellekt, der auch solide geistige Nahrung verdaut hätte und sie brauchte, nach Verlassen der Schule aber nicht erhielt. Reiche poetische und phantastische Begabung, kontrolliert durch sehr scharfen und kritischen Verstand. Ihr Wille war energisch, zäh und ausdauernd; manchmal zum Eigensinn gesteigert, der sein Ziel nur aus Güte, um anderer Willen, aufgab." Weiter heißt es, dieser Wille mache sie auch völlig unsuggestibel; durch die Pflege von Armen und Kranken könne sie einen starken Trieb befriedigen. Das sexuale Element sei erstaunlich unentwickelt. Ihr höchst monotones Leben verschönere sie sich durch Wachträume, ihr „Privattheater" (Freud, S. und Breuer, J. 1895, GW, 1, S. 42). „Breuers Charakterisierung lässt seine warme Sympathie für Anna spüren und sein Verständnis für ihre konfliktreiche Situation als emanzipationshungrige Frau im ausgehenden 19. Jahrhundert." (Huber, M. 2006)

Anna O. hieß im wirklichen Leben Bertha Pappenheim. Sie spielte eine besondere Rolle in der Geschichte der Sozialarbeit und Fürsorge und hier wiederum in der jüdischen Wohlfahrt. In ihrem späteren Leben ist sie nie wieder auf die Behandlung und/oder auf ihre vielfältigen „Zustände" zurückgekommen.

Berta war am 27. Februar 1859 in Wien auf die Welt gekommen. Ihr Vater Siegmund Pappenheim stammte aus einer Preßburger Handelsfamilie und hatte es zu beträchtlichem Wohlstand gebracht. Er war 1840 nach Wien gekommen und vertrat eine jüdisch-orthodoxe Glaubensrichtung. Bertas Mutter, Recha Pappenheim, stammte ebenfalls aus einer jüdisch-orthodoxen Familie in Frankfurt, die einem weltoffenen, liberalen Milieu zugehörig war und am geistigen und kulturellen Leben Frankfurts führend teilnahm. Beide Eltern lehnten das Reformjudentum ab und das Familienleben war ganz auf die Einhaltung der religiösen Vorschriften abgestimmt. Berta, die eine Ausbildung und professionelle Karriere gebraucht hätte, wie auch ihr Arzt Breuer andeutet, war in ihrer Zeit und ihrer sozialen Umgebung zunächst in einer Art Sackgasse. Ihre Schulausbildung bekam sie an einer katholischen Mädchenschule – es gab damals keine Schule für jüdische Mädchen in Wien – und endete, als sie 16 Jahre alt war. „Gemäß einer bürgerlichen Mädchenbildung, in Vorbereitung auf eheliche, familiäre und repräsentative Pflichten, stand im Zentrum des Unterrichts die Vermittlung einer weltlich-klassischen Bildung, allgemeiner und ästhetisch-literarischer Kulturkenntnisse und von Fremdsprachen, ergänzt durch Musik (B. P. spielte Klavier), Tanz und Handarbeiten". Bertha erhielt Sprachunterricht in Englisch, Französisch und Italienisch sowie Hebräisch und Jiddisch. Von ihr selbst wird dieses „typische Leben einer ‚höheren Tochter'" aus „streng jüdischer, orthodox bürgerlicher Familie" später zusammengefasst als Reduktion auf ‚Kinder, Küche und Kleider'." (Wolfgruber, 2006) Ihre Bestimmung war es nun, auf die Ehe zu warten und ihre Rolle darin als der zentralen Person eines jüdischen Haushaltes zu sehen.

Berta liebte ihren Vater über alles und war mit ihrer Mutter in einer sehr konflikthaften und gleichzeitig engen Weise verbunden. Der Tod des Vaters und seine Krankheit davor standen im Mittelpunkt der hysterischen Erkrankung Bertas, die sie und ihren Arzt Breuer in der Zeit von November 1880 bis Dezember 1881 ganz in Anspruch nehmen sollte.

Dr. Josef Breuer kannte die Familie Pappenheim gut, als er, im November 1880, zu Berta – ab nun Anna O. – gerufen wurde, die einen starken und nicht zu beruhigenden Husten hatte, den er sofort als psychogen und hysterisch qualifizierte und feststellte, „die Umgebung sah immer noch nichts". (Hirschmüller, A. 1978, S. 352)

Dies war der Anfang einer außerordentlich intensiven Arzt-Patienten-Beziehung, die in nahezu täglichen Visiten bestand, die Breuer bei der Kranken machte, die ganze Perioden ausschließlich im Bett verbringen konnte und lange Phasen des Tages über in Absencen verharrte, in denen sie auf eine normale Weise gar nicht kontaktierbar war. Breuer half sich mit Hypnose und stellte fest, dass Anna in ihren Absenzen immer wieder bestimmte Wörter benutzte. Diese nahm er zum Ausgangspunkt und die hypnotisierte Anna erzählte allerhand finstere und traurige Phantasiegeschichten, die sehr beeindruckend gewesen sein müssen und vor allem den Effekt hatten, dass sie sich dabei beruhigte. Sie selbst erfand die beiden treffenden Bezeichnungen für dieses „Abreden": die „talking cure" (wir erinnern uns, sie konnte nur noch englisch denken und sprechen) – die ernsthafte Variante – und „chimney sweeping" – die spaßhafte Variante, in der das Durchputzen der psychischen Schlacken ganz bildhaft zum Ausdruck kommt.

Wir können nicht die ganze Behandlungsgeschichte nachzeichnen, denn es kommt uns hier vor allem auf zwei Punkte an:

- Die ödipale Verwicklung mit dem Vater, die sie in der Beziehung mit ihrem Arzt Breuer unbewusst wiederbelebte. Dies ist die eine Seite dessen, was Freud dann so unnachahmlich die Übertragung nannte.
- Die Verwicklung ihres Arztes Breuer mit den Anforderungen und Wünschen seiner Patientin, die ihn faszinierte und die ihn mit der Komplexität der Symptomatik, der Dramatik des Verlaufs und vor allem ihrem selbständigen Beitrag zu ihrer eigenen Behandlung in Bann hielt.

Denn nicht bei Freud und Breuer in den „Studien", sondern bei Freuds erstem großen Biographen, Ernest Jones, findet sich die zentrale Ergänzung zu der Krankengeschichte, die uns erst das ganze Drama aufdeckt. Breuer war vor Anna O. geflohen, als diese in einer hysterischen Absence ein imaginäres Kind von ihm „gebar". Er hatte beschlossen, die Behandlung zu beenden und teilte ihr das mit, nur um am Abend desselben Tages wieder zu der Patientin gerufen und Zeuge dieser Szene zu werden. Breuer war entsetzt und rannte davon, behandelte danach nie wieder eine Hysterie. Er erzählte Freud davon, dass ihn diese Geschichte wieder seiner eigenen Frau nähergebracht hätte. Die romantische Version, die Ernest Jones erzählt, ist zu Recht angezweifelt worden und mit den Dokumenten nicht wirklich belegbar. Breuer soll, von dem depressiven Rückzug seiner Frau, die unter seiner ständigen Beanspruchung durch Anna O. litt und zusehends eifersüchtig und leidend wurde, beeindruckt und unter dem Druck der Anforderungen seiner Patientin, die – obwohl wesentlich gebessert – dennoch ihren Anspruch auf den Doktor nicht lockern wollte – beschlossen haben, die Behandlung zu beenden, um mit seiner Frau nach Venedig zu fahren, auf der eine Tochter, Dora, gezeugt worden sei.

Das Romantische an dieser Version wirft sozusagen nachträglich auch noch ein Licht auf die Übertragung, denn Breuer habe – so wie Jones das aufschreibt – den sicheren Hafen der ehelichen Liebe aufgesucht und mit einem neuen Kind „besiegelt" und hat die „verrückte" Patientin mit ihrem imaginären Kind zurückgelassen.

Inzwischen wissen wir, dass in dieser Version so gut wie gar nichts stimmt. Weder stimmt Venedig, noch die Konzeption, denn Dora war schon auf der Welt. Das Leben ist doch immer komplizierter und prosaischer, als unsere Phantasie es gerne haben will.

Wichtig daran ist aber auf jeden Fall, dass die Anforderungen der Patient(inn)en auch die Gefühle der Ärzte nicht unberührt lassen. Auch in der prosaischeren Variante wird deutlich, dass Breuer sehr verstrickt war und vor der scheinbaren Realität der „Geburt" eines Kindes von ihm fliehen musste. Er hatte, so würde man das wohl heute interpretieren, eine heftige „Gegenübertragungsreaktion".

Wie auch immer, ob nun Breuer Freud eine romantisch ausgestattete Version erzählt hat oder Freud seine Version Jones gegenüber noch etwas ausgestattet hat oder am Ende der Erzählkette Jones die eine oder andere Beifügung gemacht hat:

die Hysterie ist für die ausgeglichene Gemütslage eines verheirateten Mannes durchaus gefährlich. Freud sah das und hatte den wesentlich kühleren Blick auf die Sache, als er feststellte, dass die Liebe immer im Zentrum der Behandlungen steht und die Patientinnen sich mit einer großen Regelmäßigkeit in erotischen Gefühlen und Phantasien ihrem Arzt gegenüber ergehen.

Freud war es möglich, aus dieser – halb schmeichelhaften, halb ärgerlichen – Beobachtung etwas zu machen, das dem Arzt als Instrument zur Behandlung und Erforschung dieser Zustände dienen konnte, eben die Übertragung. Er führte eine Instanz in das Verhältnis zwischen sich selbst und dem Patienten ein, die es ermöglichte, sich aus den direkten Gefühlsäußerungen als Person herauszuhalten und sich sagen zu können: „Es geht nicht um mich. Ich bin es nicht, der hier gemeint ist."

Damit war die nötige Distanz geschaffen, die es für eine Beobachtung braucht, für ein gelassenes, nicht in Gefühlsstürmen verwickeltes Teilnehmen am Geschehen. Dieser – scheinbar kleine – Schritt war für die ganze Entwicklung der Psychoanalyse und darüber hinaus das ganze Feld der Sozial- und Gesellschaftswissenschaften, aber auch in der Literaturwissenschaft und der Philosophie eine entscheidende Entdeckung.

Von nun ab konnte Freud (und die Psychoanalytiker nach ihm) seinen Patienten wirklich zuhören. Erotische Phantasien wurden begreifbar als Wiederkehr von Früherem, als „Reminiszenzen", wie es zunächst hieß und die erste Theorie, worum es sich dabei handeln könnte, tauchte auch auf: um Wünsche, die nicht gehabt werden dürfen: weil sie mit der Moral nicht zu vereinbaren sind, auch der eigenen. Weil sie sich gegen das eigene Selbstbild wenden würden, wer will schon jemand sein, der WIRKLICH auf den Papa, die Mama steht, jenseits der kindlichen zärtlichen abhängigen Liebe, sondern mit sexuellem Anspruch und archaischer, fast transpersonaler Macht?

Die Hysterie: Miss Lucy R.

Ein genauerer Blick auf die Hysterie, an der Anna O. zu leiden hatte, wird uns dieses rätselhafte Gebilde, von dem manche meinen, es existiere heute nicht mehr – frommer Wunsch und wie von der Hysterie erfunden! – näher bringen. Die ganze Schönheit und Bizarrerie unseres komplizierten inneren Lebens wird dabei deutlich werden (so hoffe ich). Aus den 1895 erstmals erschienenen „Studien zur Hysterie"– ein joint venture der Doktoren Freud und Breuer – kennen wir den Fall „Lucy R.". Drei Jahre später erscheint in England eine Erzählung von Henry James, „The Turn of the Screw", die zu einer der berühmtesten Erzählungen der beginnenden Moderne werden wird und der am meisten kommentierte Text von James überhaupt ist. „The Turn of the Screw" erzählt die Geschichte einer jungen Gouvernante, die – darin lässt uns der Schriftsteller bis zuletzt im Ungewissen – entweder Gespenster sieht oder an hysterischen „Einbildungen" leidet. In ganz Europa, so scheint es, haben damals kluge und nachdenkliche Männer das Unheimliche an der Hysterie gesehen, gefasst und erforscht, jeder nach seinem Vermögen. Breuer floh vor der hysterischen Liebe einer Patientin, Freud setzte sich an den Schreibtisch und machte sich daran, die Übertragung zu erfinden und Henry James schrieb „Die Daumenschraube", wie die Erzählung auf Deutsch heißt.

Miss Lucy R. kommt wegen einer hartnäckigen Geruchshalluzination in Freuds Behandlung. Bald haben die beiden in der Analyse – mit Hand auf den Kopf drücken und Erinnerungen forcieren – erkannt, dass sich das Symptom an die Stelle der Wahrnehmung und Empfindung von Miss Lucy gesetzt hat, wo sich „eigentlich" die Empfindung der Liebe zu ihrem Arbeitgeber, einem verwitweten Fabriksdirektor mit zwei Kindern befinden sollte. Auf Freuds diesbezügliche Deutung, für die er, wie er bemerkt, „den Mut hatte", sagt sie „in ihrer wortkargen Weise: Ja, ich glaube, es ist so. – Wenn Sie aber wussten", so fährt Freud fort, „dass Sie den Direktor lieben, warum haben Sie es mir nicht gesagt? – Ich wusste es ja nicht oder besser, ich wollte es nicht wissen, wollte es mir aus dem Kopf schlagen, nie mehr daran denken, ich glaube, es ist mir auch in der letzten Zeit gelungen".

Freud lässt nicht locker: „Warum", fragt er weiter, „wollten Sie sich diese Neigung nicht eingestehen? Schämten Sie sich dessen, dass Sie einen Mann lieben sollten? – O nein, ich bin nicht unverständig prüde, für Empfindungen ist man ja überhaupt nicht verantwortlich", ist Miss Lucys kluge Antwort. Es geht also nicht um die Liebe selbst, um die Sexualität, den Trieb und seine Verfeinerungen ins Sentiment, es geht ums Objekt. „Es war mir nur darum peinlich, weil es der Herr ist, in dessen Dienst ich stehe, in dessen Haus ich lebe, gegen den ich nicht wie gegen einen anderen die volle Unabhängigkeit in mir fühle. Und weil ich ein armes Mädchen und er ein reicher Mann aus vornehmer Familie ist; man würde mich ja auslachen, wenn man etwas davon ahnte.

„Ich finde nun keinen Widerstand", stellt Freud zufrieden fest, „die Entstehung dieser Neigung zu beleuchten. Sie erzählt, sie habe die ersten Jahre arglos in dem Haus gelebt und ihre Pflichten erfüllt, ohne auf unerfüllbare Wünsche zu kommen. Einmal aber begann der ernste, überbeschäftigte, sonst immer gegen sie reservierte Herr ein Gespräch mit ihr über die Erfordernisse der Kindererziehung. Er wurde weicher und herzlicher als gewöhnlich, sagte ihr, wie sehr er bei der Pflege seiner verwaisten Kinder auf sie rechne, und blickte sie dabei besonders an ... In diesem Momente begann sie ihn zu lieben und beschäftigte sich sehr gerne mit der erfreulichen Hoffnung, die sie aus jenem Gespräch geschöpft hatte. Erst, als dann nichts mehr nachfolgte, als trotz ihres Wartens und Harrens keine zweite Stunde von vertraulichem Gedankenaustausches kam, beschloss sie, sich die Sache aus dem Sinne zu schlagen. Sie gab mir ganz recht, dass jener Blick im Zusammenhang des Gespräches wohl dem Andenken seiner verstorbenen Frau gegolten hat, ist sich auch völlig klar darüber, dass ihre Neigung völlig aussichtslos ist". (Freud, S. 1895d, S. 175f.)

Freud hatte in diese Passage eine besonders aufschlussreiche Fußnote eingefügt: „Eine andere und bessere Schilderung des eigentümlichen Zustandes, indem man etwas weiß und gleichzeitig nicht weiß, konnte ich nie erzielen" (ebenda).

Dieser Zustand von simultanem Wissen und Nichtwissen ist es, den das Symptom beseitigt, und damit erreicht, dass eine Art von Balance wieder Platz haben kann. Miss Lucys Symptom war eine Geruchshalluzination, zunächst roch sie verbrannte Mehlspeisen, später Zigarrenrauch, (also einen weiblichen und einen männlichen Duft), d. h. sie aquirierte ein hysterisches Symptom, das durch eine Prädilektion wegen einer „Karies des Siebbeines" unterstützt worden war, wie Freud, ganz Arzt, nicht versäumt, zu betonen.

Das hysterische Symptom hat dann eine Chance, sich zu „materialisieren" (wie Ferenczi den Mechanismus der Konversion genannt hat), wenn das Ich und die Vorstellung aufeinandertreffen und nicht nur nicht zusammenpassen, sondern sich als „unverträglich" (a. a. O., S. 181) miteinander erweisen. Die Erregung, die dabei entsteht (man kann sie sich vielleicht wie eine Art psychische Explosionsenergie vorstellen), muss irgendwohin abgeführt werden, in den verschiedenen Neuroseformen nimmt sie verschiedene Wege. „Die hysterische Form der Abwehr [...] besteht nun in der K o n v e r s i o n der Erregung in eine körperliche Innervation, und der Gewinn dabei ist der, dass die unerträgliche Vorstellung aus dem Ichbewusstsein gedrängt ist. Dafür erhält das Ichbewusstsein die durch Konversion entstandene körperliche Reminiszenz – in unserem Fall die subjektiven Geruchsempfindungen" – „und leidet unter dem Affekt, der sich mehr oder minder deutlich gerade an diese Reminiszenzen knüpft". (a. a. O., S. 181) Es ist also ein Kompromiss – wenn auch ein schlechter, aber das ist schließlich jeder Kompromiss.

„So entspricht der Mechanismus, der die Hysterie erzeugt, einerseits einem Akte moralischer Zaghaftigkeit, anderseits stellt er sich als eine Schutzeinrichtung dar, die dem Ich zu Gebote steht" (a. a. O., S. 181), sagt Freud uns hier und mit ihm können wir nur bedauernd feststellen, „dass ein größeres Maß von moralischem Mute ein Vorteil für das Individuum gewesen wäre" (a. a. O. ,S. 182). Miss Lucy, die am Ende, geheilt wie sie ist, dem staunenden Freud auf seine Frage: „Und lieben Sie den Direktor noch?" ganz schlicht sagt: „Gewiß, ich liebe ihn, aber das macht mir weiter nichts (sic!). Man kann ja bei sich denken und empfinden, was man will". (a. a. O., S. 180).

Wenn man kann!

In Henry James' Gespenstergeschichte gelingt es der Protagonistin nicht.

Hat die junge Gouvernante die Verfolger ihrer beiden Schützlinge, der Waisenkinder Miles und Flora, nur imaginiert oder gibt es wirklich Gespenster? Sind die beiden Kinder von ihrer Erregung und ihren Trugwahrnehmungen angesteckt oder stehen sie wirklich unter dem „Spell" – dem Bann der beiden Gespenster, die hier das Unheimliche des Unbewussten repräsentieren, aber in der Erzähltechnik James' eben immer auch möglicherweise wirklich sein könnten. Der Text von Henry James löst diese Spannung nicht auf, beides scheint möglich und nichts wird entschieden. Gibt es nun Gespenster? Oder ist sie „einfach nur" hysterisch? Man weiß es nicht und wird es – von James – nie erfahren.

Das aber ist für die meisten Leser unerträglich. Wir erinnern uns an die psychische Explosionsenergie, die dieser Zustand von Wissen und Nichtwissen zugleich generiert und den wir als Motto des hysterischen Symptoms kennen gelernt haben.

Generationen von Lesern, Kommentatoren und Autoren haben sich an diesem Ausgang der Geschichte die Zähne ausgebissen und sich darin gegenseitig bekriegt, die W a h r h e i t herauszufinden, hineinzulesen, dem Text abzuringen, die Sache zu entscheiden.

Eine Lösung muss die richtige sein, es muss eine Eindeutigkeit geben. Die Hysterie verweigert diese Eindeutigkeit und das macht sie selbst zu einer Art Gespenstererscheinung bis heute.

Lucien Israel nennt dies in seinem schönen Buch mit dem Titel: „Die unerhörte Botschaft der Hysterie", worunter er ein quasi utopisches Moment dieser psychischen Kompromissbildung versteht, eines, das auf die Liebe zielt. Er meint, die Hysterie kann nicht verstanden, nicht erhört werden, da sie die Ambiguität selbst ist, eine Konstruktion, die die beiden Teile, aus denen sie sich zusammensetzt, jeweils nur für den Moment halten kann und dafür immer die Sexualisierung braucht, was wiederum bedeutet, dass sie als Botschaft immer anstößig ist. Sie zielt dabei auf eine Liebe, die nicht sich selbst im anderen sucht, obwohl das auch immer der Fall ist, sondern den anderen selbst meint, und zwar in seiner Differenz zum eigenen Selbst. Gelänge dieses Projekt, entstünde eine neue Einheit der psychischen Wirklichkeit wie der Liebe und die Ambiguität wäre erlöst.

Die Verdrängung: „Wo ordinärt denn der Herr Doktor?"

Die Hysterie ist – das ist mit der Geschichte von Lucy R. und ihrer literarischen Schwester, hoffentlich deutlich geworden – die Königin unter den Neurosen und in unserer psychoanalytischen Auffassung weit entfernt davon, nur – wie in der Umgangssprache – eine despektierliche Bezeichnung für das Getue junger Mädchen zu sein. Der Trick bei der Hysterie ist, dass sie so komplett und gelungen verdrängen kann, dass vom psychischen Konflikt, dem Wunsch, der Regung, die in Widerspruch zum offiziellen und Tages-Ich tritt, nichts übrig bleibt und „nur" das Körpersymptom sich bemerkbar macht. Verdrängen kann die Hysterie wie keine zweite, das muss man ihr lassen und mit Respekt vermerken. Warum Respekt?

Weil die Verdrängung ja – auch hier differieren wir „Profis" deutlich vom alltäglichen Sprachgebrauch – nichts Mieses ist. „Das muss ich verdrängt haben", eine halb entschuldigende, halb schuldbewusste Selbstdiagnose, die man überall, in der Straßenbahn wie in der Praxis, bei einer Abendeinladung wie am Telefon hören kann und die immer meint, „eigentlich sollte ich es wissen, dass ich es vergessen habe (was auch immer es ist), liegt daran, dass es unangenehm ist und ich nicht daran denken will. Bitte das zu respektieren und mich nicht mit mir selbst zu belästigen." Jeder versteht das, niemand will das, zumal es ja wie eine Unterwerfungsgeste daherkommt: „ich weiß ja, aber bitte nicht so streng sein …". Die Psychoanalytiker aber stellen immer dann das Ohr auf wie der Hund, wenn sie etwas wittern, das nach Rationalisierung (noch so ein Wort!) klingt und wollen es genauer wissen.

Diese schlechte Eigenschaft hat ihnen einen ebensolchen Ruf eingetragen, der sich vorzüglich aus zwei Teilen zusammensetzt. Der eine: Psychoanalytiker sind nur an Sex interessiert. Der zweite Teil: sie wollen alles immer genau wissen und sezieren das Seelenleben – sie sind hirnlastig und vernachlässigen „alles andere": den Körper, die Gefühle, das Vorsprachliche, das Höhere – was auch immer.

Beide Teilurteile hängen natürlich zusammen und können auch füreinander einspringen: WEIL die Analytiker von der Idee mit dem Sex besessen sind, sind sie schreckliche Reduktionisten, nichts anderes zählt für sie und selbst die feinsten und zartesten Gefühlsregungen bringen sie beinhart auf den Sex hinunter. Und umgekehrt kann man es genauso hören (und lesen): Die Psychoanalyse ist eine kalte, reduktionistische Angelegenheit, die nur den Intellekt befriedigen will und kann. Sie weiß nichts von den emotionalen Tiefen und körperlichen Zuständen, zu denen man nur nonverbal einen Zugang finden kann. Und, so geht das „Argument" weiter, das ist ja auch klar angesichts des fanatischen Festhaltens an der Sexualität und dem Zwang, alles sagen zu müssen, was damit zusammenhängt. Letztlich dient das ja doch nur der Selbstbestätigung und perversen Neugier der Analytiker selbst.

Okay, mal langsam. Man merkt schon, die Psychoanalyse wird hier eher mit einer strengen Kammer identifiziert, einer Psycho-Folterkammer, mit einem sado-masochistischen Arrangement, könnte man auch sagen. Sie ist Polizei, Kläger und Richter in einem, hat es immer schon gewusst und seziert die Wahrheit gegen das Individuum aus diesem heraus. Die Couch mutiert zu einer Anklagebank oder einem Folterbett, die Daumenschrauben der Spannung aus Henry James Erzählung werden hier zu bohrenden Fragen und enthüllenden Aufdeckungen und am Ende steht ein beschämter Patient (oder besser: liegt), der sich schuldig fühlt für all das, was der Analytiker aus ihm herausgeforscht hat – und von dem er doch vorher nichts gewusst hat. Dieser aber reibt sich die Hände, kassiert das Honorar und lässt die Leiche liegen, unbeteiligt gefühlskalt eben.

Das ist natürlich eine Karikatur, aber als solche zeigt sie vieles, das sich in den unzähligen „endgültigen Abrechnungen" mit der Psychoanalyse wiederholt und wiederholt und wiederholt …

Das mit dem Sex zum Beispiel. „Also gut, wo ordinärt denn der Herr Doktor?" seufzt eine Dame der Wiener Gesellschaft, der schon seit langem von ihrer Umgebung und Familie angeraten wird, wegen ihrer zahlreichen und hartnäckigen nervösen Beschwerden den Prof. Freud in der Berggasse aufzusuchen. Standhaft hatte sie sich immer geweigert mit dem Hinweis, dass es sich nicht schicke, über Intimes zu reden und dieser Doktor das ja bekanntlich von seinen Patientinnen verlange, aber schlussendlich, als ihr Leiden zu groß und das Drängen der Familie zu nachhaltig wurde, willigte sie mit dem oben zitierten Stoßseufzer ein. Die Fehlleistung, der – wie so vieles andere aus der Psychoanalyse – sprichwörtlich gewordene „Freudsche Versprecher" legt ihre Gedanken bloß und zeigt ein winziges Stück vom Wunsch – es möchte doch so sein, dass endlich einmal ein rechtes Abenteuer auf sie warte – und zugleich die Abwehr dagegen. Ohne Abwehr, ohne inneren Einspruch hätte sie das Abenteuer gesucht und darüber geschwiegen, ohne Hemmung gelebt und sich möglichst klug ihrem tatsächlichen Leben gegenüber verhalten. Mit Hemmung, neurotischer Verwicklung, hysterischer Verdrängung (wir wissen es ja nicht so genau, was ihr gefehlt hat), sucht sie das Abenteuer und scheut es zugleich. Heraus kommt ein „ordinär(t)", das dreckige Wort für ihren Wunsch anstatt das ehrenwerte „ordiniert".

Vielleicht wenden Sie, verehrte(r) Leser(in) ein, dass das eine boshafte Interpretation ist, denn wer sagt, dass die Dame etwas von sich selbst preisgibt, sie gibt doch vielmehr eine allgemeine Meinung wieder, die ihr halt herausrutscht, aber die doch noch lange nichts mit ihr selbst zu tun haben muss?

Ja, das hätten Sie gerne – und ich auch! So wie die Rede davon, dass man „etwas verdrängt haben muss" vor allem einmal den Wunsch meint, dass ES – was auch immer der Inhalt von Es ist – nichts mit einem selbst zu tun haben soll, in der Schublade gelandet und damit quasi unabhängig geworden, so ähnlich steht es auch mit der Idee, dass das „ordinär(t)" lediglich der ja allgemeinen Meinung über die Psychoanalyse entspreche und diese zum Ausdruck bringt. Diese aber hält dagegen: nichts, was wir sagen und denken, ist unabhängig von uns selbst – ist also immer auch eine „Découvrage" – eine Selbstentblößung. Denn alles, was wir denken und sagen, denken wir und sagen wir – und nicht jemand anderer. Wir stecken also drin in den Fehlleistungen (und den grandiosen Leistungen natürlich ebenso), in Vorlieben und Abneigungen, Meinungen und Haltungen, Beziehungen und Arbeiten, Frisuren und Outfits – also in allem, was uns so ausmacht. Und Mode, Konvention, Wissenschaft und Politik sind – in dieser Fokussierung – „nur" Ankerpunkte für das Individuum, Halt gebende und Identifikationen bietende Externalisierungen, die die Arbeit des Selbst Seins ersparen und es erleichtern, von sich selbst absehen zu können. Nicht, dass die Psychoanalyse das kritisierte: sie ist damit ganz zufrieden, wie mit jeder vorfindlichen Tatsache. Nur, dass sie meint, die Menschen darauf aufmerksam machen zu müssen, dass es zum Repertoire von selbsttäuschenden Illusionen zählt, zu glauben, man könne jemals etwas sagen und/oder ausdrücken, das nichts mit einem selbst, dem Innenleben, der psychischen Struktur zu tun hat.

Dieser dauernde Verweis auf das Unbewusste, diese Insistenz auf dem Eigenen, auf die dunkle Seite der Person, hat der Psychoanalyse nicht ganz zu Unrecht den Ruf einer detektivischen Kunst eingetragen. Psychoanalytische Taschenspielertricks haben besonders in den Pionierjahren dieser neuen Kunst die Menschen verblüfft, wahlweise verärgert oder überzeugt davon, dass sie es mit einer besonderen Sache zu tun haben.

Berühmt hierfür sind die ad hoc Deutungen Freuds von Fehlleistungen oder Träumen, wie sie sich etwa in „Zur Psychopathologie des Alltagslebens" (Freud, S. 1901b) oder der „Traumdeutung" (Freud, S. 1900a) finden. Aus ersterem stammt auch das Beispiel der Dame aus Wien, das wir weiter oben zum Anlass für unsere Überlegungen genommen haben. Nun aber möchte ich zwei andere Beispiele wählen, um den „Schaubudencharakter" einer psychoanalytischen Deutung zu zeigen. Warum das so funktioniert, hängt mit einem psychischen Mechanismus zusammen, der Übertragung, von der wir oben schon gehört haben sowie einem zweiten, der Idealisierung, der uns ebenso durchs Leben begleitet. Beide weisen auf einen dritten, den ödipalen Konflikt oder Ödipus-Komplex, mit dem wir dann im Zentrum der ganzen Sache gelandet sind. Und, das ist jetzt vielleicht auch nicht mehr ganz überraschend: alles hängt miteinander zusammen.

Übertragung II: Verzaubert-Sein-Wollen

Der Schaubudencharakter psychoanalytischer Deutungen – und mit ihm ein weiterer Aspekt der Übertragung – wurde in Jed Rubenfelds Roman „The Interpretation of Murder" sehr anschaulich beschrieben. Das Buch errang 2007 den British Book Award und ist ein äußerst unterhaltsam und sehr gut geschriebener historischer Krimi, der sich der Psychoanalyse und der Figur Freuds bedient, ohne sie dabei für billige Effekte zu instrumentalisieren – man lernt so nebenbei die Frühgeschichte der Psychoanalyse genauso wie die Industrialisierungsgeschichte New Yorks und bekommt noch dazu eine hübsche Liebesgeschichte geliefert. Dabei ist Rubenfeld eigentlich gar kein Schriftsteller, sondern Jurist, Professor in Yale, um genau zu sein. Sein Roman befasst sich mit Freuds Amerikareise im Jahr 1909, mit der Frühgeschichte der Psychoanalyse also und mit Amerika, speziell dem New York am Beginn des 20. Jahrhunderts. Seine Geschichte handelt aber auch von den sophisticated ladies der New Yorker Familien Astor, Vanderbilt et al.

Freud wird bei einer Abendgesellschaft beim berühmten – und im Buch als prunksüchtig beschriebenen – Smith Ely Jelliffe herumgereicht, der als angesehener Neurologe einer der ersten Unterstützer der jungen Psychoanalyse in Amerika war, und er gibt ein paar Kostproben seiner Deutungskunst. Eine wollen wir hören:

„Sie haben sich vor dem Essen länger mit meinem Mann unterhalten, Dr. Freud", bemerkte Mrs. Hyslop, eine großmütterliche Frau [...]. „Was haben Sie über ihn herausgefunden?"

Freud zögerte keine Sekunde: „Professor Hyslop, hätten Sie die Güte, mir etwas zu bestätigen? Sie haben mir nicht den Vornamen Ihrer Mutter verraten, stimmt das?"

„Wie bitte?", Hyslop hielt sich das Hörrohr ans Ohr.

„Wir haben vorhin nicht über Ihre Mutter gesprochen, oder?"

„Über meine Mutter? Nein, kein Wort."

„Sie hieß Mary", stellte Freud fest.

„Woher wissen Sie das?", Hyslop blickte anklagend in die Runde. „Woher weiß er das? Ich habe ihm Mutters Namen nicht verraten."

„Doch, das haben Sie", versetzte Freud, „aber ohne es zu wissen. Was mich wundert, ist der Name Ihrer Frau. Jelliffe hat mir gesagt, sie heißt Alva. Ich muss zugeben, ich hätte eher auf eine Variante von Mary getippt. Ich war mir ganz sicher. Daher möchte ich eine Frage an Sie richten, Mrs. Hyslop, wenn Sie gestatten. Hat Ihr Gatte vielleicht einen Kosenamen für Sie?"

„Ja, mein zweiter Vorname lautet Maria", bekannte die überraschte Mrs. Hyslop, und er nennt mich schon immer Marie."

Jelliffe quittierte diese Äußerung mit einem Jubelschrei, und Freud erhielt von allen Seiten Beifall.

„Ich bin heute Morgen mit einem Schnupfen aufgewacht", meldete sich nun eine Matrone gegenüber von Ferenczi. „Der Sommer ist doch kaum vorbei. Hat das was zu bedeuten, Dr. Freud?"

„Ein Schnupfen, Madam?" Freud überlegte kurz. „Ich fürchte, manchmal ist ein Schnupfen einfach bloß ein Schnupfen." (Rubenfeld, J., 2006, S. 282)

Die „Decouvrage", das Ertapptwerden könnte man es auch nennen, kommt in diesen kleinen Episoden zum Ausdruck. Es ist nicht der kleinste Vorzug des Buches von Rubenfeld, diese Atmosphäre zu vermitteln: von Staunen und Verblüffung, Ungläubigkeit und kindhafter Gläubigkeit, die mit Zauberkunstvorstellungen einherzugehen pflegt. Der Zauberer ist – im „übertragenen" (sic!) Sinn eine Figur, in der alle Aspekte zusammenkommen, die wir bis hierher kennengelernt haben: die Übertragung – also in etwa die unbewusste Erwartung, einen infantilen Wunsch doch noch in der Wirklichkeit, zu spät und am falschen Objekt, aber immerhin, erfüllt zu bekommen: wenn der Zauberer wirklich zaubern kann, dann ist er endlich der, den man sich immer schon ersehnt hat: der, der die Wirklichkeit außer Kraft setzen kann, der die Idealisierung verdient, weil er ihr durch das Zaubern gerecht wird und damit alles wieder gutmacht, was das Leben schon an Enttäuschungen bereitgehalten hat; er zaubert den Wunsch wahr: die Wirklichkeit soll nicht wirklich ganz wirklich sein, es soll etwas geben, das die Nüchternheit der ödipalen Enttäuschung: ich bin zu klein! aufhebt und verwandelt in einen Triumph des Magischen, des Unwirklichen, des gegen alle Wahrscheinlichkeiten dennoch Gelingens.

Der Zauberer inkarniert sozusagen die Hoffnung, dass es doch geht, was man sich als kleiner Bub und kleines Mädchen gedacht und ersehnt hat: keine Mama ist so schön wie die eigene, kein Vater so groß, stattlich und mächtig – und sie werden uns mitnehmen in ihre Wirklichkeit, die der Erwachsenen und der Schlafzimmer, der Zigarren und der Seidenstrümpfe, des Kinderkriegens und des Liebhaber-Habens, weil sie uns lieben wie wir sie; denken wir; hätten wir gerne. Der Wunsch färbt das Bild des Objekts, vergoldet es – man kennt das aus den Zuständen von Verliebtheit; die Idealisierung hat also auch etwas irgendwie Verzweifeltes: das Objekt muss großartig sein, es darf sich keine Schwäche erlauben, die Rache für diesbezügliche Enttäuschungen kann heftig ausfallen.

Dem Zauberer – oder der guten Fee – möchte man sein ganzes Leben lang begegnen, und die Übertragung sorgt dafür, dass man das eine oder andere Mal im Leben auch tatsächlich fündig wird. Zum Beispiel, wenn man sich verliebt; oder, wenn man einen neuen Chef, eine neue Chefin bekommt; gleich neben dem skeptischen Gehabe („mal sehen, was die Neue kann!") siedelt der Wunsch, sie solle unnötig sein, die skeptische Erwartung und endlich soll sich alles erfüllen, was man immer schon vermisst hat: gute Stimmung, sichere Situation, keine Konflikte, Schutz vor Feinden und vor allem eine besondere Nähe (und noch einige andere Derivate aus der ödipalen Konstellation). Eine andere klassische Übertragungssituation im Alltagsleben ist der Arztbesuch (auch der beim Psychoanalytiker, klarerweise): jeder Patient erwartet Zauberei, unmittelbare und sofortige Befreiung von Beschwerde und Missbehagen. Und jeder Patient ist bereit, dafür die ganze Übertragungsfähigkeit einzusetzen und den Arzt als legitimen und einzigen Erben der Idealisierung aus der Kindheit einzusetzen. Der erste Kontakt zwischen den beiden geht ausschließlich darum, ob der Arzt für diese Starbesetzung im Drama des Patienten taugt, und der Patient wird, wenn der Arzt das Zeug dafür nicht hat, den Platz des Zauberers für diesen Patienten einzunehmen, auch keine Chance auf Erfolg haben. Nur, wenn diese Seite des Verhältnisses passt, die Übertragung und die Idealisierung gerade genug Futter bekommen, um in Gang zu kommen und in Gang zu bleiben, dann geht es. Patienten sagen dann zum Beispiel: „Ihre Stimme am Telefon hat mir schon zugesagt" oder: „Ihr Behandlungszimmer hat eine angenehme Atmosphäre" oder sie sagen auch gar nichts und denken sich ihr Teil. Stimme und Zimmer sind in diesen Beispielen „nur" die Anknüpfungspunkte für die beiden Mechanismen I und Ü und können, wenn sie Gelegenheit bekommen, sich zu äußern, zurückverfolgt werden zu den persönlichen Bedeutungen, die sich für den Patienten an das eine oder das andere anbinden.

Können nun Ärzte schon nicht zaubern – obwohl es ja viele glauben und eine durchaus magische Sicht des eigenen Tuns pflegen (aber das wäre ein eigenes Buch …) – können es Psychoanalytiker naturgemäß schon gar nicht. Außer im Kleinen: in der Deutung, der Interpretation. In der Tat hat eine gelungene Deutung immer ein bissl was von Zauberei: es kommen Dinge zusammen und ergeben eine neue Gestalt, die vorher nicht zusammen waren: Gedanken und Gefühle über scheinbar ganz disparate Dinge, psychische Trümmer sozusagen, die irgendwo herumliegen und scheinbar nicht miteinander verknüpfbar sind; der Blick auf das Unbewusste, auf den Zusammenhalt der Dinge hinter dem Offensichtlichen und Äußeren, bringt diese Disparatheiten zusammen und findet dafür eine sprachliche Form, einen Satz, ein Bild, ein Symbol, was auch immer.

Deswegen hat die Psychoanalyse etwas vom Zaubertrick und der Schaubude, so wie es uns Rubenfeld in seinem Roman erzählt.

Ein anderes Beispiel soll einer kleinen Passage einer Analyse entnommen werden, die der Basler Psychoanalytiker Raymond Borens veröffentlicht hat. Borens zählt zu den Kollegen, die sich in ihrem Denken und ihrer klinischen Praxis auf Jaques Lacan beziehen. Für Lacan, der zweifellos mit Melanie Klein um den Platz auf dem imaginären Podest: „einflussreichster Analytiker nach Freud" streiten kann, war das Unbewusste wie eine Sprache strukturiert – und er hat demgemäß eine Art linguistischer Theorie der Psychoanalyse entwickelt, die sehr dem französischen Strukturalismus, besonders de Saussure verpflichtet ist und – das kann man wohl ohne Übertreibung sagen – die gesamte intellektuelle Produktion in Philosophie, Geistes- Kultur- und sogar Sozialwissenschaften der letzten 40 Jahre maßgeblich beeinflusst hat und weiter beeinflusst.

„Bei einem Analysanten fiel eine Vorliebe für Namen, Situationen und Orte, welche die Vokale a und o enthielten, auf. So hieß seine Frau Karoline; frühere Freundinnen hatten Margot und Charlotte geheissen; seine Ferien verbrachte er in Mallorca oder in Roma, wie er die Stadt im Gegensatz zum deutschen Sprachgebrauch nannte; bei einer Amerikareise war er besonders von Colorado begeistert, er liebte Kopenhagen, und sofort nach dem Fall der Berliner Mauer machte er sich auf den Weg nach der Stadt seiner Träume, nach Potsdam. Dieser Signifikant warf für Analysanten und Analytiker Licht auf diese Eigentümlichkeit: Das a verwies auf Aa, die kleinkindliche Bezeichnung für Kot, auf welche das o hindeutete. Potsdam war deshalb so interessant, weil in dem Wort sowohl der Pot als auch die Dam(en), welche nicht zuletzt aufgrund ihrer a-o Assonanzen gewählt worden waren, ebenso wie der Analytiker, in dessen Vor- und Nachnamen beide Vokale vorkamen. Es wurde jetzt auch verständlich, warum der Analysant, der ursprünglich einen Namen ohne a und o getragen hatte, diesen für seinen zweiten Vornamen Arnold aufgab. […] Er litt unter einer sehr ausgeprägten Brückenphobie, die sein Hobby Bergtouren ziemlich verunmöglichte, und die ihn mit veranlasst hatte, eine Analyse zu machen. Bei dieser Phobie stand die Angst vor dem tosenden, reissenden Wasser unter dem Brückenbogen im Zentrum. Die Angst war ein erstes Mal bei einer Bergwanderung aufgetreten, und im Verlaufe der Arbeit […] erinnerte er sich an die Vorstellung, von dem Wasser weggeschwemmt zu werden. Auch hier identifizierte er sich deutlich mit dem Objekt Kot. Intcressanterweise hatte er in einem allerdings fehlgeschlagenen Selbstheilungsversuch Bunjeesprünge von einer Brücke herab unternommen. Das gefährliche Fallen, das Fallen-gelassen-Werden war bei diesem risikoreichen Unterfangen, könnte man sagen, kontrolliert. Die Ängste erwiesen sich als in der Kur bearbeitbar. Sie aktualisierten sich in der Übertragung, in welcher bald der Analysant, bald der Analytiker als Objekt des Abfalls fungierten, und die Phobie verschwand. Am Ende der Arbeit trat eine Eigentümlichkeit des jungen Mannes immer mehr in den Vordergrund: er wurde zu einem ‚brillanten' Redner, der den tosenden Beifall geradezu aufsuchte. Es ging hier nicht um ein narzisstisches Erleben, in welchem er glänzen wollte und in welchem der tosende Beifall eine narzisstische Aufwertung und Anerkennung darstellt, er war vielmehr der Identifikation […] ‚treu geblieben': wie Kot glänzte er, der tosende Beifall stand für das Wasser der Toilettespülung." (Borens R. 2006, S. 420)

Auch bei dieser eleganten Analyse der Sprachsymbole des Patienten mit der Brückenphobie mag der Eindruck von Staunen und Verblüffung entstehen, so wie in der Romanszene von Rubenfeld beschrieben, und den wir mit dem Ertapptwerden in Verbindung gebracht haben. Niemand wird gern ertappt, noch dazu bei etwas, das er gar nicht weiß – und dann doch andererseits: jeder wird gerne erkannt – plötzlich, überraschend, vollständig. Die Analyse bewegt sich in diesem Feld von Versteckensspielen und Sehnsucht nach Überwältigung und Erkanntwerden, von Anerkennung.

Bei Raymond Borens findet sich überdies auf das Verhältnis Patient und Analytiker bezogen der Hinweis auf die Unterstellung des Zauberertums, der Verblüffung einerseits und der Hingabe oder Abwehr andererseits:

„Der Analysant, der sich, darin dem ärztlichen Patienten gleich, an einen vermeintlichen Experten adressiert, tut dies dem Anschein nach zumindest, weil er diesem ein Wissen unterstellt, das er selbst nicht zu haben glaubt." (Borens, R. 2006, S. 404) Diese Zuschreibung ist es, die die Dinnergäste Freud gegenüber vornehmen und die sie – sozusagen eh klar – Ahs und Ohs ausrufen lassen, wenn Freud sein – von ihnen (wie beim Zauberer) erwartetes Kunststück loslässt. Sie ah'n und oh'n also auch über sich selbst – ihren Wunsch nach Erkanntsein, nach Decouvrage, nach – Borens würde sagen: nach Anerkennung und schreibt:

„[...] Dieses unterstellte Wissen [ist] letztlich der Grund für die Übertragungsliebe [...], und [...] der Analytiker [muss] zumindest in der ersten Phase schwindeln [...] („imposteur"), indem er die Zuschreibung annimmt, also so tut, als sei er im Besitz eines Wissens über den Hilfesuchenden. Dessen Bereitwilligkeit zu glauben, was er erwartet, ist aber derart gross, dass dieser „Schwindel" meist nicht erforderlich ist [...]. Aber vor so viel Bereitschaft muss der Analytiker skeptisch bleiben und auf der Hut sein, um nicht seinerseits zum Verführten zu werden, denn so sehr der zukünftige Analysant ihm Wissen unterstellt und dieses aufgrund seines Leidens herbeisehnt, so sehr rechnet er in seinem neurotischen Geniessen damit, ungeschoren davonzukommen [...]." (Borens, R. 2006, S. 411) Beides treibt die Übertragungsliebe an, die sich – in dieser Auffassung aus zwei Teilen zusammensetzt: dem Wunsch nach narzisstischer Spiegelung in einem Objekt (das genauso unwissend ist wie ich, deswegen brauche ich nichts verstehen, nichts ändern) UND dem Wunsch nach Anerkennung. Was ist damit gemeint?

Das Subjekt, der Patient (aber natürlich auch jeder Nicht-Patient) braucht den Anderen, um sich selbst zu erfahren: Die Einsetzung eines Analytikers, die Unterstellung von Wissen oder, wie wir es salopp gesagt haben, das Verzaubert-Sein-Wollen, verwandelt den Patienten/Menschen. Er ist plötzlich einer mit Erwartungen, Forderungen, Ansprüchen, während er vorher „nur" einer mit einem Symptom war. Die Ansprüche richten sich natürlich an den Analytiker in der Übertragung, der wiederum nicht unbedingt viel mit der realen Person des Analytikers zu tun haben muss, dafür aber, wenn die initiale Ver-führung geklappt hat, umso mehr mit den „sceletons in the closet" des Patienten/Menschen. Die

Übertragung markiert also sowas wie den Umweg des Subjekts/des Patienten/des Menschen über das Objekt/den Anderen/den anderen zurück zu sich selbst. Und hier finden wir die Denkfigur Hegels, dass das Bewusstsein über den Anderen zum Selbstbewusstsein gelangt. Der Weg hierzu führt über die Anerkennung, „de[n] Trieb, sich als freies Selbst zu zeigen und für den anderen als solches da zu sein." (Hegel, Encyclopädie, § 430)

In der Übertragung findet also der Kampf um Anerkennung statt. Zwei Leute sind in den Kampf verwickelt, denn auch der Analytiker braucht ja die Anerkennung des Patienten, sonst ist er gar nichts, jedenfalls nicht der, dem das Wissen unterstellt wird, das dazu führen soll, dass der Patient Anerkennung findet. Also – so sagt Raymond Borens im Anschluss an Lacan im Anschluss an Kojève im Anschluss an Hegel – ist das Ziel der Analyse, die Anerkennung zu erreichen.

Noch ein Beispiel: „Der Analytiker ist in der Gemeinschaftspraxis in der Kaffeepause in ein Gespräch mit den Kollegen vertieft und verspätet sich um ein paar Minuten. Er stürzt ins Wartezimmer und voller Schuldgefühle murmelt er, dass er so in ein Gespräch vertieft war, dass er nicht auf die Zeit achtete. Die Analysantin beginnt die Stunde entgegen ihrer Gewohnheit mit einem langen Schweigen. Dann steht sie wortlos auf und verlässt mit wütender Miene den Raum. Auf einer […] Ebene ließe sich diese Reaktion als Wut aus der Enttäuschung heraus verstehen und ansprechen. Die Analysantin aber klärt (den Analytiker) in der nachfolgenden Stunde auf, indem sie sagt: ‚Ich hätte diese Entschuldigung von jedem anderen erwartet oder gar verlangt, aber nicht von Ihnen. Sie sind mein Analytiker.'" Das Ringen um Anerkennung sieht Borens hier bei seiner Patientin und sich selbst in der Rivalität („Wer liebt mehr? Wer verlässt wen? Wer ist mehr auf den anderen angewiesen?") und in der Idealisierung – der Analytiker ist der, dem das Wissen unterstellt wird, auch die Macht, möchte man ergänzen, die mit dem Wissen einhergeht. Der Anerkennungswunsch der Patientin, das Ringen darum hätte gewollt, dass der Analytiker nicht plötzlich eine alltägliche, vergessliche Figur ist, die sich einfach schlecht benimmt …

Anerkennung also, das Ziel der Analyse nach Lacan, ist etwas grundlegend anderes, als etwa in der Soziologie oder der Kommunikationswissenschaft gemeinhin mit Anerkennung gemeint ist.

Die Übertragung, über die wir nun mit Beispielen und aus verschiedenen Blickwinkeln einiges gehört haben, hat sich also als Konzept auf der geschenkten

Couch des Dr. Sigmund Freud in seiner Ordination in der Berggasse entwickelt und langsam in seinem Kopf festgesetzt. Er hat sie Anna O. und seinem väterlichen Freund Josef Breuer zu verdanken, die Übertragung, und wir mit ihm. Denn sie ist in der Tat ein Konzept, das universelle Geltung für alle menschlichen Verhältnisse beanspruchen darf, wenn wir sie auch in Liebesbeziehungen, Autoritätsverhältnissen, Organisationen oder beruflichen Verhältnissen nicht unbedingt so nennen würden. Überall bestimmen die unbewussten Bilder aus der grauen Vorzeit unserer kindlichen Wünsche und deren Abwehr unser Bild von anderen Menschen und was wir von ihnen wollen, vor ihnen fürchten, gegen sie einwenden, ihnen abringen, stehlen oder gar rauben wollen, ihnen schenken und überantworten etc. – was auch immer der zentrale Motor für das Unbewusste zur gegebenen Zeit und in einer gegebenen Wiederholungssituation ist. Das Leben, könnte man überspitzt sagen, ist für die Psychoanalytiker nichts als eine immer wiederkehrende Wiederholung von dem, was sich in dieser „grauen Vorzeit" in der Person eingestellt hat.

An der Übertragung hängen aber auch noch eine ganze andere Reihe von zentralen Begriffen der Psychoanalyse: infantile Sexualität, Verführungstheorie, Neurosentheorie, Traumdeutung, Abwehr, Ödipus-Komplex.

Die Berggasse hat alle wichtigen Erfindungen, Setzungen, Neubesinnungen und Revisionen in der Entwicklung der Psychoanalyse beherbergt. Sie war nicht nur Freuds Wohn- und Arbeitsort von 1885 bis 1938, sie war auch die psychoanalytische Zentrale, der Ort der ersten Versammlungen, der sogenannten „Mittwochs-Gesellschaft" und die Anlaufstelle für alle internationalen Besucher und Kontakte, von Wilhelm Fliess, Sandor Ferenczi und C. G. Jung aus der frühen Zeit bis zur Prinzessin Marie Bonaparte und Thomas Mann gegen Ende jener Wiener Zeit, im Anschluss derer die Nazis nicht nur Freud und seine Familie vertrieben, sondern darüber hinaus gründlich dafür gesorgt, dass die ganze Psychoanalyse aus „dem Reich" verschwand. Von den 105 Mitgliedern der Wiener Psychoanalytischen Vereinigung blieben ganze zwei in Wien, alle anderen mussten weg und nicht allen gelang ein guter Neustart.

Im kommenden Jahr, 2008, wird es hundert Jahre her sein, dass Freud und die ersten Pioniere aus der Mittwochs-Gesellschaft die Wiener Psychoanalytiker Vereinigung gegründet haben, deren erster Präsident Alfred Adler war.

Begeisterung und Ablehnung

Alfred Adler – ein Fallbeispiel

Adlers Bruch mit Freud

Alfred Adler war einer der ersten, der sich zu der kleinen Runde gesellte, die sich Mittwoch abends ab 9 Uhr bei Freud traf und die neuen Ideen des Professors, wie er von allen genannt wurde, diskutierte. Adler kam von der Sozialmedizin, seine erste Publikation hatte sich mit den sozialhygienischen Fragen des Schneidergewerbes befasst; er war politisch sehr interessiert und ein engagierter Anhänger der Sozialdemokratie. Das war nichts Ungewöhnliches; unter den frühen Analytikern gab es viele Linke und auch ein paar Radikale wie Siegfried Bernfeld und Wilhelm Reich. Aber das war später, nach dem Ersten Weltkrieg. Jetzt, zu Beginn des Jahrhunderts, die Traumdeutung gerade erschienen, die Verführungstheorie gerade verworfen, die sexuelle Ätiologie der Neurosen gerade gesichert, versucht Freud, sich eine Truppe und auch ein – würde man heute sagen – Kompetenznetzwerk von analytischen Kollegen aufzubauen, zu dem er auch Adler einlädt, den er offensichtlich schätzte und sich von ihm vielleicht auch die Stärkung des medizinischen Sektors in der jungen Truppe versprach.

Adler beteiligt sich sehr konstant und intensiv an den Diskussionen, zwischen 1903 und 1910 fehlt er nur ganze zwei Mal, er stellt selbst Überlegungen und Fälle vor. Ab etwa 1908 aber entwickelt sich zwischen ihm und Freud eine Kontroverse, die rund um die Frage der Sexualität (wieder einmal!) und der Triebe kreist.

Triebe sind mythische Wesen, wird Freud 30 Jahre später schreiben. Hier aber, zu Beginn der „Bewegung" (wie er den bunten Haufen der psychoanalytischen Pioniere und die ersten Vereine auch gerne nannte) sind sie die Kräfte, die die Biologie dem Menschen aufzwingt: Selbsterhaltungstriebe sind dazu da, dass wir nicht aufs Essen und nicht aufs Schlafen vergessen, uns warm halten und kämpfen, wenn es denn sein muss. Die Sexualtriebe, als davon abgegrenzte zweite Gruppe, sind für die Lust zuständig, für die Reproduktion zweifellos auch, aber auch dafür braucht es die Lust, ohne die es keine Nachkommen gäbe, die sind nur zufällige Nebenprodukte davon; und hier beginnt das Terrain, auf dem noch alle Freud verlassen haben, die weg wollten und – warum auch immer – den Gedanken nicht ertragen konnten, dass der Mensch ein solcher „Getriebener" sein soll. Dass der ganze Körper eine einzige Lustmaschine ist, die Haut, die Sinnesorgane, die Haare, die Genitalien natürlich sowieso. Dass sich buchstäblich alles um das Erleben von Lust, körperlicher Lust, drehen soll, das ist und bleibt der eigentliche Skandal der Psychoanalyse.

Die Abwehr gegen diese Idee nimmt viele Gestalten an. Eine davon schaut aus wie Alfred Adler, besser gesagt, wie seine Revision der Trieblehre. Er stellte dem Trieb die Gemeinschaft entgegen – eine wahrlich freundlichere Idee als Trieb und Lust. In die Gemeinschaft muss sich der Mensch integrieren können, dann hat er keine neurotischen Probleme und wenn er welche hat, sind sie der Beweis für die mangelnde Ausbildung seines Gemeinschaftsgefühls. Punkt, fertig, oder etwa doch nicht? Keine Rede von Sex mehr – wunderbar. Stubenreine Psychologie für den neuen Menschen, der ja das Arbeitsprogramm der Sozialdemokratie war und einen pädagogischen Menschenverbesserungsfuror entfachte, der sich unter anderem auch der Adlerschen Ideen von Minderwertigkeitsgefühl, Machtstreben als Reaktion darauf und Gemeinschaftsgefühl bediente.

Adler war nur der erste, der vor den Trieben, den „mythischen Wesen" und ihrer Kraft zurückschreckte. Er wurde mit seinen Ideen ja sehr erfolgreich, war in Amerika weitaus bekannter als Freud – jedenfalls, bis die Nazis kamen und dafür „sorgten", dass die Wiener Analytiker fliehen mussten, sehr viele von ihnen in die USA, wo sie, flexibel, intelligent und gut ausgebildet, motiviert und mit einer revolutionären Theorie ausgestattet, bald dafür sorgten, dass die Psychoanalyse einen Siegeszug antreten konnte, der seinen Höhepunkt in den 60-er und 70-er Jahren hatte, als es sprichwörtlich war, dass in Amerika jeder seinen Analytiker hat. In dieser amerikanischen Variante der Psychoanalyse, der Ich-Psychologie, war allerdings auch nicht mehr viel von der Sexualität die Rede – aber das ist eine andere Geschichte.

Zurück zu Adler: Er verließ 1911 – mit ziemlichem Krach – die Vereinigung und nahm eine ganze Reihe von Mitgliedern mit, darunter auch Margarethe Hilferding, die erste Frau, die sich mit einem Vortrag die Mitgliedschaft erworben hatte und der wir im Kapitel über die Frauen in der Psychoanalyse wieder begegnen werden. Zunächst war es der „Verein für freie Psychoanalyse", den Adler gründete, kurz darauf hieß er schon, in stärkerer Abgrenzung zum verlassenen Paradigma: Verein für Individualpsychologie, wobei es bis heute geblieben ist. Aber innerlich und gedanklich kam Adler von der Auseinandersetzung mit Freud nicht los. Eine Zeit lang stand ihm in seiner inneren und äußeren Auseinandersetzung mit dem Trauma der Trennung der blutjunge Manès Sperber bei. Die beiden – ungleich wie sie waren – hatten sich in ihren Übertragungsbedürfnissen gefunden: Sperber, 16 Jahre und Schulabbrecher, unglücklich aus dem Schtetl in Wien gelandet, auftrumpfend und militant in der zionistischen Jugendorganisation Haschomer Hazaiir bereits ein kleiner Chef, suchte einen Vater, noch dazu einen, den er retten konnte; und Adler, der Freud und die Abspaltung nicht vergessen konnte, suchte einen Resonanzkasten, einen jugendlichen Helden, der seine Sache eloquent und entschlossen, politisch und mit Mut weitertreiben würde. Die Sache ist nicht gut ausgegangen.

Manès Sperber – Politische Psychologie als Missverständnis

Manès Sperbers zweites Buch über Adler ist 1970 in der Molden-Reihe „Glanz und Elend der Meister" erschienen. Auf Einladung von Hans Weigel, dem Gesamtherausgeber der Serie, hatte er damit versucht, diesen so bedeutsamen Abschnitt seines Lebens in der Würdigung seines Mentors und Lehrers Alfred Adler nochmals intellektuell zu verarbeiten. Der gesamte Titel lautet: „Alfred Adler oder Das Elend der Psychologie". Denn Manès Sperber war – mit zarten 16 Jahren – Schüler von Adler geworden und hatte sich 12 Jahre intensiv der Psychologie gewidmet, war klinisch tätig und unterrichtete die „Individualpsychologie" von Adler in Kursen und vielen öffentlichen Vorträgen. Adler förderte den jungen Mann sehr, seine Intelligenz und Leidenschaft für die Adlersche Sache war dem Älteren unschätzbar und es war wohl auch die schon frühe Unabhängigkeit, die eigene Meinung und selbstkritische Fähigkeit, die Adler – zunächst – sehr für Sperber hatte eingenommen sein lassen. Sperber wurde so ein kleiner Star, ein junges Genie in den sozialreformerisch orientierten Zirkeln der Individualpsychologen.

Sperber erzählt im Vorwort – sicher ein wenig mystifizierend – wie er als 10-jähriges Kind im Juli 1916 mit seiner Familie nach Wien kam und sich im Wurstelprater herumtrieb, tagaus, tagein die Nähe zu den Schaubuden sucht und sich in der Welt der Sensationen – scheinbar ohne Ziel und Absicht – einen Ort in der neuen Stadt gefunden hat. Die neue Stadt war für den Buben vorher ein magischer Ort gewesen, und nun, darin angekommen, wusste er nichts mit ihr anzufangen, außer im Prater.

„Jerusalem und Wien, diese zwei Städte waren in den Wachträumen meiner frühen Kindheit zur zauberhaft nahe gerückten Ferne geworden. Jerusalem, das wusste ich, war in der Zeit und unverlierbar, weil Gott selbst es uns versprochen hatte. Wien aber lag in dem Raum, zu dem wir gehörten, im Reich Franz Josephs, dessen Untertanen wir waren. Also musste es die Stadt der Paläste sein, nicht aus Ziegeln und Stein, sondern mit leuchtenden Kristallen erbaut, auf die die Nacht niemals sich herabzusenken wagte. Die Kaiserstadt war dem Kind in der Ferne Glanz und Pracht gewesen, die absolute Schönheit auf Erden; nun hatte die Wirklichkeit den Traum enthüllt und zerstört. Weder die Alte noch die Neue Hofburg mit dem übermäßig gepriesenen Spektakel der Wachablösung, noch die Stephanskirche, noch das imponierende Kriegsministerium, vor das man an manchen Abenden zog, um irgendeine Siegesnachricht zu vernehmen – nichts glich dem Bild, das die großmütige Phantasie erzeugt hatte." Und auch die Wiener selbst waren anders, als sie unbedingt hätten sein sollen, erkannte der aus dem Traum exilierte Knabe.

„Noch heute [also etwa 50 Jahre später] wüsste ich auf den Dezimeter genau die Stelle in der Praterstraße, ganz nahe dem Carl-Theater, anzugeben, wo mich an jenem Abend die Einsicht überfiel, dass ich jeden Tag in den Prater lief, weil ich noch nicht gelernt hatte, auf den Trümmern einer Illusion zu leben. Warum, wollte ich wissen, warum war es gleichermaßen schwer, mit einer Illusion und ohne sie zu leben. Ich habe seither nicht aufgehört, dies erfahren zu wollen ..." (Sperber, M. 1970, S. 2)

Und dann beginnt ein Buch über „Alfred Adler und seine Lehre" (dies war der Titel der ersten Publikation Sperbers zu diesem Thema aus dem Jahr 1926) und der aufmerksame Leser nochmals 50 Jahre später kann nicht umhin, in dem Praterstraßen-Erlebnis den Knotenpunkt einer ganz eigenen Illusion zu erblicken, die Sperber abzuarbeiten versucht. Knotenpunkt deshalb, weil es einer Art persönlichem Gründungsmythos entspricht („von da ab war ich innerlich auf die Begegnung mit dem ‚Meister' vorbereitet") und die lebensentscheidende Begegnung mit der Psychologie in den sozialhistorischen Kontext einbettet, der für eine politische Lesart von inneren Vorgängen „à la Adler" nicht untypisch wurde.

„ Auf der schwarzen Tafel zeichnet ein untersetzter Mann einen kreideweißen Strich, er zieht ihn sachte von unten nach oben. Mit einer Entschiedenheit, als ob er mit diesem Strich einen unwiderleglichen Beweis lieferte, fügte er hinzu:

‚Sie sehen, das ist also das seelische Leben; alles Seelische ist eine Bewegung, muss als eine Bewegung von unten nach oben verstanden werden.' Es mag sein, daß nicht wenige der jungen Zuhörer Adlers nicht zuletzt wegen dieses Wortes wiederkamen: Bewegung." (a. a. O., S. 13)

Bewegung war alles, „nur, was Bewegung war, existierte." (ebda.) Und Sperber gibt in dieser kleinen Begebenheit auch preis, dass die Inhaltsleere des „Arguments" keine Rolle spielte: die Bewegung selbst sorgte dafür, dass alles zu Höherem und Besserem strebt.

Bewegung ist ein dynamischeres Wort für die „Gemeinschaft", die für Adler – und für Sperber an diesem Punkt – gleich neben der absoluten Wahrheit steht. Das ist das Schlüsselwort für den jungen Revolutionär wie für viele andere damals, die sich an eine Partei angeschlossen haben, die Sozialdemokratie oder die Kommunisten. Beide, Bewegung und Gemeinschaft, repräsentierten die Wahrheit. Eine Organisationsform für die Wahrheit, die die vielen bewegten und bewegungswilligen jungen Menschen erfassen konnte, war die Partei, die bekanntlich niemals irrte und so tatsächlich – wie Adler es formulierte – der absoluten Wahrheit am nächsten kam. „Die Partei hat immer Recht" und „Besser mit der Partei irren als mit den Massen Recht behalten" sind die Parolen und Sprüche, die die – fünfzig Jahre später kaum noch nachvollziehbaren – Grundlegungen von Politik für Kommunisten und Sozialdemokraten gleichermaßen bedeuteten – bei allen Differenzen und gegenseitigen Diffamierungen, die sie sich ja bekanntlich nicht erspart haben.

Adler liefert hierfür den psychologischen Rahmen und die „Erklärungen". Wie an dem kleinen Beispiel oben Sperber selbst anführt, ging es dabei wohl nicht so sehr um die Argumente Adlers, sondern um den Wiedererkennungswert seiner Begriffe, wie eben „Bewegung" oder zum Beispiel auch „Minderwertigkeit".

Letzteres ist ja bei Adler ein zentraler Begriff. Das Gefühl der Minderwertigkeit treibt – quasi als Unruhe – in seiner Auffassung das ganze Lebensrad an, sogar das Wachsen, die Entwicklung und das denken Lernen des kleinen Kindes sind durch die primäre Minderwertigkeit der Organe des Säuglings getriggert. Adler sagt also, dass das Baby diese seine eigene „Minderwertigkeit" empfinde und diese Empfindung in ihm den Wunsch nach Größerwerden, Entwicklung, Kompensation etc. wachrufe, ohne den keine tatsächliche Entwicklung stattfinden könne. Diese „objektive Minderwertigkeit" des kleinen Kindes wird im späteren Leben von dem „Minderwertigkeitsgefühl" abgelöst. Dieses Gefühl entsteht durch Prägung durch die Umgebung (in der Psychoanalyse würden wir von den „Primärobjekten" Vater, Mutter, Großeltern, Geschwister sprechen) und führt zu einem Willen, diese Situation zu überwinden und besser, größer, schöner, mit einem Wort „überlegener" zu werden als die Umgebung, die das Gefühl von Minderwertigkeit auslöst. Und da haben wir – neben Bewegung und Minderwertigkeit – also auch schon den dritten Pfeiler der Adlerschen Schablonen: das „Machtstreben".

Das Machtstreben ist eine Entlehnung aus dem Denken von Friedrich Nietzsche. Bei Nietzsche heißt es in der allgemein bekannten Formulierung „Wille zur Macht" und meint, knapp umrissen, den Willen zum Können, zur Selbstbereicherung, zur Selbstüberwindung, zur Vergrößerung des eigenen Selbst, könnte man sagen. Nietzsche schreibt diesen Willen in seinem Werk „Also sprach Zarathustra" dem Übermenschen zu. „Übermensch" ist mehr eine Potentialität denn eine konkrete Verkörperung, wie es eine ausschließlich politische Lesart Nietzsches nahelegt; es geht also bei der Figur des Übermenschen nicht so sehr um eine Herrschaftsideologie der Auserwählten über die Masse der „letzten Menschen", wie Nietzsche die antipodische Figur zum Übermenschen nennt, sondern mehr um eine teleologische Bestimmung der Menschheit selbst: diese ist dazu da, aus ihrer blinden Masse immer wieder einmal den Übermenschen hervorzubringen, der sein Leben dafür nutzt, aus sich selbst und aus der ganzen Menschheit ein Kunstwerk zu schaffen, was wiederum die eigentliche Bestimmung der Menschheit ist.

Der „Wille zur Macht" und der „Übermensch" konnten als Anker für das Bedürfnis herhalten, Vorläufer für die Idee des „neuen Menschen" zu finden, der im Sozialismus zutage treten würde, wenn die Menschheit befreit und dem Joch der entfremdeten Lebensbedingungen, die ihr der Kapitalismus aufnötigt, entronnen sein wird.

Nietzsche ist darüber hinaus eine Identifikationsfigur für die Psychologie à la Adler und Sperber. Nietzsches Denken ist ja – weit entfernt davon, systematisch und abwägend zu sein – eine, überspitzt gesagt – einzige subjektivistische Übertreibung, ein Fest des unbegrenzten Individuums, vitalistisch und finalistisch zugleich, sehr mutig und sehr – würden wir sagen – narzisstisch auch. Seine Schriften boten sich geradezu für das Feiern der bewussten Unwissenschaftlichkeit an, die Adlers – und immer auch Sperbers – Position auch z. B. der Psychoanalyse gegenüber kennzeichnete. Irgendwie wusste man es immer besser – mit Hilfe von Gemeinschaftsgefühl, Minderwertigkeit und Machtstreben und konnte sich, scheinbar, die etwas mühsame Arbeit am Begriff mit dem Kunstgriff ersparen, dass die Seele sich der wissenschaftlichen Erkenntnis partiell entzieht, weil sie eben die Seele ist und deswegen die Resonanz einer anderen, kundigen Seele braucht, einer Menschenkennerseele. Folgende Passage aus Adlers „Heilen und Bilden" (Adler, A. 1922, S. 130) mag diese Haltung illustrieren: „Stets wird die Darstellung seelischer Erscheinungen in der Wissenschaft mit zwei Mängeln zu rechnen haben. Das stetige, allseitige Weben der Psyche kann in der sachlichen Wissenschaft nur streckenweise und als ruhendes Material erfasst werden. Und das Abbild, das sie liefert, muss so viel Gehalt besitzen, dass es, durch seine Andeutung bloß, vorhandene Empfänglichkeiten des Lesers und Zuhörers in Schwingung bringen kann. Nicht anders als die Kunst verlangt auch die Seelenkunde jenes starke, intuitive Erfassen ihres Stoffes, ein Ergreifen und eine Ergriffenheit, die über die Grenzen der Induktion und Deduktion hinausgehen. Wenn ich den Namen Nietzsche nenne, so ist eine der ragenden Säulen unserer Kunst enthüllt. Jeder Künstler, der uns seine Seele schenkt, jeder Philosoph, der uns verstehen lässt, wie er sich geistig des Lebens bemächtigt, jeder Lehrer und Erzieher, der uns fühlen lässt, wie sich in ihm die Welt spiegelt, gibt unserem Blick Richtung, unserem Wollen ein Ziel, sind uns die Führer im weiten Land der Seele."

Beide Pfeiler – der Topos der Minderwertigkeit und der Topos des Machtstrebens werden – soweit ich sehen kann – nicht begründet, sondern angenommen und gesetzt. Es sind ja auch beide keine Grundlagen, sondern sozusagen ex post gesetzte zielorientierte Figuren: das Machtstreben schaut zwar zunächst aus wie eine Ursache, ist aber eine teleologische Setzung; zwar hat sie einen dynamischen touch („Streben"), aber es fehlt die Verankerung (woher kommt das Machtstreben? Aus dem Gefühl der Minderwertigkeit. Und woher kommt das?) in einer soliden, sei es psychologischen, sei es biologischen – Grundlage. Nicht anders ist es mit dem „Gemeinschaftsgefühl", das als Konstituens des Menschen angenommen wird und ja immer schon explizit gegen die deterministische Sicht der Psychoanalyse entwickelt wurde, dass nämlich der Mensch ein Triebwesen sei, das von seiner Biologie beherrscht wird.

Wie passen Minderwertigkeit und Gemeinschaftsgefühl zusammen?

„Minderwertig", in der erschreckend wertenden Sprache der Zwischenkriegszeit kann nahezu haarscharf als ein Wort für die mögliche subjektive Befindlichkeit des Proletariats gegenüber der Bourgeoisie genommen werden. Minderwertigkeit war damals ja nicht – wie es heute für unsere Ohren klingt – ein schreckliches Wort, sondern ein durchaus akzeptiertes, normales. Es spielte in den Eugenik-Debatten der Sozialdemokratie zum Beispiel eine ehrenwerte Rolle und der Terminus „minderwertiges Erbgut" war durchaus normal. Der sozialdemokratische Stadtrat und Anatomieprofessor Julius Tandler, zu Recht berühmt für seine Bemühungen um die Volksgesundheit und die Hygiene der Stadt, hat eine ganze Reihe eugenischer Schriften verfasst, in denen er frei seine Gedanken ventilierte, dass zum Beispiel alkoholkranke Menschen keine Kinder bekommen sollten und welche Maßnahmen, inklusive Sterilisation, dazu zu ergreifen wären.

Damit ist das Bezugssystem eigentlich schon fertig: Gemeinschaftsgefühl, Minderwertigkeit und Machtstreben sind die Koordinaten, in die sich die ganze Vielfalt von menschlichen Möglichkeiten einordnen und die nun für jeden Fall einzeln angepasst werden. Die Konzepte sind vage und generalisierend, setzen keine Spezifika und geben auch keine Konkretisierungen an. Sie lassen sich überall finden und erscheinen als immer dieselben Gestalten. Zwischen Neurose und Psychose oder Perversion gibt es keine kategorialen Unterschiede, die mit ihrer Genese und ihrer Potentialität zu tun haben, es sind lediglich Verläufe, die mit einer verschiedenen Verteilung von Minderwertigkeit und daraus resultierendem Machtstreben zu tun haben, und jeweils und immer ist das Gemeinschaftsgefühl „verkümmert".

Die Psychologie Adlers sieht ihre therapeutische Arbeit darin, das neurotisch verkümmerte Gemeinschaftsgefühl des Individuums wieder zu erwecken, dann hat sie ihre – auch politisch verstandene – Aufgabe erfüllt.

Die Sozialdemokratie der Ersten Republik wurde auch als „gigantische Erziehungsbewegung der österreichischen Arbeiter"(Pfabigan A. 1982, S. 198) charakterisiert. Tatsächlich legte man, was das zentrale sozialdemokratische Projekt „Neuer Mensch" betraf, eine pädagogische Emphase an den Tag, wie sie außer in Wien, der „Hauptstadt des Kindes" (Ellen Kay), vermutlich an keinem anderen Ort anzutreffen war." (Göllner, R. 2006, S. 57–72). „Neue Menschen!" schrieb euphorisch Max Adler: „Das also ist das eigentliche Ziel einer revolutionären Erziehung, einer Erziehung, die jene neue Gesellschaft auch in den Seelen der Menschen vorbereitet." (zit. bei Pfabigan, a. a. O.)

„Womit wir den Einzelnen vergleichen, ist das Idealbild eines Gemeinschaftsmenschen, eines Menschen, der die vor ihm liegenden Aufgaben in einer allgemeingültigen Art bewältigt, eines Menschen, der das Gemeinschaftsgefühl so weit in sich entwickelt hat, dass er [...] die Spielregeln der menschlichen Gesellschaft befolgt." (Adler, A. 1927, S. 42). „Adler, der sich doch der Sozialdemokratie verbunden fühlte und mit deren Klassenbegriff vertraut sein musste, spricht hier höchst abstrakt von einem ‚Gemeinschaftsmenschen' und verwischt dadurch alle gesellschaftlichen Unterschiede zwischen den verschiedenen ‚Gemeinschaften'. Um welche Gemeinschaft es sich handelt, ist sekundär: egal ob Proletariat oder Bourgeoisie, ob Volk oder Vaterland, alles fällt in diesem Begriff zusammen." (Göllner, R. a. a. O.)

Sperber als Adlers Sprachrohr

Obwohl Manès Sperber von Adler schon als Jugendlicher gefördert und unterstützt worden war und Sperber ihm ein Leben lang dankbar sein wird, kommt es auch zwischen diesen beiden Männern zum Bruch. Doch vorher hatte er im Bruch Freud-Adler die Rolle des Sprachrohrs erfüllt. Was sein Lehrer selbst nicht zu sagen wagte, musste er formulieren.

Denn natürlich hatte Adler – wie alle Mitglieder der „Mittwochsgesellschaft" unter dem Einfluss Freuds gestanden, und es liegt eine gewisse, nicht zu übersehende Ironie in dem Umstand, dass sein erster Biograph Manès Sperber unter allen Umständen die Unabhängigkeit Adlers vom Schatten des Begründers der Psychoanalyse beweisen wollte, während seine Nachfolger heutzutage alles tun, um diese „Abstammung" zu betonen. So sprach etwa Erwin Ringel vom „Großvater" Freud, den sich die Individualpsychologen heute zurückholen, nachdem sich ihr „Vater" Adler mit diesem zerstritten hatte (mündliche Mitteilung von Wilfried Datler). Dass dies – jedenfalls aus der Sicht der damaligen zeitgenössischen Auseinandersetzung – einer regelrechten Fahnenflucht gleichkommt, soll doch zumindest nicht verschwiegen werden.

Ich finde es ja ohnehin unverständlich, wie es zusammengeht, eine Identität als Individualpsychologe aufzubauen, sich darin auszubilden und in dem Verein für Individualpsychologie den Mitgliedsbeitrag zu bezahlen und gleichzeitig davon zu sprechen, dass man – wie die Freudianer – Psychoanalytiker sei, weil man Übertragung und Gegenübertragung kennt; als Freudianerin finde ich es auch ein wenig empörend, das eine zu sein und sich das andere – sozusagen unter Umgehung des historischen Schismas – hintenherum und ohne die entsprechenden Qualifikationen – anzueignen, man könnte auch sagen, anzumaßen. Mir wäre lieber, wenn sich die Dinge korrekt halten ließen und mit dem Erwerb der Ausbildung in Psychoanalyse die Mitgliedschaft beim Verein für Individualpsychologie zu erlöschen hätte. Die Doppelmitgliedschaften, wie sie von der WPV und dem WAP für einige KollegInnen zugelassen werden, finde ich nicht hilfreich und quasi eine institutionelle Mitlüge der individuellen Situation, die glaubt, dass beides unter einem Hut versammelt werden kann.

Und das ist, jedenfalls, wenn man sich auf Adler und seine Ideen bezieht, sicher nicht der Fall.

Sperber erinnert sich: „Mehrere Jahre nachher, als alles zu Ende war, fragte ich mich, warum er gerade mir, dem Adoleszenten, so vieles anvertraute. Es ist wahr, damals erstaunte es mich nicht und flößte mir auch kein Gefühl von Stolz ein [sic!] […] Ja, erst jetzt wundere ich mich darüber, aber damals, in der Sonne seiner stets gleich bleibenden Gunst, suchte und fand ich nur Gründe, ihn zu bewundern, mit ihm in allen wesentlichen Fragen übereinzustimmen. […] Er war mir ein vorbildlicher Lehrer, dem mein Leben lang dankbar zu bleiben ich mir in jenen Jahren versprach." (Sperber, M. 1975, S. 77f.) Und so bleibt es auch 50 Jahre später, beim Niederschreiben der Erinnerungen.

Die Dankbarkeit ein Leben lang ist also ein Programm, das Sperber durchzuziehen sich vorgenommen hat. Und so setzt er 1926 den fulminanten Schlusssatz unter seine Adlerbiographie: „… diese Leistung konnte nur der hervorbringen, der vom Pathos der Gemeinschaft beseelt war, der sich gedrängt fühlte, jene Lehre zu schaffen, die alle, die sie kennenlernen, mit einer Lebensaufgabe belastet: voranzugehen bei dem Abbau des Strebens nach Macht und bei der Erziehung zur Gemeinschaft […] Alfred Adler ist das soziale Genie unserer Zeit." (zit. in Sperber M. 1975, S. 129)

Das sind, in der Tat, starke Worte. Adler muss sehr geschmeichelt gewesen sein, trifft doch auch das Pathos genau die Tonart, in der auch er selbst sich äußerte und die den Enthusiasmus für Erkenntnis nahm: „In unseren Kindern liegt die Zukunft des Volkes! […] Tobt heute der Kampf um die Geistesfreiheit, rütteln wir heute an den Säulen des Aberglaubens und der Knechtschaft, so werden sich morgen unsere Kinder sonnen im milden Lichte der Freiheit und unbekümmert um die Drohungen moderner Denkungsart an den Quellen des reinen Wassers schlürfen […]" (Adler, A. 1922, S. 42) und so weiter. Sozialdemokratische Ideen von Freiheit, Gleichheit und Gerechtigkeit vermischen sich mit jenen zur Verbesserung des Individuums, indem sein Gemeinschaftsgefühl gestärkt wird.

Es sind normative, moralisierende Setzungen, die Adler für Theorie hält.

Die Individualpsychologie versprach, ein taugliches Instrument bei der Errichtung des Sozialismus zu sein, ein Kampfmittel, das den Revolutionären einen Vorteil gegenüber ihren Feinden verschaffte, indem sie die Menschen hin zu ihrem „natürlichen" Gemeinschaftsgefühl brachte, was wiederum als die Voraussetzung für solidarisches, klassenbewusstes Handeln galt.

Die nüchterne, auf Konflikt und Kompromiss basierende Psychoanalyse mit ihrer deterministischen Triebtheorie und der Betonung des Wiederholungszwangs war natürlich einem solchen ideologischen Interesse zuwider – es konnte geradezu keine Verständigung geben.

Das Ende einer Beziehung

Sperber musste die für ihn so formende und wichtige Beziehung zu Adler aufgeben, nicht freiwillig freilich. Adler hat ihn fallengelassen, ohne Diskussion und Angriff, ohne Begründung sogar. Zwei Stränge kommen in der Entfremdung der beiden zusammen: die immer linkere politische Position Sperbers, die Zugehörigkeit zur Kommunistischen Partei, seine Reise nach Russland und die Teilnahme am Psychologenkongress in Moskau. UND: seine Weigerung, das von Adler bestellte Werk gegen Freud zu schreiben. Letzterem gibt Sperber selbst in seiner Autobiographie die Hauptrolle in dem Drama. Sperber war ein großartiger Polemiker, der vor keinem Angriff auf Freud und die Psychoanalyse zurück-schreckte, das gesamte Werk von 1926, in dem er Adlers Leben darstellte, war von der Abgrenzung gegen Freud und die Psychoanalyse getragen. Aber es war eine Schrift über Adler und die Individualpsychologie gewesen, ein Geschenk an seinen Mentor und sein Vorbild. Nun verlangte Adler von ihm den nächsten Liebesbeweis: eine Kampfschrift gegen Freud; er wollte einen großen Vorschuss auf das Buch besorgen und einen Verlag, war sicher, damit in Amerika vor allem einen großen Erfolg landen zu können und war anscheinend vollkommen überzeugt davon, dass Sperber selbstverständlich annehmen würde.

Was dieser aber nicht tat. Er roch den Braten: „Ich […] hatte keine Zeit und vor allem keinen Grund, eine Kampfschrift gegen Freud zu veröffentlichen, die, gleichviel wie ich es anstellte, jedem als eine wenn auch indirekte, persönliche Abrechnung Adlers mit dem Begründer der Psychoanalyse erscheinen musste." (Sperber, M. 1975, S. 267) Er fühlte sich benutzt und funktionalisiert: „Am peinlichsten berührte mich an diesem Vorschlag, dass er jenen recht zu geben schien, die […] mir vorgeworfen hatten, ich hätte mich von Adler missbrauchen lassen und seiner Rancune gedient." (Sperber, M. 1975, S. 268)

Sperber lehnte also ab – damit war es aus zwischen den beiden – schmerzlich für Sperber, der aus der Position des Lieblingssohnes gefallen war, oder, wie seine Biographin Stančič es ausdrückt: von Adler „abgehängt" worden war, „wie so viele vor ihm […]" (Stančič, M. 2003, S. 172). Es gab noch ein paar gequälte und polarisierende Begegnungen – zuletzt auf dem individualpsychologischen Kongress in Berlin 1930, aber keine offene Auseinandersetzung. Sperber hörte auf zu existieren für Adler und damit auch für die Adlerianer, er war Luft für sie, wenn er im Cafe Siller auftauchte, sie kannten ihnen nicht mehr. Wohl hatte Sperber es schon vorausgesehen: „Ich wusste, nein, ich ahnte, ich begann zu befürchten, dass er eines Tages auch über mich so vernichtende Urteile fällen und keinen Rekurs zulassen würde." Nun war es geschehen und „kein Rekurs" war zulässig. Die unpolitische, „reine" Individualpsychologie hatte sich den linken Rand abgeschnitten, Adler sich von seinem Ziehsohn getrennt, als er zu eigenständig geworden war und sich geweigert hatte, ein Apologet zu bleiben und den Krieg seines Meisters zu führen.

Beide aber blieben im „Orbit Freud": es ist wahrscheinlich kein Zufall, dass sich der letzte Streit an der Kampfschrift gegen Freud entzündet hat. Nichts hat Adler so beschäftigt wie die alten Auseinandersetzungen mit Freud und der Psychoanalyse und die Entwicklung seiner eigenen Gedanken hat immer in

Abgrenzung zu dem „modernen Hexenglauben" (Sperber) Psychoanalyse stattgefunden – die Geschehnisse in der Wiener Psychoanalytischen Vereinigung, die zum Austritt der Gruppe um Adler geführt haben, hörten nie auf, ihn zu beschäftigen und immer fühlte er sich darin von Bosheiten, Verdrehungen und Missgünstigkeiten verfolgt, auch, als seine Eigenschöpfung schon längst erfolgreich war und er in Amerika und Europa eine große sozialreformatorisch-pädagogische Bewegung geschaffen hatte – Freud und die Konkurrenz zu ihm blieb für Adler bestimmend.

Und so wenig, wie Adler sich aus dem Schatten Freuds befreien konnte – entgegen allen selbstbewussten und erfolgreichen Anscheins – so wenig konnte sich Sperber aus dem Schatten Adlers befreien – trotz seiner radikalen Spielart des individualpsychologischen Ansatzes und seines selbstbewussten Auftretens gegen die manipulativen Forderungen des Lehrers und „Meisters". An Freud haben sie sich entzweit. Adler hat in gewisser Weise an Sperber wiederholt, was ihm selbst mit Freud widerfahren ist. „Es dauerte viele Jahre, ehe ich den Schmerz überwand. […] Er hatte mir, allerdings nicht nur mir, das Böse weitergegeben, das Freud ihm zugefügt hatte."

Welches Böse war das? Die Trennung aus einem Arbeitsverhältnis, in dem sich unüberbrückbare Differenzen breit gemacht hatten, Meinungsverschiedenheiten, die keine weitere Zusammenarbeit gestatteten? Solche Auseinandersetzungen gehen ja selten ohne persönliche Beleidigungen und Kränkungen ab und wir dürfen vermuten, dass auch Freud nicht ganz frei von Enttäuschung gewesen ist, als sich Adler, den er schätzte, als ein solcher Gegner der Idee von Trieb und Sexualität erwies. Aber böse? Ob das die richtige Art ist, einen Konflikt um Ideen zu bezeichnen? Sprechend jedenfalls charakterisiert es die Enttäuschung und den Schmerz, die beide, Adler mit Freud und Sperber mit Adler, erfahren mussten. Deswegen ist es noch lange keine zutreffende Einschätzung.

Sperber hat darüber hinaus sein Lebensprogramm erfüllen müssen: nicht aufzuhören mit der Dankbarkeit dem Meister gegenüber. „Es kam darauf an, die Erinnerung an das Gute, das ich Adler verdankte, keinen Augenblick durch das Unrecht verdunkeln zu lassen, das er mir antat." (Sperber, M. 1975, S. 272) Das ist Adler mit Freud nicht gelungen, die Polemik, die er im Inneren dauernd und manchmal auch lange Jahre auch laut vor dem rezeptiven Ohr des jungen Sperber führte, mündete nicht in die viel beschworene Unabhängigkeit von Freud, besser: von der Psychoanalyse. Noch heute scheint kein Individualpsychologe an Freud und dem Vergleich vorbeizukommen. Sogar in der neuesten Publikation zu „100 Jahre Lehre Alfred Adlers", von Rattner/Danzer, eben erschienen, findet sich bereits im Geleitwort der, gegen den sich alles richtet: Bereits in den Publikationen von 1904 und 1905 („Der Arzt als Erzieher"), so ist es den Autoren wichtig klar zulegen: „rückte [Adler] vom Welt- und Menschenbild der Freudianer ab. Er sieht im Kind ein soziales Wesen, das nicht durch seine Triebe von vorneherein antagonistisch zur Gesellschaft und zur Mitmenschlichkeit steht. […] Die ganze Erziehungsgläubigkeit Adlers, die leider bei Freud fehlt, kommt hierin zum Ausdruck." (Rattner, J., Danzer, G. 2007, S. 7)

Sie bedienen hier den gleichen Impetus, den auch Sperber in seiner Schrift über Adler von 1926 erfüllen musste: des „Meisters" ab ovo Autonomie zu beweisen, zu zeigen, dass er NIE ein Freudianer war, sondern immer schon ganz originell und unabhängig war, wie es sich für einen Gründer gehört.

Irgendwie muss ich dem – ehrlich gesagt – auch zustimmen. Denn selbst in den frühen Arbeiten Adlers, als er noch mit Freud Zigarren rauchte, findet sich streng genommen nichts, das der Auffassung Freuds von sexueller Lust, infantiler Sexualentwicklung, dem Unbewussten und der Verdrängung, um nur summarisch die „Core Concepts" aufzulisten, entsprechen würde. Selbst in der immer angeführten Arbeit über den Aggressionstrieb von 1908, dem einige Autoren einen ungeheuren Pioniercharakter zuschreiben möchten (wie etwa auch Bernhard Handlbauer in seiner verdienstvollen Darstellung der ganzen Kontroverse. Handlbauer, B. 1990, S. 67ff.) kann ich nichts von dem Freudschen Lustprinzip finden. Adlers Trieb ist ein „Organtrieb" und dementsprechend ist der „Sexualtrieb" bei ihm ausschließlich an die Sexualorgane gebunden, der Aggressionstrieb kommt nur in der Verschränkung mit diesen so verstandenen Sexualtrieben vor.

Diese Einschränkung der Sexualität auf den Ort von Sexualorganen kommt natürlich einer Kastration der gerade eben sich herausbildenden psychoanalytischen Theorie gleich und es könnte sein, dass ein Teil der anscheinend heftigen mutuellen Affekte, die dabei herumgeflogen sind, auch darauf zurückzuführen sind, dass allen – mehr gespürt als gewusst – dämmerte, dass es sich um eine Kastration, also einen wahrlich heftigen Angriff handelte.

Nach dem Bruch von Adler reduzierte Manès Sperber sein aktives Interesse an der „politischen Psychologie", 1933 sorgten die Nazis dafür, dass er emigrieren musste und über Prag, Wien, Zagreb nach Paris kam, von wo er 1943 in die Schweiz flüchtete. Der Propagandist und Agitator der kommunistischen Sache wich mehr und mehr dem linken Humanisten, der in großen Romanen, paradigmatisch die Trilogie „Wie eine Träne im Ozean" (1961) und Essays die politischen Wahnsinnigkeiten des 20. Jahrhunderts schilderte und – mit verhaltenem, aber hörbarem Pathos – anprangerte.

Die Frage, die er sich seit seinen Kindertagen in Wien nicht zu stellen aufgehört hatte, blieb unbeantwortet: „Warum, wollte ich wissen, warum war es gleichermaßen schwer, mit einer Illusion und ohne sie zu leben." (Sperber M. 1970, S. 2) Die Illusion, in Adlers Individualpsychologie eine tragfähige Theorie des revolutionären Handelns an der Hand zu haben, die Illusion, mit der politischen Psychologie à la Adler den neuen Menschen zu befördern, die Illusion, in ihm einen verlässlichen und konstanten Bezugspunkt gefunden zu haben, all das zerstob; und dennoch hielt Sperber daran fest, so sehr, dass er die alten Schablonen von der Gemeinschaft, der Minderwertigkeit und dem männlichen Protest auch 1970 (!) immer noch als die eigentlich wertvollen Erkenntnisse der Psychologie feierte und dabei keinen Rekurs zuließ. Wie in der Politik konnte er auch hier nicht mit, aber auch nicht ohne Illusion leben.

Der Narzissmus der kleinen Differenz

Streitigkeiten wie diese – zwischen Adler und Freud, zwischen Adler und Sperber, zwischen Freud und Jung, Stekel, Wittels, Reich, Ferenczi, Anna Freud und Melanie Klein, damit auch die Frauen sich als zänkisch genug erweisen, durchziehen die Geschichte der Psychoanalyse wie ein roter Faden, oder besser: wie viele multikolorige Fäden. Trennungen und Spaltungen kommen nahezu so häufig vor wie neue Ideen, sodass man auch auf die Idee kommen könnte, dass jede neue Idee eine neue Gruppenbildung erfordert, als wäre jede andere Auffassung unvereinbar mit dem Gefühl, noch dazuzugehören. Dieses – gruppendynamische – Phänomen findet sich ja nicht nur in der Psychoanalyse; die Geschichte der Religionen, der politischen Parteien, aller Zusammenschlüsse von Menschen um eine Sache herum, ein Ziel, ein Paradigma, was auch immer, das sich als etwas außerhalb von ihnen selbst Befindliches definieren lässt, ist voll von solchen Abgrenzungs- und Ausgrenzungsbewegungen, Spaltungen, Feindschaften. Immer dort, wo es um eine – tatsächliche oder vermeintliche – Wahrheit geht, zu deren Bewahrung und Ausarbeitung sich die jeweilige Gruppe zusammengefunden hat und die gegen Verwässerungen, Verballhornungen etc. zu verteidigen ist, findet der Spaltpilz gute Ausbreitungsmöglichkeiten.

Freud selbst hat das den „Narzissmus der kleinen Differenz" genannt und meint damit ungefähr: dass die Ähnlichkeit des Nachbarn seine Unterschiedlichkeit in ein noch grelleres Licht rückt, die kränkender für das stolze Selbstbild ist, weil der Stolz dann weniger „zum Anhalten" findet als wenn das, was da geboten wird, ganz fremd ist. Die Wildheit der Auseinandersetzung, mit allem Drum und Dran, persönlichen Kränkungen und verheerendem Energieverschleiß gibt es nicht, wenn die Sache, die von jemandem vertreten wird, der eigenen ganz fremd und weit entfernt ist. Dann gelingt es ziemlich einfach, die ganze Geschichte und die damit verknüpften Personen zu ignorieren. Die Nähe macht's, dass es so gruslig werden muss.

Warum aber geht das nicht zivilisierter ab? Warum haben die verschiedenen Meinungen nicht Platz in einer Gesellschaft, im selben Taubenzüchterverein oder derselben wissenschaftlichen Gesellschaft? Warum geht es nur mit Spaltung und mit den erbitterten Kämpfen um die ganze, ungeteilte Wahrheit, als handelte es sich um den Religionsstreit der Reformationszeit, oder, was von der Größenordnung her ein adäquaterer Vergleich ist: wie bei den Spaltungen der streng orthodoxen jüdischen Gemeinden, die sich jeweils um einen Rabbi bilden, dessen Nachfolge dann oft zum unauflöslichen Streit und der Trennung führt. (Engelberg, M. 2007, S. 6–11)

Die Antwort darauf ist nicht einfach und einfach zugleich. Auch hier kommt es wieder auf die Perspektive an. Einfach wird sie, wenn wir die implizite, und oft auch aggressiv genug vorgetragene Idealisierung betrachten, die in der Forderung steckt: wenn man analysiert ist, sollte man es doch besser wissen. Also wie, bitte sehr, soll man denn dann sein, wenn man analysiert ist? Frei von menschlichem Makel? Unberührt von Rivalitäts- und Konkurrenzgefühlen? Ohne ödipale Wünsche: Neid und Missgunst, Ehrgeiz und Gier? Also so was Ähnliches wie ein nicht-menschlicher Mensch, einer, der durch das Purgatorium der Analyse befreit ist von allem, was uns selbst plagt?

Idealisierungen der Psychoanalyse und vor allem ihrer Protagonisten, der AnalytikerInnen, ist eine der beliebtesten Formen von Abwehr – und der gleich daneben wohnenden Entwertung. Denn natürlich kippt die Figur ins komplett negative, wenn sie sich als nicht so ideal erweist, wie sie sein sollte. Ich erinnere mich – kleine, aber bezeichnende Anekdote – an den hämischen Ausruf einer Dame, als sie von der langen Leidensgeschichte eines gemeinsamen Bekannten hörte: „Er als Analytiker hat ein Magengeschwür!", so, als ob es ein Skandal wäre. Oder: Der Analytiker, der sich, voll schlechten Gewissens bei seiner Patientin für seine Verspätung entschuldigt, wird von dieser abgefertigt mit der verächtlichen Auskunft, dass sie sich von einem Analytiker was anderes erwartet hätte: vielleicht, dass er sich von Schuldgefühlen gänzlich befreit hat – ohne kleine miese Gefühle denken und handeln kann – ganz klar und hellsichtig? Die Figur des Weisen, des Sehers schimmert hier durch, der in vielen religiösen und kulturellen Zusammenhängen die Projektionsfläche für Wünsche bildet, die sich darauf beziehen, die schwierige Arbeit der Akkulturation, der Beherrschung der Triebe und der Arbeit an der Zivilisation nicht selbst machen zu müssen, sondern Befreiung und Erlösung von jemandem passiv zu empfangen, den man vorher mit Ansprüchen ausgestattet hat – an den man die ganze Arbeit des Purgatoriums delegieren konnte.

Die Analytiker haben sich besonders in Zeiten von expansiver Wissenschafts- und Fortschrittsgläubigkeit dafür natürlich auch besonders angeboten: hier schienen auf einmal – überhaupt in der der amerikanischen Variante der Psychoanalyse – die Weisen im Dreiteiler und in bequemen Lederfauteuils aufzutauchen, vielleicht mit Wiener Akzent (wie der Psychiater in Hitchcocks Film: „Spellbound" mit Ingrid Bergmann und Gregory Peck), zivilisierte Zeitgenossen eben und doch ausgestattet – laut Lacan? – mit der Unterstellung des Wissens. Und wehe, sie haben es nicht! Nämlich das, was unterstellt wird – und das ist, denken Sie etwa an das Beispiel mit dem Magengeschwür – ja nicht unbedingt (eigentlich nie!) das, was an Wissen tatsächlich da ist und die Expertise und das Handwerkszeug des Analytikers ausmacht.

Das ist der einfache Teil der Antwort auf die Frage, warum es so viel Streit und Trennungen hat geben müssen in der Geschichte der Psychoanalyse. Inzwischen ist das übrigens ziemlich vorbei, auch in der Psychoanalyse gibt es eine „neue Beliebigkeit", könnte man sagen. In der Internationalen Psychoanalytischen Vereinigung (IPV) haben sehr viele verschiedene Meinungen Platz und ganz unterschiedliche theoretische und klinische Traditionen sind in ihr vertreten. Die Gruppierungen bilden sich oft um Persönlichkeiten, die besondere Beiträge zur Theorie der Psychoanalyse leisten und in ihrer Arbeit einen neuen Ton, eine neue Art, zu denken einführen, die etwa meinen, etwas Zentrales, Ergänzendes oder auch Neues, etwas gegen die „alten Wahrheiten" Gerichtetes entwickelt zu haben. Die Zahl dieser Namen ist groß, sehr groß; oft führt das auf Kongressen oder Publikationen auch zu Verständnisschwierigkeiten und es vergeht manchmal Zeit damit, die Begriffe zu klären, weil sie so verschieden verstanden werden können. Auch die psychoanalytische Theorie kennt ihre Moden: während die gute alte Triebtheorie inzwischen – bis auf hartnäckige Bastionen in Wien und Frankreich – ziemlich aus der Mode gekommen ist, ist dies mindestens ebenso richtig für die Selbstpsychologie, die Ich-Psychologie und die klassischen entwicklungspsychologischen Ansätze. Dafür ist ganz groß in Mode die „Transference focussed Psychotherapy" und die interaktionistischen Ansätze, die sich mehr um das Geschehen zwischen den beiden beteiligten Personen kümmern als um das innere Geschehen des Patienten. Und den absoluten Hit landet derzeit, jedenfalls in den deutschsprachigen und angelsächsischen Ländern das sogenannte neokleinianische Paradigma, das sich auf die Arbeit von Melanie Klein bezieht, die sich in den dreißiger Jahren mit Anna Freud vor großem Publikum in London und Wien darum gestritten hat, wann der Ödipus Komplex beginnt und mit ihren Ansichten in England sehr großen Einfluss gewann.

Jaques Lacan und Melanie Klein sind sicherlich die erfolgreichsten Schulengründer nach Freud selbst, aber auch Otto Kernberg, Searles, Fairbairn, Winnicott, Roy Schafer, Margaret Mahler, Frieda Fromm-Reichmann, um nur einige zu nennen, haben großen Einfluss gehabt und die Entwicklung von psychoanalytischen Vorstellungen geprägt.

Etwas pointiert, aber nicht ganz unrichtig kann man sogar sagen, dass jeder, der die Psychoanalyse lernt, sie irgendwie für sich selbst neu erfinden muss; er muss die Konzepte durchdenken und auch „durcherfahren", in seiner eigenen Analyse und einen „Stil" erwerben – und das ist harte Arbeit. Deswegen ist das Schreiben und Vortragen, die Diskussion mit KollegInnen, die Supervision so zentral; all dem Reflektieren und Gegenchecken an den Vorstellungen anderer und der großen Figuren der Theoriegeschichte – und das nimmt viele Jahre ein – kommt eine große Bedeutung beim Erwerb der eigenen psychoanalytischen

Identität zu – neben den emotionalen und intellektuellen Erfahrungen in der eigenen Analyse und mit den eigenen Patienten, die einen auf jeden Fall durch Himmel und Hölle schicken – soviel ist klar.

Und so gesehen, scheint es dann auch wieder nicht so ein großes Wunder, dass sich die intellektuell Beweglichsten, die Interessierten, die Ehrgeizigen – jedenfalls viele berufen fühlen, ihre Ideen zu präsentieren und öffentlich zu machen, der Diskussion zu stellen; und das ist auch gut so. Manchmal, letztens immer seltener, führt das zu unüberbrückbaren Streitereien um die wirkliche Wahrheit oder um die einzig richtige Möglichkeit, eine Analyse zu machen, die einzig richtige Art, Analytiker zu werden, oder was auch immer. Damit will ich nun die Meinungsverschiedenheiten und Diskussionen nicht nivellieren, im Gegenteil: sie machen Spaß und stärken die Denkmuskeln. Auch, wenn man manchmal auf einige verzichten könnte wie z. B. auf die Debatte um die Frequenz. Wie viele Stunden in der Woche muss ein Patient auf die Couch, damit es eine richtige Analyse ist, die er da macht? Zwei, drei, vier, fünf oder gar sechs, wie es in den zwanziger Jahren des 20. Jahrhunderts von der noch jungen IPV gefordert worden war? In England z. B. sind fünfstündige Analysen die Norm, dafür gibt es aber auch immer weniger Patienten, die sich das – zeitlich und finanziell – leisten können. In Deutschland sind die Analysen wohl meist dreistündig, das hängt aber auch mit den Krankenkassenregelungen zusammen. In Frankreich geht es überhaupt drunter und drüber, da sind sogar die Stunden selbst verschieden lang – wenn man etwa einen Analytiker hat, der in der Tradition von Lacan steht, wird er gar keinen fixen Dauern für die Stunden angeben, sondern nach seinem Eindruck über das Übertragungsgeschehen die Stundendauer variieren. Von wenigen Minuten bis zur vollen Länge von 45 Minuten oder auch darüber hinaus. Natürlich ist Lacan für diese Praxis heftigst kritisiert worden – sie mache die Patienten noch abhängiger, als sie es ohnehin im übertragungsneurotischen Geschehen schon sind; und diese Kritik wurde nicht zu Unrecht laut, wie ich finde. Psychoanalytisches Denken lässt sich kaum an der Häufigkeit der Sitzungen festmachen, es ist im Kopf des Analytikers oder eben nicht (und dann gibt es noch die „Tagesverfassung"; manchmal ist man einfach besser, und mit manchen Patienten ist man einfach besser als mit anderen; so ist das Leben!) – aber es stimmt auf der anderen Seite auch, dass – je öfter ein Patient sich dieser Übung stellt – der analytische Fluss, der ja das Unbewusste überlisten will, mehr Chancen hat, in Gang zu kommen und nicht von

Widerstandshaken und -räusen abgefangen zu werden – übrigens auf beiden Seiten.

In meiner eigenen Erfahrung gibt es keine wirklich gute Regel für die Frequenz, außer vielleicht der: dass weniger als zwei Stunden reine Zeitverschwendung ist und vier Stunden wünschenswert sind, aber eben oft nicht machbar. Eine Stunde in der Woche kann womöglich eine ganz solide psychotherapeutische Arbeit beinhalten, bei der ein Angstpatient, ein depressiver oder ein psychotischer Patient gut behandelt werden kann, profitieren kann von der regelmäßigen klaren und unabgelenkten Aufmerksamkeit, der wohlwollenden Neutralität und Diskretion. Aber eine psychoanalytische Arbeit, also eine, die die Dynamik von Übertragung und Widerstand im Auge hat und meint, dass sich in ihr die Schlüssel zum Leiden werden finden lassen, ist mit dieser Frequenz völlig aufgeschmissen. Das Unbewusste ist allemal schneller, vor allem beim Verdrängen und Verleugnen – und eine Woche später kommt ein Patient zurück, der von nichts etwas weiß – und, wie wir wissen, auch alle guten Gründe hat, es nicht wissen zu wollen.

Außerdem denke ich, dass die Psychotherapeuten, die prinzipiell mit einer Stunde pro Woche arbeiten, gar nicht daran denken, in eine tatsächlich dynamische Arbeit mit ihren Patienten einzutreten – die sich bzw. nicht gerne hassen lassen – worauf sich die Analytiker zwar auch nicht gerade freuen, aber doch sehr verwundert sind, wenn nicht früher oder später in einer Behandlung eintritt, dass der Patient grundlegend wütend und nachhaltig hasserfüllt wird. Das gehört auch zum Leben – nicht nur in der Analyse. Und wenn es nicht passiert, gibt es prinzipiell zwei Gründe: Entweder der Analytiker versteht sein Handwerk nicht und weicht dem aus, indem er sich selbst und dem Patienten eine oberflächliche, idealisierende Harmonie erhält (häufig in Lehranalysen!) oder die Angst und Aggressionshemmung des Patienten ist so groß, dass er über ein höfliches Geplauder hinaus sich nicht in eine therapeutische Verwicklung begeben kann (häufig bei Zwangs- und phobischen Patienten).

So sind wir über die Diskussion der Frage, was es denn nun mit den Streitigkeiten in der Psychoanalyse auf sich hat, in ganz anderes Fahrwasser geraten. Aber immerhin haben wir auf diesem Nebengleis gleich etwas darüber gehört, warum eine Therapie so lange dauert und so oft sein muss. Wenn man es doch auch effizienter und billiger haben kann. Kann man? Vielleicht – hoffentlich (!) – ist schon ein wenig deutlich geworden, dass die Länge und Häufigkeit mit den Eigentümlichkeiten des Prozesses und vor allem des Untersuchungsgegenstandes selbst zusammenhängt. Das Unbewusste, worum es ja hier geht, will sich eben nicht zeigen, oder nur in „slips" und Fehlleistungen, Träumen und Vorlieben, Witzen, Gefühlen, die man nicht versteht und dennoch ertragen muss (von Liebe bis Hass).

Um es zu überlisten, brauchen wir den Redefluss = Gedankenstrom, der sich einstellt, wenn man anfängt, mit einem anderen Menschen über die eigenen Gedanken sich mitzuteilen, das ist die eine Bedingung für das Gelingen der Überlistung. Die zweite notwendige Bedingung ist die Neutralität des Zuhörers, die dem erst Raum geben kann, was sich äußern soll, aber auf den heftigsten Widerstand des Wachbewusstseins stößt. Und an diesem Punkt angelangt, ist es wohl Zeit für einen weiteren Exkurs in einen zentralen Begriff der Psychoanalyse.

Der Widerstand

Unbewusste Strebungen, Triebwünsche und davon abgeleitete Gedanken sind nicht immer stubenrein. Sie finden nicht ohne weiteres Einlass in den Salon unseres Wachbewusstseins, um ein schönes Bild von Freud dafür zu verwenden. Wer will schon so genau wissen, dass er den Rivalen am liebsten töten würde, nicht vor Mord und Totschlag zurückscheut (in der Phantasie!), wenn es um die Durchsetzung ehrgeiziger und/oder erotischer Bedürfnisse geht; von den inzestuösen und ödipalen Wünschen ganz zu schweigen. Die Idee des Unbewussten an sich ist ja – circa 115 Jahre nach ihrer systematischen Beschreibung – nichts wirklich Schwieriges mehr. Darauf, dass wir vieles im Autopilot-Modus erledigen, kann man sich leicht einigen. Große Teile unseres Wachbewusstseins funktionieren unbewusst – Autofahren ist etwa ein gutes Beispiel dafür: Zum Glück können wir die meisten Dingen, die notwendig sind, um das Fahrzeug zu lenken, ohne direkte und gerichtete Aufmerksamkeit erledigen und können uns mit der bewussten Aufmerksamkeit zum Beispiel mit dem Beifahrer unterhalten oder konzentriert einer Radiosendung zuhören. Dieses Unbewusste ist weder strittig noch schwierig, es hilft uns, ist ein Filtermechanismus zur Trennung von Automatismen und Konzentrationserfordernissen. Aber auch in Träumen und im Reservoir aller unbewusst gewordenen Erinnerungen und anderer Informationen können wir es ausmachen, und alle, Kognitions- und Neurowissenschaftler sowie Psychoanalytiker können sich darauf einigen, dass diese Reservoirs voller unbewusster Inhalte sind und dass es riesige Mengen „unbewusster Informationsverarbeitung" gibt. Dafür hat sich der Name „deskriptives Unbewusstes" eingebürgert: Alles, was sich als unbewusst beschreiben und dieser psychischen Funktionsweise zuordnen lässt, fällt in diese „Baustelle".

Die Psychoanalyse ist also nicht allein in diesem weiten Feld, das sie sich mit den inzwischen sehr in Mode gekommenen Neurowissenschaften teilen darf. Gut so. Aber sie beansprucht noch eine eigene Ecke der Baustelle, um die sie einen Zaun errichtet hat und ziemlich sauer reagiert, wenn jemand anderer da Kieselsteine, Mörtel oder gar die Baupläne klauen will (was aber alle Tage vorkommt). Diese Ecke hat sich der Bebauung des „dynamischen Unbewussten" verschrieben und baut daran seit gut 115 Jahren, ohne noch auch nur den Plan fertigzukriegen, den die anderen aber doch schon immer klauen wollen ... Was ist nun dieses dynamische Unbewusste? Genau weiß es niemand zu sagen, denn es scheint nicht so zu sein, dass wir ein materielles Substrat dafür finden. Auch wenn unsere Freunde, die Hirnforscher das so meinen, wie etwa der freundliche Professor Gerhard Roth, der folgendes – sogar im Landtag von Niedersachsen gesagt hat (worauf ich mir denke, dass die Hirnforscher wirklich wichtige Leute sind, die dürfen sogar vor den Politikern reden; wie vor ein paar Jahren auch Wolf Singer, der wohl noch berühmter ist als Gerhard Roth auf dem Geburtstag von Kanzlerin Merkel die Festrede hielt. So wichtig werden wir PsychoanalytikerInnen nie werden! Merke: Spätestens, wenn Vertreter einer Wissenschaftsdisziplin bei Geburtstagen von PolitikerInnen reden, ist ihre Disziplin hip! Das bringt Geld fürs Institut und Anerkennung für den Chef und die wieder Geld und so weiter ... Dagegen sind wir Psychoanalytiker echt die armen Schlucker, keiner redet mit uns und niemand gibt uns Geld ...). Also, Gerhard Roth sagte in seiner Rede vor dem Landtag:

„Die Antwort auf die [...] Frage: ‚Warum ist Einsicht schwer zu befolgen?' ergibt sich aus eben der Tatsache, dass die Ebene des Sprachlich-Logischen-Bewussten wenig Einflussmöglichkeiten auf die Instanzen in unserem Gehirn hat, die letztlich unser Handeln bestimmen. Diese Instanzen bilden sich sehr früh in unserem Leben aus und legen weithin den Rahmen fest, in dem sich unser Ich später entwickelt. Die Tatsache, dass wir über uns reden und nachdenken können, täuscht uns darüber hinweg, dass unser bewusstes Ich nicht der große Boss, sondern ein Instrument, ein Hilfsprogramm unseres Gehirns zum Problemlösen und zur Handlungssteuerung ist. Die letzten Entscheidungen besorgen andere Instanzen in unserem Gehirn. Bewusst gewonnene Einsichten werden dann befolgt, wenn sie im Einklang mit allen bisherigen Erfahrungen und den sich daraus ergebenden Erwartungen stehen, die im limbischen System verankert sind." (Roth, G. 2000)

Es ist natürlich ein bisschen gar unfair, aus diesem Zitat zu ziehen, dass Roth meint, das Unbewusste sitze im limbischen System und verhindere die Umsetzung von Entscheidungen und Einsichten, wenn sie nicht zum Inhalt des unbewussten Reservoirs passen. Roth weiß dazu mehr und Differenzierteres zu sagen (z. B. in seinem großartigen Buch „Fühlen, Denken, Handeln" von 2001, das 2003 in einer erweiterten Fassung neu erschienen ist.) Aber für den Moment soll es gut sein und uns genügen, denn genau darum geht es: So leid es uns tut, und auch Herr Roth weiß das, wir können keine genauen Strukturen angeben für das, was sich Unbewusst im dynamischen Sinn nennt: klar ist nur, dass es sich um materielle Strukturen handeln muss – sonst würden wir ja wieder die Seelendiskussion von vor dreihundert Jahren führen müssen – und das mit der Nicht-Immaterialität der Seele hat sich ja wohl etwas überholt. Aber der Rest: unklar.

Freud hat sich mit einem Trick beholfen: er hat von der psychischen Energie gesprochen, die sich zwar nicht direkt beobachten, schon gar nicht messen lässt, die er aber im Prinzip durchaus quantitativ verstanden wissen wollte (wie die physikalische). Psychische Energie ist der Träger der Dynamik, die z. B. dafür sorgen will – eigensinnig immer wieder! ohne Lerneffekt! schlimmer als mein junger Hund! –, dass Triebwünsche das Bewusstsein erreichen und sich irgendwie durchsetzen, es irgendwie schaffen, ein Triebobjekt zu finden, und da ist der Wunsch, der auf der Energie daher reitet, nicht wählerisch: er nimmt quasi alles, was sich auch nur irgendwie anbietet. Sagen wir z. B. ein oraler Triebwunsch gibt sich auch mit einer Zigarette zufrieden, gern sogar, wenn er mit dem Glimmstängel zugleich zwei psychische Bewegungen hinkriegen kann: das Ausstoßen (exhale) und das Aufsaugen (inhale). Sehr praktisch! und mit dem Nikotin auch noch mit einem guten, stabilen Suchtfaktor unterlegt, der den Hirnzellen (im limbischen System, aber auch anderswo) eine angenehme Einnebelung verschafft; und das alles, obwohl ja eine Zigarette jetzt nicht gerade den allerhöchsten Befriedigungsfaktor bietet, wenn man etwa an Küsse denkt … oder an etwas wirklich Feines aus der Konditorei, oder …

Die Wiederholung, der zwanghafte Zug, der in diesen Befriedigungen steckt, kommt, so die psychoanalytische Vorstellung, daher, dass es eben nur kurz gut ist, und dann bald wieder eine Bedürfnisspannung sich auftut, ein Mangel erlebt wird, der nach einer neuerlichen Befriedigung verlangt. Und weiters, weil die Triebregungen sich nicht von den sogenannten Primärobjekten trennen lassen, mit denen sie entwickelt wurden. Damit ist nicht mehr und nicht weniger gemeint, als dass sich die Triebregungen und ihre Befriedigungen einschreiben in das Beziehungsgeflecht, in welchem ein Menschenkind sich bewegt und sich mit Mutter, Vater, Oma, Tagesmutter etc. entwickelt – z. B. die Oralität, um beim Zigarettenbeispiel zu bleiben. „Triebschicksal" hat Freud das genannt. Das alles ist ziemlich biologisch gedacht – unter Zuhilfenahme physikalischer Rhetorik – und hat sich erfolgreich zwischen alle Stühle gesetzt.

Die Neurowissenschaftler sagen: wo ist das Substrat? Oder bestenfalls sagen sie: das dynamisch Unbewusste ist nicht mehr haltbar, weil es keine „psychische Energie" gibt, die wir finden können – das ist alles nur Metaphorik, noch dazu in der Sprache der Physik des 19. Jahrhunderts. Die Philosophen sagen: Zeigen Sie mir doch, lieber Herr Freud (oder liebe Frau Reiter, bitteschön!), wie das mit der Wissenschaftlichkeit der Psychoanalyse ist! Herr Popper tritt von links auf und sagt: „Psychoanalytische Erkenntnisse sind nicht falsifizierbar, also ist die PSA keine Wissenschaft!" Und noch ehe die kleinen Psychoanalytiker sich gefasst haben von diesem Schlag, nicht ohne, dass einige sich eilfertig daran gemacht haben, Herrn Popper tapfer entgegenzutreten, stürmt Adolf Grünbaum von rechts herein: „Falsch, Herr Kollege, ganz falsch. Die Psychoanalyse ist schon eine Wissenschaft, immerhin hat sie einen ganzen Theorierahmen vorgelegt und eine klinische Praxis, aus der sie die Erkenntnisse gewinnt, sie hat also beide Teile, die sich für eine Wissenschaft gehören, also nehmen wir sie beim eigenen Anspruch; denn derzeit ist sie in einem arg zerlemperten Zustand. Sie hat 100 Jahre auf dem Buckel und keines ihrer Konzepte ist empirisch überprüft worden – it's about time, ladies and gentlemen! Gehen Sie überprüfen!" (Grünbaum, A. 1988)

Okay, machen wir, gleich, sofort! Und in der Tat ist ein Beben durch die Community gegangen, große Katamnesestudien wurden angefertigt (was kommt dabei heraus? Und welche Methode schneidet bei den Ergebnissen besser ab?), Konzeptforschung wurde begonnen und psychoanalytische Klinik überprüft – z. B. was sind die Wirkfaktoren in der Psychoanalyse und was geht zwischen den beiden Beteiligten eigentlich ab? Viele Ergebnisse wurden gesammelt und neue Fragen aufgeworfen und der Wissenschaftsstatus der Psychoanalyse ist immer noch nicht geklärt – es gibt immer noch die einen, die sagen: Humbug, Wahn, oder nüchterner, wie Grünbaum: ganz nett die Idee, aber sicher falsch, weil man sie eben nicht empirisch wird zeigen können und dann bricht das ganze Ding zusammen. Denn was nicht Wissenschaft, das nicht gilt – jedenfalls nicht für die Wahrheitssuche. Vielleicht für den Küchengebrauch oder private Bedürfnisse, aber nicht, sorry, ladies and gentlemen, für die Wahrheit.

Die Psychoanalyse ist aber, denke ich, wohl keine Wissenschaft – auch, wenn mich jetzt meine Kollegen hauen und Freud sich von mir abwendet – halte ich dafür, dass das möglicherweise die einzige Position ist, die sie noch vernünftig einnehmen kann. Zumal wir ja bei den Wissenschaften, wie sie heutzutage herumlaufen, eh nicht in der allerbesten Gesellschaft wären: amputierte, kastrierte, kleinmütige, empirisch verseuchte Straßenräuber von dem, was mal die großen Wissenschaften waren … überhaupt in den Biowissenschaften: Denken wurde erfolgreich von der Empirie abgelöst, und insbesondere in der Medizin sind die Modelle, die dem Untersuchungsgegenstand – der ja immerhin der Mensch ist – angedient werden, nicht gerade komplex. Evidence Base – das neue Mantra der Medizin zum Beispiel – ist die Ablösung des Denkens, der Erfahrung, der Intuition, des methodischen Untersuchens, der Einzelfallberichte, des Selbstversuches und der Selbstuntersuchung durch Statistik und Doppelblindstudien. Nichts gegen Doppelblindstudien, aber die Supponierung als einzig zulässigem Erkenntnisweg ist irgendwie größenwahnsinnig. Evidenz klingt ja sehr bescheiden, so, als ob man sich hinter den Befunden beugt und nur die Fakten für sich sprechen lässt. Das ist auch die Idee, allein – es herrscht der Terror der Evidenz, die Geld, viel Geld braucht, um in Gang gesetzt zu werden und mit der Power der großen Peer Reviewed Journals triumphiert, und Impact Faktoren mit Erkenntnis verwechselt – es kommt mir immer vor wie ein Hollywood Film der Terminator oder Blade Machart – technizistisch zwar und auch noch ohne den Charme eines James Bond Filmes, ohne Ironie (Selbstreflexion) – mit einem Wort: ein altmodisches Modell, das ohne Ansehung von Subjektivität auskommt.

Aber das ist eine eigene Debatte, die mehr in Richtung Medizin weist; in der Medizin ist ja aber die Psychoanalyse zumindest insofern auch zu Hause, als sie in einigen Ländern einer zur Krankenbehandlung anerkannte Methode ist, deren Kosten ganz oder teilweise von den öffentlichen Versicherungssystemen getragen werden, so auch in Österreich und Deutschland. Deswegen schwingt die Evidenz-Keule in ihrer Richtung aus und bringt die Psychoanalytiker unter Druck, ihr Tun und Verstehen evidenzbasiert zu untersuchen und sich den Kriterien dieses wild gewordenen Faktenirrsinns zu beugen. Das kann natürlich nur zu ihrem Nachteil ausgehen, und dafür hat sie sich in den bisher bekannt gewordenen Ergebnissen der großen Nachuntersuchungsstudien erstaunlich gut gehalten (Vgl. z. B. M. Leuzinger-Bohleber, M., Stuhr, U., Rüger, B. & Beutel, M. 2001, 55: 193–276)

Ich finde ja, dass es nicht nur nicht schlimm ist, wenn sich – verglichen etwa mit dem Einsatz von Psychopharmaka – zeigt, dass die Psychoanalyse nicht so prachtvolle Heilungsraten vorzuweisen hat, NICHT, dass das ein Argument GEGEN die Psychoanalyse ist – eigentlich im Gegenteil ist es eher ein Argument gegen die Psychopharmaka, oder jedenfalls gegen das implizite aggressive Power-Argument, das darin steckt, wenn man diesen Vorwurf als richtig überhaupt akzeptiert. Wenn man meint, dass die psychoanalytische Kur zum Ergebnis haben muss, dass der Patient frei von unangenehmen Gefühlen, gestreamelined im allgemeinen postkapitalistischen Glücksgefühl, erfolgreich, schlank und gut verdienend daraus hervorgeht, dann ist es wirklich besser, Fluctine oder Clozapin zu nehmen. Und das – finde ich – ist kein Vorwurf an die Psychoanalyse, sondern an Prozac.

Schmerzen werden nicht vergehen, Depression darf sein, auch eine beliebig große Neurose darf der Mensch behalten, wenn er mag. Was kann er denn dann gewinnen? Ich vertröste Sie noch ein wenig und schließe noch ein – bekanntes – Zitat von Freud an, der in der „Neuen Folge der Vorlesungen zur Einführung in die Psychoanalyse" 1927 ein wenig therapieskeptisch, aber sehr psychoanalyse enthusiastisch feststellt: „Ich sagte Ihnen, die Psychoanalyse begann als eine Therapie, aber nicht als Therapie wollte ich sie Ihrem Interesse empfehlen, sondern wegen ihres Wahrheitsgehalts, wegen der Aufschlüsse, die sie uns gibt über das, was dem Menschen am nächsten geht, sein eigenes Wesen, und wegen der Zusammenhänge, die sie zwischen den verschiedensten seiner Betätigungen aufdeckt. Als Therapie ist sie eine unter vielen, freilich eine prima inter pares." (Freud, S. 1927, GW, 15, S. 169)

Was also kann der Mensch gewinnen, der sich diesem anstrengenden Prozess stellt und sich für ein paar Jahre seinen Einfällen und denen seines Analytikers anvertraut?

Freiheit und Anerkennung, wenn es nach Lacan geht, Gelassenheit und eine gewisse Selbstironie und eine gewisse freundliche Ironie der Welt und den anderen Menschen gegenüber und die Wahl, mit den eigenen Neurosen zu machen, was man möchte, wenn es nach mir geht.

Eine andere Debatte war die hermeneutische, also die, die aus der Psychoanalyse im Gegensatz zu den Fundamenten und Intentionen Freuds eine Deutungswissenschaft machen wollte und will. Hermeneutik – die Kunst der Textinterpretation – steht den antiken Disziplinen der Rhetorik, Grammatik und Dialektik nahe und hat sich seit dem 16. Jahrhundert vor allem zunächst als Bibelexegese-Kunst entwickelt; dann, ab dem 19. Jahrhundert aber als Textinterpretationsdisziplin etabliert, die sich zunehmend auch um die Rekonstruktion historischer Konnotationen von Texten zuwandte. Im berühmten sogenannten „hermeneutischen Zirkel" ist festgehalten, dass ein Textteil sich nur verstehen lässt, wenn der ganze Text aufgenommen wird und umgekehrt der ganze Text sich aus den Teilen erschließen lassen muss, sodass das Eine – der Teil – immer auf das Ganze verweist. Die Auslegung von Begriffen durch Gedankenexperimente, die sich durch ein Vorverständnis über die ganzheitliche Bedeutung und durch die Erforschung der anzunehmenden situationsgebundenen Kontexte entwickelt, steht im Zentrum einer hermeneutischen Untersuchung. Die Hermeneutik-Diskussion in ihrem Zusammenhang mit der Psychoanalyse wurde vor allem in den 70er und 80er Jahren des 20. Jahrhunderts heftig geführt. Prominente Diskutanten waren Paul Ricoeur und Jürgen Habermas, aber auch Alfred Lorenzer, aus einer amerikanischen Perspektive Roy Schafer. Alle stehen in der Schuld und auf den Schultern Martin Heideggers, der aus der Hermeneutik ja eine ontologische Sache gemacht hat und (im Anschluss an Wilhelm Dilthey) die Hermeneutik vom Text auf den Menschen verschoben hat und meinte, dass alle menschlichen Hervorbringungen, inklusive der Menschheitsgeschichte und des Menschen selbst einer solchen hermeneutischen Interpretation zugänglich seien. Heidegger wurde zum Meister des 20. Jahrhunderts, der in „Sein und Zeit" den Menschen als das Wesen setzte, das sich selbst versteht und deutet. Das passt natürlich auch nicht so schlecht zur psychoanalytischen Methode, und es ist kein Wunder, dass wichtige Denker wie Habermas oder Ricoeur sich über diesen Zugang dem Status der Psychoanalyse genähert haben. Berühmt ist Habermas' Zuschreibung vom „szientistischen Selbstmissverständnis der Psychoanalyse" (vgl. Habermas, J. 1966) geworden, mit dem ein wenig im Schnellschuss gemeint ist, dass Freud seine eigene Methode sozusagen falsch eingeordnet hat – in die Schublade der Naturwissenschaften, wo sie aber eigentlich nicht hingehört; denn sie ist ein diskursives Verfahren und kein experimentelles. Und aus der Perspektive Ricoeurs klingt die Kritik am naturwissenschaftlichen Status der Psychoanalyse mehr wie eine dis-kursive Bestimmung: Deutung braucht das Menschenwesen, und deuten muss ein anderer, damit der Eine sich verstehen kann, was wiederum zum Verstehen – der Selbsterkenntnis – des Anderen beiträgt; von alleine und für sich alleine geht es nicht. (vgl. Ricoeur, P. 1970)

Lacan, von dem schon die Rede war, kommt natürlich mit seiner Auffassung, dass das Unbewusste wie eine Sprache strukturiert sei, aus einer Ecke gleich neben Heidegger.

Auch seine Version der Psychoanalyse kann man – unter Nachlass einiger Taxen – in den Kontext des linguistischen Tuns stellen, den die Philosophie Ricoeurs so deutlich markiert und das die Diskussion – auch die um den Status der Psychoanalyse – aus der existentialistischen Absurditätsecke herausgeholt hat. Habermas und Ricoeur haben sehr wenig gemeinsam, außer vielleicht, dass für beide die Diskursivität aller menschlichen Verhältnisse zentral ist; bei Ricoeur geht es um die Umkreisung und Bestimmung des Diskurses selbst als Handlung. Bei Habermas geht es um die Verhandelbarkeit von gesellschaftlichen Entscheidungen mittels diskursiver, konsensorientierter Kommunikation.

Es scheint mir, wir haben auf dem Weg durch den Dschungel der psychoanalytischen Positionen ganz auf den Widerstand vergessen, den zu diskutieren wir eigentlich vorhatten. Das kann nun eigentlich bereits selbst als Anschauungsmaterial für ein Widerstandsphänomen angesehen werden: anstatt beim Gegenstand zu bleiben haben wir eine schnelle, aber weitläufige Tour d'Horizon unternommen und dabei – fast – den Ausgangspunkt verloren. So kann es einem auch gehen in den Stunden mit Patienten, die – faszinierend mitunter, manchmal zumindest unterhaltsam – von allem möglichen zu erzählen wissen und die analytische Stunde mit Material anfüllen, das viel mit ihrem Leben und noch mehr mit ihrem unbewussten Wunsch zu tun hat, nicht zum Punkt kommen zu müssen, der – aus welchen Gründen auch immer und zumeist, wenn auch keinesfalls immer – problematisch ist. Immer wieder kommen in jeder Behandlung natürlich auch Situationen vor, in denen der Patient/die Patientin bewusst etwas nicht sagen mag oder glaubt, sagen zu können: zu peinlich, zu persönlich, zu feindselig, zu absurd mag ihm oder ihr der eigene Gedanke scheinen. Das ist natürlich auch ein Widerstandsphänomen: die Vermeidung und eventuell Verleugnung von Einfällen und Gedanken, das Auslassen und Verschweigen.

Der Analytiker wird hier – wie wir sehen – zu einer Art Detektiv (oder Jagdhund!), der die Spuren des Unbewussten erschnüffelt und verbellt, sobald er sie „gestellt" hat. Am Anfang von Freuds Karriere, in Paris, beim berühmten Charcot, war das Phänomen des Widerstands auch schon bekannt. Die Hysteriker Charcots (zumeist, aber nicht exklusiv Frauen), die er zu ebenso theatralischen wie effektvollen „Großen hysterischen Anfällen" bringen konnte und dann unter Hypnose davon befreite, waren auch schon sozusagen happig auf ihre Symptome und hatten etwas zu verlieren, wenn sie sie – dem Doktor zuliebe – hergeben sollten. Charcot, so erzählt Freud (Freud, S. GW, 13, S. 97), konnte dann wütend werden und denjenigen anherrschen: „Was tun Sie denn? Vous vous contresuggestionnez!" Und schon damals, noch vor der eigentlichen Entdeckung der Übertragung und des Widerstandes, sagte er sich „das sei offenbares Unrecht und Gewalttat. Der Mann habe zu Gegensuggestionen gewiss ein Recht, wenn man ihn mit Suggestionen zu unterwerfen versuche." (ebda.)

Dies ist ein interessanter Satz, markiert er doch bereits die Position: Die Patienten tun es uns nicht vorsätzlich an, und weil sie unwillig oder böswillig oder faul sind, dass sie uns aufs Glatteis des Widerstandes führen – sie können nicht anders können. Der Widerstand – zunächst als gegen die Heilung, den Fortgang der Kur gerichtet verstanden, bekommt hier – ganz von Anfang an – schon einen Hauch von Grundsätzlichem, das mehr umfasst als „nur" die Behandlung selbst.

Aber auch schon auf dieser „klinischen" Ebene ist die Aussage Freuds bemerkenswert genug. Im Gegensatz zum therapeutischen „Furor" Charcots, der die guten Taten, die er seinen Patienten angedeihen ließ, auch geschätzt wissen wollte und zornig gekränkt war, wenn sie sie mit „Contresuggestions" zunichte zu machen schienen, fand Freud, dass sie in der Tat etwas zu verteidigen hatten.

Das ist der neue Punkt. Der Widerstand markiert den Gewinn, ist gewissermaßen der Gradmesser dafür, was der Patient hergeben muss, wenn er sich von seinem Symptom trennt und damit indirekt ja auch dem Doktor Recht gibt, der ihn dazu veranlasst – womit auch immer: mit Suggestion, Hypnose, Hand auf den Kopf legen, Analyse der freien Assoziationen. Der Arzt, der Analytiker kommt zum Handkuss, könnte man sagen, er ist der Überbringer der schlechten Botschaft: Das Symptom steht Dir im Weg, es hängt mit dieser und jener unbewussten Vorstellung zusammen und erfüllt diese und jene Funktion in Deinem Seelenhaushalt – gib es weg und Du wirst Dich frei und glücklich fühlen! Wieso schlechte Botschaft? Deswegen geht man doch in eine Psychoanalyse, um die Symptome wegzubringen?

Ja und nein. Mit dem „Ja" brauchen wir uns nicht lange aufzuhalten, das ist der bewusste und klare Wunsch des Patienten, der, der ihn veranlasst, die Mühe und Kosten der Behandlung auf sich zu nehmen. Das „Nein" ist da schon interessanter. Es setzt sich aus dem Widerstand und der Abwehr zusammen und ist ein Nachbar der Übertragung. Übertragung und Widerstand sind eng verknüpft, allerdings nicht ursächlich, sondern akzidentell. Im Moment, wo der bewusste Wunsch zum Beginn einer Behandlung führt (genau genommen schon vorher!), setzt die Übertragung ein und bildet die Tragflügel des Bootes, mit dem die beiden sich auf den Ozean begeben. Der Widerstand ist – um in diesem Bild zu bleiben – der Wind, der von vorne kommt, die Muskelkraft, die die Ruder nicht kraftvoll genug bedienen kann, die Müdigkeit und eventuelle Erschöpfung des Passagiers, alles, was den Fortgang der Reise behindern kann. Und dazu gehört auch das Gefühl, dass die Reise sich nicht dafürsteht, dass es eine Schnapsidee war, sich auf dieses Wagnis einzulassen, dass man am Land besser dran war, mit festem Boden unter den Füßen und nicht allein gelassen mit einem Mitreisenden, der zwar behauptet, den Weg so halbwegs im Auge zu behalten, aber sich des Kommandos enthält und keine klaren Anordnungen gibt und sich überhaupt sehr zurückhält, so dass man auch auf die Idee kommen kann, dass man alles alleine machen muss und am besten den Anderen gleich wieder los wird. Zeiten guten Wetters, bester Sonne und animierter Reisegespräche wechseln sich ab mit Regen, Sturm und Hagel, klammen Fingern und Füßen und dem unabweisbaren Gefühl von „nichts wie weg" aus diesem Narrenkasten und weg von diesem Typen, der anscheinend auch nicht weiß, was er tut und einen nur in Schwierigkeiten bringt.

Der Widerstand ist – man könnte sagen wie die Hysterie auf der Ebene der Symptome – ein bunter Hund auf der Ebene der grundlegenden psychischen Funktionsweisen. Eine vergleichsweise einfache Art, sich diesem Phänomen zu nähern ist, wie wir es oben mit dem Bild der gemeinsamen Bootsreise getan haben. Hier ist der Widerstand an die Behandlung und den Fortgang der „Kur" geknüpft: Alles, was sich diesem Fortgang entgegenstellt, ist Widerstand, legt es sich doch dem Zugang zum Unbewussten quer in den Weg. Der Lackmus-Test hierfür ist die freie Assoziation. Alles, was sich ihr – bewusst oder unbewusst entgegenstellt, kommt dem Reich des Widerstandes zu: Fehlleistungen, die sich am Setting und dem äußeren Rahmen zeigen (zu spät kommen, Vergessen, nicht bezahlen); Fehlleistungen in den Stunden und den Einfällen (Verwechslungen, Nicht-Erinnern von früheren Stunden), durch Besonderheiten in den Äußerungen des Materials (Stockungen, Einfallslosigkeit, „habe nichts zu sagen", Auslassen und Verschweigen …), oder auch spezifischer auf den verschiedenen Ebenen des psychischen Funktionierens: in der Behandlung unterscheiden die Psychoanalytiker auch die Ich-, Es- und Über-Ich Widerstände. Jene letzteren sind es, die schon mehr an den Kern des Widerstandsphänomens heranreichen, daran, dass jeder Patient (jeder Mensch muss man korrekterweise sagen) gute innere Gründe für den Widerstand hat.

Diese guten Gründe hängen mit der Abwehr zusammen, die eine zentrale psychische Funktion ist und die wir brauchen, um mit den laufend anstürmenden unbewussten Impulsen, Wünschen, Regungen „fertigzuwerden". Die Abwehr heißt nicht zufällig so – wie ja übrigens auch auf der biologischen Ebene die Zellen, die für die Bekämpfung von fremden und/oder pathogenen Eindringlingen (Bakterien, Viren, Tumorzellen) zuständig sind, als „Abwehrzellen" bezeichnet werden – es handelt sich auf der psychischen Ebene um einen analogen Vorgang. Die Gesamtabwehr setzt sich aus einem ganzen Repertoire von Einzelmechanismen zusammen – vielleicht kann man sich das wie die einzelnen Schläger beim Golf vorstellen, die alle zusammen im Caddy des Spielers stecken.

Zentrale Abwehr-Instanz ist dabei das Ich, der Golfspieler. Blitzschnell und sicher (manchmal nicht so ganz sicher) weiß er den rechten Schläger gegen das entsprechende unbewusste Wurfgeschoss einzusetzen und schickt es auf eine hoffentlich unendliche Umlaufbahn oder dahin zurück, wo es herkam: ins dunkle Unbewusste. Die zur Verfügung stehenden Schläger, die Abwehrmechanismen, sind dabei etwa die Verdrängung (zielsicherer Schuss schickt den Ball auf direktem Weg zurück), aber auch das scheinbare Gegenteil, die Identifikation mit dem Aggressor („ich bin Tiger Woods") oder der Versuch, einen miesen Schuss ungeschehen zu machen („war nicht ich, war der Schläger").

Dies sind natürlich noch lange nicht alle Abwehrmechanismen und natürlich ist ihre zentrale Funktion hier keineswegs hinreichend beschrieben. Anna Freud hat sich besonders dem Studium der Abwehrmechanismen gewidmet und diese in ihrem bekanntesten Buch „Das Ich und die Abwehrmechanismen" beschrieben (Freud, A. 1936, Band 1, S. 193 – 362) München: Kindler); während es ihr wichtig war, zu betonen, dass sie keinesfalls eine vollständige Auflistung aller Abwehrmechanismen bieten konnte (bei ihr sind es 13), fügte bereits ihre Rivalin, Melanie Klein, noch einige wichtige Ergänzungen hinzu, wie etwa den Mechanismus der „projektiven Identifizierung" oder den der „Objektspaltung" – und seither ist der Strom der Beschreibungen noch nicht abgerissen, wenn auch inzwischen manches Mal der Terminus „Abwehr" dafür verlassen wurde …

Wir, das heißt, unser Ich, braucht diese Abwehrfunktion, dringend – soviel sollte inzwischen klar geworden sein – um ein sauberes, adrettes, funktionsfähiges Ich aufrechterhalten zu können, das sich den Aufgaben des Erwachsenseins mehr oder weniger gut widmen kann. Die Abwehr„struktur" einer Person ist demzufolge das spezielle Golfschlägerset, das sie sich zugelegt hat, um mit dieser Aufgabe – nach Maßgabe der Voraussetzungen und der vor ihr liegenden Aufgaben – möglichst gut zurechtzukommen. Die hier gemeinten Voraussetzungen sind natürlich auch die biologischen – genetischen und konstitutionellen: aus unserem Körper können wir nicht aussteigen, auch wenn die plastische Chirurgie und die Kosmetikindustrie mit dieser Phantasie Geschäfte macht. Und das, was wir normalerweise „Charakter" nennen oder „Persönlichkeit", ist ebenfalls zu einem guten Teil der Versammlung von Abwehrmechanismen zu verdanken, die wir uns so im Laufe der Zeit zugelegt haben. Und deswegen verwundert es vielleicht jetzt auch nicht mehr so sehr, dass auch die Neurosen (oder Neuröschen), die wir uns so im Laufe des Lebens zugelegt haben, von der „Auswahl" der Abwehrmechanismen abhängen, die an der Bildung der speziellen neurotischen Formung beteiligt sind.

Nehmen wir zum Beispiel die Phobie. Die Phobie ist in gewisser Weise geradezu der Prototyp für alle Neurosen, denn an ihr können wir gleich noch einen anderen Zug dieser so interessanten seelischen Bildungen studieren: den inneren Konflikt und den Kompromiss. Was ist eine Phobie? Philippe Grimbert gibt in seinem kuriosen und lustigen Buch „Runter von der Couch" eine gute Definition: „Zu den häufigsten Leiden, die sich auf unsere zarte Psyche stürzen wie der ‚Geier' auf die Wiege des Leonardo da Vinci [Freud hat in seiner Monographie über die Genese der Homosexualität da Vincis den ‚gibbio' fälschlich mit ‚Geier' übersetzt, die Forschung hat ihm diesen Lapsus nachgewiesen, richtigerweise muss es ein ‚Milan' sein, na bitte sehr!] gehört eines, das wie eine Neonröhre im Schaufenster jeder anständigen Neurose flackert: die Phobie. In den Augen des gewöhnlichen Sterblichen erscheint sie als eine heftige, aber unbegründete und völlig unverhältnismäßige Angst, die angesichts bestimmter Tiere, Orte, Situationen auftritt und das Subjekt dazu veranlasst, jeden Kontakt mit dem Angst auslösenden Objekt zu vermeiden. Die Psychoanalyse definiert die Phobie vernünftigerweise genauso, was uns eine Menge Zeit erspart." (Grimbert, Ph. 2001, S. 71)

Woher diese Angst? Wie kommt die U-Bahn, das Flugzeug, der Fahrstuhl, die arme Spinne oder das ahnungslose Krokodil dazu, einen solchen namenlosen Schrecken zu verbreiten, pure Angst, Katastrophenerwartung und die innere Gewissheit, sofort und auf der Stelle sterben zu müssen, wenn nicht unmittelbare Hilfe kommt. Und Hilfe heißt im phobischen Fall nicht die helfende Hand des liebenden Menschen (oder seines Ersatzes, des Analytikers), sondern schlicht und ergreifend: das Objekt muss weg! Raus aus dem Fahrstuhl, U-Bahn-Tür auf!, Spinne tot treten (aber bitte jemand anders)!!, das Krokodil außer Sichtweite bringen!!! (denn auch Fotos und andere Abbildungen reichen schon als Reiz für das „phobische Objekt")

Ursprünglich hat die ganze Sache wie alles in der Psyche (und deswegen der Psychoanalyse!) mit der Kindheit zu tun, mit einer beherrschenden und riesigen Angst rund um das Erkennen des Geschlechtsunterschiedes, des Generationsunterschiedes und den damit einhergehenden infantilen sexuellen Wünschen nach der Mama oder/und dem Papa ... Phobien sind deswegen auch die klassischen Neurosen des Kindesalters genannt worden: Spinnenphobie etwa oder die vor den großen beißenden Mäulern der Krokodile (auch hier sind die Hunde wieder mal ein guter Ersatz!) kommen sehr häufig bei kleineren Menschen im Kindergartenalter vor und verlieren sich ebenso häufig von alleine, wenn die Kinder ihren „Entwicklungsaufgaben" gerecht werden und – wie man es früher, vor dem Zeitalter der Psychologisierung, gesagt hätte: „herausgewachsen" sind.

Eine Patientin erzählte mir vor kurzem, dass sie in ihrer Kindheit die gleiche Angst hatte wie ich selbst auch: dass ich mit dem Wasserstrudel zusammen in den Abfluss hineingezogen würde, wenn der Stöpsel aus der Badewanne gezogen wurde nach dem abendlichen Reinigungsbad. Und ein anderer Patient berichtet von der Angst, die er als kleiner Bub vor eben dem Krokodil hatte, von dem er sicher/unsicher war, dass es aus der Toilette auftauchen würde, um ihn zu beißen und anzugreifen. Die ursprüngliche Situation, um die die infantilen Phobien kreisen, sind allesamt um die Genitalität und den damit verbundenen Lust-Schrecken zentriert; verbotene Wünsche und Strebungen, schreckliche Wut und Zorn auf die Elternteile, Angst vor Bestrafung für ebendiese Wünsche, all das liegt am Grund der Phobie, die – Sie ahnen es vielleicht schon – abgewehrt werden muss und sich – mittels des Abwehrmechanismus der „Verschiebung" – ein anderes, ein Ersatzobjekt sucht und findet, dem man nun den ursprünglichen Schrecken nicht mehr ansieht und das – Krokodil hin und Spinne her – sich diese besondere, angstbesetzte Aufmerksamkeit eigentlich nicht wirklich verdient. Und schon haben wir die schönste stubenreine Phobie: man fürchtet sich vor dem Lift oder dem Flugzeug und nicht vor der Kastration als Strafe für die Todeswünsche, die man dem Papa (oder der Mama) zugedacht hat – oder was sonst am Grund der Phobie für eine angstauslösende Situation liegen mag.

Freud zum Beispiel, er litt lange Zeit an einer Phobie vor Zugsreisen (was ihn unter anderem ewig daran hinderte, endlich in sein ersehntes Rom zu fahren!). Die assoziative Erinnerungsarbeit an sich selbst brachte ein Erlebnis aus frühen Kindertagen ans Licht, als er auf dem Bahnhof in Breslau war und die Gasflammen der Bahnhofsbeleuchtung für „Geister aus der Hölle" hielt – er war überzeugt, mit dem Zug in die Hölle fahren zu müssen! Von dieser Angst sind in der Folge seines Wissenschafterlebens nur die Züge und Bahnhöfe übrig geblieben, Hölle und Höllenlichter fielen der Verdrängung zum Opfer, und Herr Freud wunderte sich selbst, warum gerade er nicht einfach – wie alle anderen vernünftigen Leute – mit dem Zug in die Städte seiner Sehnsucht fahren konnte.

Die Phobie bedient sich also im Golfschläger-Caddy der Abwehrmechanismen und zieht zwei hervor, die „Verschiebung" und „Verdrängung" heißen. Die

Verdrängung sorgt dafür, dass die vermutete Strafe für irgendeine schreckliche infantile Phantasie aus dem Bewusstsein verschwindet, und die Verschiebung bewirkt gleichzeitig, dass von der Hölle und deren flackernden Lichtern nur der Bahnhof und das dampfende, schnaubende Höllentier Eisenbahn übrig bleibt.

Der Ausgang der Sache ist in der Tat ein Kompromiss: Herr Freud und alle anderen Phobiker der Welt meiden das Objekt ihrer Angst: sie fahren einfach nicht mit der U-Bahn, steigen um keinen Preis in ein Flugzeug, nehmen die Treppe auch in den 10. Stock, bevor sie in einen Lift steigen, machen die Augen zu, wenn sie in einer Wiese eine Spinne vermuten etc. Hier haben wir den dritten beteiligten Abwehrmechanismus, die „Vermeidung" bei der Arbeit belauscht. Menschen mit einem phobischen Symptom sind von der namenlosen Angst befreit, wenn sie sie an ein Objekt heften können, ersatzweise, aber dafür ist jedes recht, das sich mittels seiner metaphorischen Qualitäten empfiehlt: Tunnel, finstere Gegenden, weite offene Plätze, die Macht und Stärke von Zügen und U-Bahnen, die acht Beine der Spinne und das Riesengebiss des Krokodils, genauso wie die Unausweichlichkeit, mit der das Wasser in den Abfluss oder die Toilette gezogen wird, sind gut geeignet, um die Angst darzustellen, figürlich fast, und das ist wohl auch einer der Gründe, warum das Repertoire für phobische Bildungen relativ monoton ist.

Es gibt also einen gewissen Gewinn bei der Sache, die Angst ist angeheftet am „Objekt" und gebannt in der phobischen Zuschreibung, und man muss sich jetzt nur noch vor einer Sache oder Situation fürchten, die sich – s. o. – relativ leicht vermeiden lässt. Zwar hat das seinen Preis: die Flugangst trägt einem ein, alles mögliche in unserer großartigen Welt nicht sehen zu können und die Taxirechnungen werden recht hoch, wenn man auf die U-Bahn phobischerseits verzichten muss, aber diese Einschränkung in der Freiheit und Beweglichkeit ist eben der Preis, den man für den inneren Kompromiss zahlen muss: die Angstfreiheit im restlichen Leben. Und mit ein bissel Überredungskunst sich selbst gegenüber ist das dann auch kein Problem, sich die Sache schönzureden und alle möglichen „Rationalisierungen" (noch so ein feiner Golfschläger!) zu erfinden, die die Angst quasi „rechtfertigen": Phobiker kennen alle Unfälle und Katastrophen, die mit dem Objekt ihrer Wahl (korrekt: der Wahl ihres Unbewussten) zusammenhängen, wissen zumindest vom Hörensagen von Giftspinnen und -schlangen Schreckliches zu berichten und haben so ein „Set" von scheinbar vernünftigen Begründungen für die Vermeidung der angstmachenden Situation, bei dem sie beinhart bleiben und das sie um nichts in der Welt relativieren oder hinterfragen möchten.

Nach diesem kleinen Exkurs in die angewandte Neurosenlehre können wir uns nun wieder dem eigentlichen Thema dieses Abschnittes, dem Widerstand widmen. Denn wenn wir nun einen Menschen mit einer solchen Phobie davon überzeugen wollen, dass es sich um ein neurotisches Symptom handelt, das ihn da plagt und dass man da was machen kann dagegen, wird sich jeder – und Freud hat uns gesagt, zu Recht – wehren und jeder „wohlmeinende" Arzt oder Anverwandter, dem die Flugangst des Partners schon auf die Nerven geht, wird sich etwas anhören können. Denn er oder sie trifft unvermutet auf den Widerstand, genau denselben, dem auch der Analytiker in der Kur begegnet und der ihm – und dem Patienten – dann das Leben wieder schwer macht.

Der Widerstand in der Analyse bedient sich der Abwehr, um sein Ziel zu erreichen: das ja nix sich ändern soll, schon gar nicht der mühsam genug hergestellte Kompromiss aus Angst und Symptom durch einen vollkommen unabsehbar unsicheren neuen Zustand gefährdet werden soll, der sich womöglich einstellt, wenn sich die auslösende/verursachende Situation zu erkennen gibt oder die Spur der frühkindlichen Ängste und Befürchtungen aufgenommen werden kann, wenn man – figürlich – den Hund dranlässt.

Und dann kommt es darauf an, nicht wieder wie Charcot zu schreien: „Vous vous contresuggestionnez!" „Sie wehren sich gegen die Heilung!" „Sie haben einen Widerstand!" „Sie verharren im Symptom!", sondern dem Widerstand zuzuhören und ihn seine Funktionalität für die innere Balance des Patienten aufzufinden. Das hört sich natürlich leichter an, als es im Einzelfall ist. Sicher ist jedenfalls, dass nur der auf ein Symptom, diesen Kompromiss, verzichten kann, der etwas besseres gefunden hat, etwas, das für das feine Kräftespiel aus Wunsch und Verbot, Trieb und Abwehr, Ich und Über-Ich noch nützlicher und zielführender erscheint als das vorherige Gleichgewicht.

Was nun aber das „nützlich" angeht, so sind wir hier natürlich weit entfernt von der Rationalität von Marktanalysen und anderen Kosten-Nutzenrechnungen (die ja, näher besehen, auch kein bisschen rationaler ablaufen als die mühsame Kompromissarbeit des „Ich gegen mich" der Neurose); die Kosten-Nutzenanalyse des psychischen Apparates ist zwar auch beinhart und geht unter Umständen hart auf die Substanz des Individuums: z. B. wenn man sich die massiven Einschränkungen an Lebens- und Arbeitsfähigkeit vor Augen führt, die z. B. eine Zwangsneurose mit sich bringt oder etwa Essstörungen für die Betroffenen bedeuten; der Aufrechterhaltung der Symptome werden bei diesen schweren Störungen alle anderen Lebensziele und Lebensmöglichkeiten untergeordnet, es zählt NUR die Neurose, ihr wird alles geopfert und dargebracht. Aber dennoch stimmt: niemand wird deswegen ohne Weiteres darauf verzichten, sondern nur, wenn der Gewinn, den die Symptomatik einbringt, woanders einfacher und sozusagen psychisch billiger zu haben ist, nämlich wirklich zu haben ist und nicht nur als Versprechung („Sie werden sich viel besser fühlen!" „Sie werden eine Arbeit finden!" „Sie werden eine Beziehung führen können!" „Sie werden leben können!") oder als Drohung („Sie wollen sich ja nicht helfen lassen!" „Sie werden schon sehen, wo das endet!" „Sie werden sterben!").

Die Psychoanalyse hat nun schon circa 130 Jahre Erfahrungen darin gesammelt, Patienten dabei zuzuhören, wie sie ihren Widerstand in die Schlacht werfen, um aus der unangenehmen Zwickmühle herauszukommen: da ist jemand, der einem ernsthaft und beharrlich dabei behilflich ist, die unbewussten Stimmen anzuhören, der – Jagdhund mit dem feinen Ohr! – sie überhaupt wahrnimmt und ihnen einen Auftritt ermöglicht. Er ist auch einer, der sich nicht vor ihnen fürchtet und sich ihnen nähert, als wären sie Hasen, die es zu jagen gilt oder Bälle, die zum Spielen da sind. Das Wissen und die dem Patienten angebotene Sicherheit dieses Wissens, dass im Unbewussten nichts lauert, vor dem man sich fürchten muss, ist vielleicht überhaupt eine der wichtigsten Funktionen des Analytikers im Prozess der Analyse selbst. Was da zu finden ist, ist lauter Kinderkram, den man freundlich, interessiert, verständnisvoll und nachsichtig betrachten kann und dabei noch jede Menge Spaß haben kann – wie das eben so ist, wenn man mit Rittern kämpft oder die schönste Prinzessin von allen ist.

Der Widerstand hat uns bis hierher getragen – auf Umwegen zurück ins Kinderzimmer und das Behandlungszimmer mit der Couch. Es gibt allerdings noch einen Weg in eine andere Richtung, die sich vom Widerstand aus nehmen lässt: hin zu philosophischen, oder – wie das bei Freud immer heißt – metapsychologischen Überlegungen. Am Widerstand in der psychoanalytischen Kur spürt man sozusagen life das Beharrungsvermögen psychischer Phänomene. Nix soll sich ändern oder, in der legendären Formulierung des „Il Gattopardo" von Tomaso di Lampedusa: „Es muss sich noch viel ändern, damit alles so bleibt, wie es ist." Die Flexibilität der psychischen Kapazitäten nimmt auch alle möglichen

Umwege in Kauf, wenn es nur damit möglich wird, im Zustand X verharren zu können. Darin benimmt sich die Psyche streng nach dem Newton'schen Gesetz (wie wir schon gesehen haben): „Ein Körper verharrt in Ruhe oder geradliniger Bewegung, solange keine äußere Kraft auf ihn wirkt". Und dass keine äußere Kraft auf diesen – psychischen Körper – einwirken möge, dafür haben wir die Abwehr, die sich der loyalen Unterstützung des Widerstandes sicher sein kann, sollte sich etwa ein Psychoanalytiker nähern – oder auch sonst eine äußere Kraft, die das Leben so daherbringen kann: z. B. jemand, in dem man sich verlieben kann und der es deswegen leicht macht, eine andere, bessere innere Balance zu finden. Die Liebe und das Leben sind die besten Psychotherapeuten; das stimmt oft, aber leider nicht immer.

Zweiter Spaziergang: London

Maresfield Gardens

Maresfield Gardens, Freuds letzter Wohnsitz, ist ein schönes, geräumiges Haus am unteren Ende von Hampstead, nahe der Finchley Road, wo man, aus der U-Bahn-Station mit dem gleichen Namen kommend, schon Wegweiser mit der Aufschrift „Freud Museum" findet, die auf den Hügel hinauf und die andere Seite der Straße deuten. Ich gehe also diesen Weg wieder einmal, es ist schon sicher zwanzig Jahre her, dass ich das letzte Mal das Museum besucht habe, die Erinnerung ist dunkel und damals kam ich von oben, von Hampstead, aus dem Dorf der Intellektuellen und Emigranten, fast, aber nicht ganz ein Synonym in der Zeit, als auch Freud und seine Familie sich hier niederließ. 1938 war das, die Nazis hatten alle Psychoanalytiker aus Wien vertrieben (mit Ausnahme von August Aichhorn) und nicht nur die, wie wir wissen. Freud war einer der prominentesten frühen Vertriebenen und musste viel Geld hinlegen, den Besuchern von der Gestapo bei einer Gelegenheit alles, was im Haus war. Bitter und ironisch zugleich kommentierte er das mit der Bemerkung, ER habe für eine einzelne Konsultation nie so viel Geld bekommen. Und selbst dann, nach der teuren „Konsultation", waren diplomatische Bemühungen und Interventionen von Prominenten notwendig. Prinzessin Marie Bonaparte, eine Vertraute und Lieblingsschülerin Freuds, reiste aus Paris an und ebnete die Wege, überbrachte Schreiben und führte Unterredungen bei den Nazi-Behörden, führte Gespräche und hörte sich die Sorgen der Familie Freud an. Endlich konnte man gehen, mit der ganzen Sammlung von Antiquitäten zum Glück und mit allen Möbeln und Einrichtungsgegenständen, den Büchern, den Teppichen und Bildern; Freud selbst zögernd und immer noch ungern, aber dennoch endlich! Die vier, ebenfalls schon alten Schwestern Freuds mussten bleiben und keine Intervention vermochte es, sie in die Sicherheit von Hampstead zu holen. Sie wurden delogiert, deportiert, erniedrigt und am Ende ermordet. – Freud hat davon und auch von dem ganzen Wahnsinn der Nazi-Vernichtungsmaschine nichts mehr erfahren, er starb etwas mehr als ein Jahr, nachdem das neue Haus bezogen war, im September 1939.

Ich überquere die Finchley Road und suche, da ich mich nicht auskenne, ob die fürsorgliche Stadtverwaltung noch ein Hinweisschild aufgestellt hat, leider nein. Stattdessen sehe ich – wie wenn es bestellt gewesen wäre – das Schild der Buchhandlung Karnac, der berühmtesten psychoanalytischen Buchhandlung der Welt. Ich denke, die wissen sicher, wie ich gehen muss, und zögere gleich: das wird ihnen auf die Nerven gehen, wenn ich frage. Es kommen sicher ALLE, um zu fragen, und ich sollte es ja schon wissen, mich als Kundige erweisen und nicht ahnungslos wie alle anderen Touristen hineintappen in das Geschäft, ahnungslos über den Zusammenhang der vielen Bücher untereinander, die dort stehen in schönen alphabetischen Reihen, Jungianer und Freudianer sauber getrennt. Zum Glück. Es würde mein Stilempfinden stören, Herrn Jung neben Herrn Freud sehen zu müssen; es ist gut, dass sie zwar im selben Raum, aber weit weg voneinander stehen (insgeheim denke ich sogar, dass der gar nichts hier verloren hat und frage mich, wie es kommt, dass Karnac so viel Jungianisches im Sortiment hat?). Hineingehen und fragen oder selbst suchen? Ich bin schon müde, von einer Konferenz im Norden, die mich nach England geführt hat; ich bin eigens nach London gekommen und nicht gleich heimgefahren, um das Museum zu besuchen – und es ist heute nicht mehr viel Zeit dafür, morgen nochmals, sicher, aber heute sollte ich mich sputen. Und ich will zweimal dorthin gehen, den Eindruck festigen und sickern lassen über Nacht, manchmal hat man ja auch was vergessen, genau anzuschauen und wenn man keine zweite Chance hat, ist das ärgerlich. Also Bücher schauen und fragen oder den Weg suchen? Komisch, denke ich, wieso eigentlich ist mir das Fragen unangenehm? Von dieser Seite der Stadt kenne ich den Weg auch nicht, wieso also sollte ich mich auskennen? Ich muss grinsen, ich benehme mich wie meine adoleszenten Patientinnen, die meinen, ihre Pickel im Gesicht würden allen Menschen auffallen und ihnen genauso verächtliche Beurteilungen eintragen, wie diejenigen, die sie sich selbst geben: du bist so hässlich, niemand wird dich attraktiv und schön finden, versteck dich! Okay, ich schließe einen Kompromiss, wie meine jungen Patientinnen auch (wenn sie nicht zu „gestört" sind und ihre Phantasie für die komplette Realität nehmen müssen, eine, die es zu beugen und zu bezwingen gilt. In diesem Fall wird der Pickel ein „malignes Objekt", eines, dem sie dienen müssen, während sie glauben, es zu besiegen).

Ich muss ja ohnehin in die Buchhandlung, morgen ist Sonntag und ich kann nicht mehr „browsen", muss also sowieso einen weiteren Kompromiss mit der Zeit schließen. Denn auch bei Karnac war ich sehr lange nicht gewesen, hatte die Bücher, die ich wollte, per Katalog bestellt oder auf internationalen Kongressen gekauft, bei denen Karnac immer einen Stand hat. „Fragen oder nicht fragen" – diese existentielle Frage von Hamletscher Bedeutung (wie auch der „Pickel" meiner jungen Patientinnen) stellt sich heraus als die Frage nach Erlaubnis und Verpflichtung: ich muss ins Museum – das ist der Plan; ich will aber ins Buchgeschäft – das kommt dazwischen. Das Nach-dem-Weg-Fragen ist der Kompromiss, der das eine ermöglicht, ohne das andere zu verhindern (nur ein bisserl verschieben); aber es würde bedeuten, dass ich mich als ahnungslos outen müsste …

Ich gehe dieses Risiko schließlich ein, gehe hinein, scanne mit dem eiligen Blick der Buchliebhaberin rasch die Regale (die genussvolle Begegnung auf später verschiebend), frage etwas ungeduldig, bekomme eine „perfectly composed" Antwort und gehe, befriedigt und erwartungsvoll zugleich, wieder hinaus in die von der freundlichen Buchhändlerin gewiesenen Richtung – wo ich auch prompt den nächsten Wegweiser ausmachen kann, der mich nun erst recht beschämt und bloßstellt.

Nun aber zum Museum. Ich gehe den Hügel hinauf, durch eine Fußgängerpassage in die ruhige, wohlhabende Wohnstraße „Maresfield Gardens", die bürgerliche Behaglichkeit atmet und wo, in gepflegten Vorgärten dicke Autos stehen, solche, die nicht zu Freud passen, aber auf der ganzen Welt in den Wohngegenden dieser Art stehen, in Wien-Döbling, Frankfurt-Westend, im 16. Arrondissement in Paris und eben auch hier, in London Hampstead. Dicke Autos stehen irgendwie deutlich gegen den Geist, den man hier – auch in der Straße – finden möchte, aber so sind die Zeiten, die Zeiten bestehen hauptsächlich aus dicken Autos. Ein paar Häuser unterhalb des Museums, so, dass ich erst dort vorbeikomme und das berühmte Haus schon sehe und wieder gleich ungeduldig bin, liegt das Anna Freud Centre; sympathisch autofrei schaut es aus, dass ich das Gefühl habe, dass dort die Kinder und KinderanalytikerInnen ernsthaft und mit Spaß arbeiten, so, wie Anna Freud mir immer vorgekommen ist und wie ich auch ihre von freundlicher, verständiger Pädagogik getragene Psychoanalyse immer verstanden habe; das Kind als Triebwesen hat bei ihr keine Abgründe, ist nicht das kleine (große) Monster, das die archaische, gewalttätige Objektbeziehungswelt von Melanie Klein bevölkert; es ist mehr das kleine Wesen, das Schutz und Fürsorge braucht und vor dessen Triebhaftigkeit man sich nicht nur nicht schrecken muss, sondern die man milde in Rechnung stellen soll und kann, wenn es um die Förderung der Entwicklung zu mehr Reife und Integration geht. Anna, die Tochter, spielt natürlich im Museum, das ich nun erreiche (in der Einfahrt zu diesem behaglichen, großzügigen villenartigen Wohnhaus steht ein Jaguar!), eine große Rolle. Sie hat hier gelebt und die Sache des Vaters, die ja, in ihrer ganz eigenen Lesart, auch ihre eigene Sache geworden war, betrieben und betreut, entwickelt und sich als große, unangefochtene Autorität der Psychoanalyse etabliert. Ich besuche also in London auch Anna Freud, nicht nur den Vater, ob ich will oder nicht, aber ich will eh.

Ich muss aber gestehen, dass mir Anna erst dann, als ich am Computer sitze und versuche, die Eindrücke aufzuschreiben, in den Blick kommt, dort in London habe ich wirklich nur den Vater besucht und gesucht, was seltsam ist, wenn man sich die Topographie des Hauses und auch die Ausstellungsarrangements vor Augen hält – und natürlich das benachbarte professionelle Zentrum ihrer Arbeit – das Anna Freud Centre. Denn einer der stärksten Eindrücke im Nachhinein, den ich sofort und überall abrufen kann, ist kein optischer, atmosphärischer, sondern der akustische Eindruck der Stimme Anna Freuds; in einem Raum im ersten Stock, rechts von ihrem eigenen Behandlungszimmer (vielleicht ihr Schlafzimmer, vielleicht das Zimmer von Dorothy Burlingham, der Lebensfreundin und Arbeitspartnerin Annas) werden Filme gezeigt, die Prinzessin Marie Bonaparte auf der Flucht-Reise der Familie in Paris und dann in London bei Freuds Geburtstag gedreht hat, mit schönen, sorgfältig geschriebenen Zwischentiteln, die die Umstände und Zeiten erklären; Anna kommentiert in einem flüssigen, wienerischen Englisch die zu sehenden Szenen und ich kann sie mir gut vorstellen, wie sie, ein Mikrophon vor sich, den Film sieht und sparsame, neutrale, aber doch warme Kommentare dazu abgibt – die Menschen identifiziert, die zu sehen sind; sie bleibt im Tonfall ganz nüchtern, was ich erst merke, als ich die kleine Verlebendigung ihres Tonfalls höre, als die Interaktion der Hunde mit der scheuen Lyn von Freud und dem starken Chow-Chow Rüden der Prinzessin auf der Terrasse des Hauses Bonaparte in Paris, ins Bild kommt. Freud, der Vater, ist schwach und doch gefasst auf diesen Aufnahmen; bei der Geburtstagsfeier wirkt er distant, unbeteiligt, woanders. Anna, so sieht man, führt ihn vom Garten ins Haus, nachdem ihre Versuche, so denke ich beim Zuschauen, ihn zu einem Lächeln in die Kamera zu bewegen, fruchtlos waren. Frau Freud taucht wohl irgendwann auf, aber spielt keine Rolle, jedenfalls keine Filmrolle – an der Seite des Vaters ist immer Anna und sie ist auch nie ohne den Vater nur für sich selbst im Bild. Selbstverständlich nimmt sie in ihrem Kommentar zu den Filmen nicht einmal auf sich selbst Bezug – Eitelkeit war wirklich nicht ihre Sache. Es gibt noch einen zweiten Film, der als Endlosspule in diesem Zimmer im ersten Stock gezeigt wird und sich mit den „home movies" der Prinzessin abwechselt –

ein Interview aus den 70er Jahren mit Edmund Engelmann, der in einem sehr flüssigen und noch viel wienerischeren Englisch die abenteuerliche Geschichte erzählt, wie er 1938, kurz vor der Abreise der Freuds und der Auflösung der Wohnung, noch Fotos machte. Engelmann, ein arrivierter Fotograf, wurde von August Aichhorn darum gebeten, die schon damals quasi als Kulturdenkmal angesehene berühmte Adresse Berggasse 19 zu dokumentieren. Engelmann ist zur Zeit des Interviews in den USA, wohin er hatte emigrieren können, bereits etabliert und er erzählt die Geschichte der Fotos der Berggasse begeistert und mit Engagement. Freud, der Herr Professor, durfte dabei nichts von dem Ansinnen Aichhorns wissen, und so vereinbarte man ein ausgeklügeltes Nachrichtensystem, das die Abwesenheiten und vor allem die Ruhezeiten Freuds meldete, sodass der junge Mann diese Zeiten für seine Dokumentationsarbeit nutzen konnte. Ich kann mich jetzt nicht genau erinnern, aber bin sicher, dass Anna Freud in die Pläne eingeweiht worden war. August Aichhorn hat sie sehr verehrt und vielleicht ging es ihm auch darum, ihr eine unauslöschliche Erinnerung an die Wiener Wohnung zu geben, ihr einen – im Rahmen der Ritterlichkeit – persönlichen Dienst zu erweisen. Ich weiß es nicht, aber ich möchte es gerne glauben. Engelmann ließ die Photos, vor allem die Negative, in der Obhut Aichhorns, als er Wien verließ – er wagte es nicht, wie er in dem Interview sagt, sie mitzunehmen, sie hätten ihn bei der Flucht, wären sie entdeckt worden, womöglich in große Schwierigkeiten gebracht. Nach dem Ende des Krieges versuchte er, mit Aichhorn Kontakt aufzunehmen, was nicht gelang, denn dessen Haus war ausgebombt worden und seine neue Adresse konnte Engelmann erst nach langwierigen Recherchen herausfinden. Schließlich aber fanden die Negative den Weg über den großen Teich zu ihrem Besitzer. Sie sind die – sehr oft reproduzierten – einzigen Dokumente über die Berggasse des Herrn Professors, eines Museums schon, bevor es noch 1970 tatsächlich als Museum gegründet wurde.

Die Fotos von Edmund Engelmann sind sehr schön, weil sie sehr sehr nüchtern sind und sich ganz auf die Dokumentation der Räume und ihrer Einrichtung konzentrieren. Wir sehen die Bilder, Charcot etc., die Couch natürlich, die hoch aufgepolsterte, und den tiefen, gruftartigen Fauteuil dahinter, bei dem ich immer das Gefühl habe, ein weniger ungeduldiger, gieriger Geist als der Freuds müsste unweigerlich und unablässig darin einschlafen – die Antiquitäten, den berühmten Arbeitssessel mit den komischen Ohren, die wie eine Skulptur von Miró ausschauen, die Bücher. Ob der junge Engelmann dies alles bewunderte, ob er die „Aura" des Ortes gespürt und in seinen Fotos einfangen wollte, wissen wir nicht. In dem Interview wirkt er – vielleicht dreißig Jahre später – eher so, wie man sich einen modernen jungen, technisch interessierten und auch erfahrenen Mann vorstellt, ein bisschen respektlos, aber nur soweit, dass sein Expertentum gerade noch ein wenig leuchtet vor diesem Hintergrund.

Seine Fotos jedenfalls prägen in mehrfacher Hinsicht unsere Wahrnehmung und unser inzwischen zur Ikone gewordenes inneres Bild der Psychoanalyse mit. Zum einen sind sie so oft reproduziert worden, weil sie so aufschlussreich und gut sind. Wir erkennen in ihnen – so meinen wir – Freud und sein Leben, seine Lehre und seine Haltung – distanziert, skeptisch, ein wenig resigniert und immer auch ein wenig ironisch. Die Fotos von Engelmann geben uns dieses Bild Freuds immerhin mehr als die tatsächlich eingerichteten Räume in Maresfield Gardens, wo ja DIE Couch leibhaftig steht, die Antiquitäten aufgestellt sind, der Schreibtisch samt Sessel mitten in dem sehr schönen Raum zum Garten hin den Besucher/die Besucherin neidisch macht, die „french windows" zum Hinausgehen einladen, es blühen draußen die Narzissen … Engelmanns Fotos sind die Berggasse, und die Berggasse ist Freud, und Freud ist die Psychoanalyse.

Was ist dann Maresfield Gardens? In der Tat ein Museum, ein Ort mit Gegenständen und Relikten, benutzten Möbeln und gesammelten Bildern, Vorhängen, in denen irgendwie noch der Rauch von Freuds Zigarren hängt und einem Webrahmen in Anna Freuds Arbeitszimmer, von dem ich mich frage, ob er schon immer dort gestanden hat, auch, als sie noch in diesem Zimmer arbeitete, denn auch diese Couch, Annas Couch steht dort und ihr Fauteuil, in derselben Position zur Couch wie der Fauteuil einen Stock tiefer im großen Garten-/Arbeitszimmer ihres Vaters zu DER Couch. Der Webrahmen ist eine Irritation. Er ist ganz schön wuchtig, was dachten die PatientInnen, frage ich mich, wenn sie ihn sehen mussten … vielleicht will sie lieber weben als mir zuhören, vielleicht denkt sie an die Muster, die sie machen möchte? Sie hat ja, so steht in allen Berichten, immer gestrickt hinter der Couch und während der Sitzungen, komisch kommt einem das vor, ist es aber weniger als man zunächst glauben möchte, geht es in beiden Fällen, der Analyse wie dem Stricken und dem Weben doch um die Herstellung eines Gewebes, eines „fabric", wie das ja so schön auf Englisch heißt. Der Faden will gehalten sein, gesponnen werden, darf nicht fallengelassen werden, auf keinen Fall zerreißen, und das, was wärmt am

Socken, ist die Luft zwischen den Maschen. Handarbeiten waren damals, als Anna Freud ihren Webstuhl den Patienten nicht vorenthielt und sie sicher auch das Klappern ihrer Stricknadeln hören konnten – damals war das eine klare weibliche Sache und nicht so altmodisch wie heute, wo es bizarr geworden ist, dass eigens erklärt werden muss, es sei jemals so gewesen, dass Frauen ihre Kleider, ihre Wäsche und die Vorhänge selbst herstellten. Wir wollen also Fräulein Freud dafür nicht schelten. Der praktische Sinn, den Frauen ja – so sagt man – mehr haben als Männer, mag eine Rolle dabei gespielt haben, dass Anna das Handarbeiten während der Sitzungen aufrechterhielt – zuhören kann man schließlich immer, auch wenn die Hände beschäftigt sind mit etwas Sinnvollem. Zuhören alleine mag da nicht genügt haben ...

Und wieder sind wir bei Anna gelandet, vom Vater Freud abgelenkt, der in Maresfield Gardens irgendwie in den Hintergrund tritt. Seltsam. Hängt das vielleicht damit zusammen, dass er dort nichts mehr geschrieben hat, was wir mit der Theorie der Psychoanalyse verbinden – all das sehen wir in der Berggasse, also auf Engelmanns Fotos, wo es geschrieben worden ist, mit viel Nikotin und viel Koffein, manchmal auch Kokain. Und schon von daher ist das Haus ein Museum, belebt ist es vom Geist der Tochter, deren Stimme, hell und mädchenhaft auch noch im Alter, die Räume füllt. Schon, als ich unten hereinkomme, ist dies als Melodie, noch sind die Worte nicht zu verstehen, hörbar.

Vielleicht liegt es auch daran, dass Freud Vater in den Filmen so fragil und weit weg wirkt; am ehesten kommt etwas Leben in seine Gestalt in der Szene, in der er sich mit den Emissären der Royal Society vor dem Haus der Kamera stellt (wie man so schön sagt) und die Urkunde dieser ganz außerordentlichen Ehre in Empfang nimmt. Das muss ihm was bedeutet haben, in derselben Gesellschaft wie Sir Isaac Newton aufgenommen zu sein, nie vorher war diese Ehre einem Nicht-Engländer gewährt worden. Jedenfalls: das eigentliche Freud Museum ist in London, soviel steht fest.

Demgegenüber ist das Wiener Museum ja nicht wirklich ein Museum – darüber haben wir schon gesprochen. Das Nicht-museumhafte der Berggasse hängt natürlich einerseits mit der kläglichen Politik der Museums- und Privatstiftungsleitung zusammen, die wenig Inhalte zu dem entwickelt, was die Psychoanalyse an diesem Ort sein und wirken könnte – kein Wunder, wenn man alle, die etwas davon verstehen, hinausgeschmissen hat. Es liegt aber auch daran, dass die Räume leer bleiben, Freud-leer.

Als man in den späten 60er Jahren begann, die Räume der Praxis im 1. Stock des Wohnhauses Berggasse 19 und später auch die der gegenüberliegenden Wohnung der Familie Freud für die Freud-Gesellschaft und das Museum zu adaptieren, musste man sich mit Fotos behelfen, die mehr andeuten als darstellen, wie es ausgeschaut hat, als die Welt noch in Ordnung war – ja richtig, mit den Fotos von Edmund Engelmann, die, auf Lebensgröße und ins Unscharfe vergrößert, an den Wänden das mimen mussten, was vor der Übernahme der Nazi-Herrschaft tatsächlich vorhanden gewesen war. Die Sammlung des Freud-Museums in Wien beschränkt sich auf den Hut und den Stock des Herrn Professors, die im Vorzimmer an der Garderobe (natürlich hinter Glas) hängen und auf mich immer wie herausgehupft aus einem Bild von René Magritte aussehen – so abgehoben sind sie aus den Flächen von Fototapeten. Und natürlich fehlt DER ikonische Gegenstand schlechthin – die Couch. Die meisten Besucher, so sagt die Frau Direktor in einem Interview, fragen nach der Couch und sind enttäuscht, wenn sie sie nicht finden. Sie klingt fast ein wenig beleidigt, wenn sie das beklagt. Es ist aber, auch das sagt sie, und darin ist ihr nachdrücklich zuzustimmen, ganz in Ordnung, dass die Schlafcouch nicht da ist – das Museum ist in London.

Die Berggasse trägt mit der Couchlosigkeit, ihrer Freud-Leere, das Merkmal der Vernichtung von Kultur, durch die Nazis vollzogen, und das ist gut so. Es wäre falsch, wenn irgendwie simuliert würde, dass der Herr Professor eben noch dagesessen ist (wie das in London sozusagen implizit der Fall ist und dort auch stimmig). Von den Nazis leergeräumt, als Sammelwohnung für Juden benutzt, die hier auf den Abtransport in die Vernichtungslager warten mussten, zusammengepfercht und erniedrigt, diente die Berggasse zum Arisieren und zur Bereicherung, zum Wegschauen und der üblichen grausigen Gemengelage des damaligen Österreich. Die beste Ausstellung, die Lydia Marinelli in der Berggasse ausgerichtet hat, befasste sich 2003 mit der Geschichte des Wohnhauses und der Menschen, die außer den Freuds noch dort gelebt haben: „Freuds verschwundene Nachbarn".

Die Sammlung in Maresfield Gardens

Zurück nach London. Die wissenschaftliche Arbeit, die im Freud Museum in London geleistet wird, wurde vor kurzem in einem Heft der historisch psychoanalytischen Zeitschrift gewürdigt, die den schönen Titel „Luzifer-Amor" hat (wer, wie ich, ein Periodikum herausgeben darf, das den fundamentalistischen Titel „Zeitschrift für psychoanalytische Theorie und Praxis" trägt, weiß das voll angemessenem Neid zu sagen). Diese Arbeit des Museums ist vorwiegend historisch – natürlich, ist das Museum doch ein Ort der Quellen. Zwar sind die Londoner natürlich für die Wissenschaft in der besseren Situation, weil sie das Archiv, die Nachlässe von Anna und Sigmund Freud haben und sich deswegen um Material für historische Untersuchungen nicht kümmern müssen, haben sie es doch im eigenen Haus. Allein etwa 4000 Fotos finden sich dort, Familienfotos der Freuds, von Kollegen und Freunden, Freuds Bücher sind dort, jedenfalls zum größten Teil (und vor kurzem in einem Katalog zusammengestellt worden, der auch die Bestände aus Freuds Bibliothek beinhaltet, die in Washington, an der Library of Congress, wo die Freud Archives beheimatet sind – oder in Wien – oder in Privatbesitz sind). (Davies, J. K. u. Fichtner, G. 2006) Natürlich die ganze Sammlung von Antiquitäten, über die auch immer wieder gearbeitet wird und unendlich viele Briefe. Freud war ein starker, fleißiger, unablässiger Briefeschreiber. Berühmt, zu Recht berühmt, sind zum Beispiel die „Brautbriefe" an seine Verlobte Martha geworden, die den fast täglichen inneren Austausch dokumentieren, den der junge Herr Doktor – voller Überschwang, Aufmerksamkeit, Zärtlichkeit, Größenideen und Unternehmergeist – mit seiner in Hamburg lebenden Verlobten pflegte, die ihm Gesprächspartnerin, Freundin und Sehnsuchtsobjekt war; und man ist geneigt, das nicht alles für selbstverständlich zu halten, schon gar nicht in der Kombination. Diese Brautbriefe und die „Briefe an Milena" von Franz Kafka sind – vollkommen unterschiedlich zwar, aber in der Beständigkeit des schriftlichen Gesprächs, das, wenn es aufgeschrieben wird, ja zwischen den Gesten der Rede, der Ankündigung, des Geständnisses und der Erzählung fließend wechseln kann und gerade so den Zauber der Intimität aufrechterhalten kann: wer bekommt schon eine Rede in privatissimo? Und wer darf sich schon als Einziger in der Kaiserloge der Staatsoper fühlen, dem (oder der) eine große Liebeserklärung gemacht wird als der (oder die) Briefempfängerin? Die jeweiligen Schattenseiten gibt es natürlich für den Brief gleichermaßen:

Wer schon ist so vernichtet durch die Kündigung einer Liebe, wie wenn sie schriftlich erfolgt, im Abschiedsbrief? Und wen trifft eine Kritik, ein Rückzug härter, als wenn er sich im Ausbleiben des Briefes, dieser mit der eigenen Phantasie und Sehnsucht aufgeheizten schriftlichen Bilder äußert … Die psychoanalytische Theorie des Briefeschreibens wäre, soviel ich weiß, noch zu schreiben. Die Tatsache jedoch, dass Briefromane (darunter Cholderlos de Laclos, Hölderlin, Goethe) seit der Erfindung jedenfalls des bürgerlichen Menschen dazu da sind, die innere exklusive und vollkommen ungeteilte Zuwendung zu einem anderen Menschen darzustellen, macht sie natürlich psychoanalytisch interessant. Und ohne, dass ich an dieser Stelle diese Theorie angeben könnte, eines ist klar: es handelt sich immer um „high investment"-Politik, starke Gefühlswährung, mordsviel Libido. Auch bei Kafka und Milena, die ja bekanntlich nicht im sicheren Hafen der bürgerlichen Ehe gelandet sind, sondern im unsicheren der Vereinzelung, der Trennung und der tragischen Individualität – aber auch der Freiheit. Und so – finde ich – markieren diese beiden Briefromane avant la lèttre die möglichen Lebenspositionen der modernen Menschen vor 100 Jahren (und inzwischen, nach dem doppelten Verlust von Zivilität in zwei Kriegen und dem gänzlichen zusätzlichen Bruch der Zivilisation im Zweiten, vielfach gebrochen). Es fällt einem die Wahl schwer, jedenfalls mir, wo mehr Sympathie und Bewunderung, mehr Identifikation liegt: bei Martha und Siegfried, die es doch in ein langes, erfülltes gemeinsames Leben geschafft haben (und Martha dabei ganz verschwunden ist) oder bei Franz und Milena, die sich tapfer durchgeschlagen haben, „jeder für sich und Gott gegen alle", wie das 50 Jahre später R. W. Fassbinder genannt hat und dabei – in der Unabhängigkeit ihrer Positionen – die Einsamkeit als Bedingung modernen Lebens gesehen, gelebt und formuliert haben. Beide Positionen sind beharrliche, nicht beliebige, keine wechselhaften, wetterwendigen, modischen. Es geht – Freuds Modell, vielleicht auch manchmal: es muss gehen; man gehört zusammen und darüber gibt es nicht den Hauch einer Diskussion. Oder es geht nicht – Kafkas Modell; und darüber gibt es auch keinen Zweifel und auch keine Diskussion. In den Briefen kann man nachlesen, wie. Und sie konnten nur so geschrieben werden, weil die Positionen, als innere Dispositionen, Geneigtheiten, von vorneherein klar waren. Psychoanalytisch vielleicht: die Libidodisposition Kafkas gegenüber Milena, wenngleich hoch investiert, war keine „konservative" – mobiler und unsicherer gebunden. Freud dagegen wirkt – was heißt wirkt, er ist – auch in seinen Briefen – ein entschiedener Mann, der alles auf eine Aktie setzt, aber eine Aktie, die nicht an Wert verlieren kann, sondern sich stetig mehren wird: mit Kindern und Haushalt und Ansehen und Respekt und Sicherheit und Gewohnheit.

Ödipus, Penisneid, Kastrationsangst

Auch das, denke ich, als ich, begleitet von der Stimme Anna Freuds meinen Rundgang im Haus Maresfield Gardens beginne, gehört zu Freud, aber es gehört nicht unbedingt zur Psychoanalyse. Oder doch? Gibt es nicht implizite (oder explizite) Modelle von psychischer Gesundheit, von Normativität, die mit dem psychoanalytischen Modell einhergehen?

Und wenn ja, ist das schlecht? Und wenn nein, fehlt dann was?

Die Diskussion ist alt und unentschieden – wie das meiste, das mit der Psychoanalyse zu tun hat unentschieden ist und mal so, mal von der anderen Seite her betrachtet werden kann. Zum Beispiel eben auch die Frage der psychischen Gesundheit oder der individuellen Reife. „Reife", überhaupt in der Kombination mit „sexueller Reife" war eines der eindeutig normativen Konzepte, an denen die Psychoanalyse heftig mitgearbeitet hat. In den fünfziger- und sechziger Jahren des 20. Jahrhunderts, am Beginn auch der empirischen Sexualforschung (ich sage nur Kinsey-Report!), gab es dieses klare Bild: eine reife Sexualität hat der/die erreicht, der/die in der genitalen heterosexuellen Vereinigung Erfüllung und Genuss findet, der also „orgasmusfähig" ist, wie das hieß. Bei den Frauen war diese Forderung noch verbunden mit dem „vaginal" und die Konnotationen mit Rezeptivität, Passivität und Öffnung sind natürlich nicht zufällig. Ein „klitoraler" Orgasmus, also einer quasi ante portas galt als männlich, unzufrieden, mangelhaft, alles das zusammen und vermischt miteinander. (Für die Männer natürlich galt ähnliches: auch sie sollten keinesfalls schwul sein, sollten monogam und exklusiv ihre Frau begehren und natürlich keine sexuelle Funktionsstörung aufweisen. Aber, wie immer kamen die Frauen mehr dran, ihre Sexualität wurde sofort mit den Konzepten von Weiblichkeit verbunden und es blieb dabei, dass die Mütterlichkeit, die wichtigste Eigenschaft einer Frau überhaupt, mit der Rezeptivität und der unbewussten Bereitschaft – dem sexuellen Wunsch – nach Aufnahme und Empfängnis verknüpft war. Kinderlosigkeit wurde damit ein schwer neurotisches Schicksal, und die „Orgasmusfähigkeit" so etwas wie der Adelstitel, den zu erreichen Frau auszog, um bei Wilhelm Reich, in Körpertherapien, Kommunen oder anderen promisken Arrangements sowie der Lektüre einen Weg aus der Schwierigkeit zu finden, dass die Beziehungen nicht mehr so waren wir früher: so freudisch, sondern immer mehr so wie jetzt: so kafkasch.

Die weibliche Sexualität wurde dann zum wiederholten Mal zum diskursiven Schlachtfeld in und um die Psychoanalyse. Man kann aber die These aufstellen (was womöglich schon jemand vor mir getan hat …), dass die gesamte Entwicklung der psychoanalytischen Vorstellungen sich in Auseinandersetzung mit dem „dark continent" abgespielt hat, um einen Ausdruck Freuds zu benutzen, mit dem er sich auszudrücken beliebte, wenn er die Schwierigkeiten mit der Theorie der Weiblichkeit im Auge hatte. Die These vom Penisneid hat nicht erst die Feministinnen seit 1960 und die modernen AnalytikerInnen wie Janine Chasseguet-Smirgel, Juliett Mitchel, Jessica Benjamin (und viele andere) aufgeregt und zum Denken und Reformulieren angeregt.

Schon für die frühen Analytikerinnen, jedenfalls einige unter ihnen, war diese Theorie ein Stein des Anstoßes und in verschiedenem Maße Anlass für Reformulierungen. Helene Deutsch und Karen Horney waren „not amused". Sie verstanden die Sache weniger psychoanalytisch als soziologisch, als Aussagen über reale Frauen und ihre Bewertung und hatten den Eindruck, sich dagegen zur Wehr setzen zu müssen; verständlich, aber zu kurz gegriffen. Denn was ist mit dem Penisneid gemeint?

Wir machen eine Pause, vielleicht im Wintergarten von Maresfield Gardens, wo sich heutzutage der Museums-Shop befindet und wo wir einige Bücher zurate ziehen können, die uns hier weiterhelfen.

Anna Freud, die Hausherrin, ist mit diesem Thema sozusagen in ihrem Element: der Penisneid gehört den kleinen Mädchen, und kleine Mädchen und Buben waren Anna Freuds Spezialität. Das kleine Mädchen, so sagt man, liebt den Papa, und dies ist durchaus sexuell gemeint; zwar hat es selbstverständlich keine erwachsene Vorstellung von Geschlechtsverkehr, aber es hat jede Menge lustvoller Körpersensationen, die sich im Alter von – sagen wir – etwa vier Jahren – rund um die Genitalien versammeln. Kleine Kinder onanieren, wie jede Mutter und jeder Vater beobachten kann – Hand in der Hose und unterm Nachthemd, vor allem in träumerisch entspannten Situationen. Es ist die Zeit, in der sich die Kinder die großen Fragen des Lebens stellen: Wo kommen die Kinder her? (= wo komme ich her?) Wann stirbst du, Mama oder Papa? (= muss ich auch sterben? müssen alle sterben?) Ich heirate dich, Papa! (= dann bin ich schon groß und muss nicht erst noch groß werden und so wie Mama jetzt schon ist!) Mama, wenn Du stirbst, bekomme ich dann deine Kleider? (= ich muss so sein wie Du, damit Papa mich liebt). Wir sehen, in den unbewussten Gedanken des kleinen Mädchens geht es ganz schön durcheinander. Irgendwo dazwischen, zwischen all diesen durchaus widersprüchlichen unbewussten Empfindungen und körperlichen Sensationen, die niemand haben will, aber jeder haben muss.

Bei den Buben ist es ein wenig einfacher; boshafte Zungen behaupten, das sei der Grund für ihre strukturelle Simplizität: sie haben die Mama von Anfang an und müssen sich nie libidinös, also mit ihren sexuellen und zärtlichen Empfindungen, von ihr abwenden, sie müssen „nur" das Objekt auswechseln und dann geht es schon; die Mädchen haben es nicht so leicht: sie müssen ihre, ebenfalls erotisch-sexuelle Bindung an die Mama verlassen, um sich dem Vater zuzuwenden, also die geliebte Mutter verraten und die eigenen Gefühle für sie sozusagen loswerden. Und so probiert es das kleine Mädchen etwa mit Todeswünschen: sie sind ein Versuch wert und haben den Vorteil, dass im Wünschen ganz kurz so getan werden kann, als wäre er in Erfüllung gegangen (das kommt von der Heftigkeit des Gefühls, mit dem der Wunsch ausgestattet wird) – die Enttäuschung bleibt natürlich nicht aus. Die oben angeführte infantile Frage: Wann stirbst Du? – ist die ambivalente Variante derselben, aggressiver getönten: Wenn Du stirbst, bekomme ich dann deine Kleider? Warum aber soll das Mädchen sich überhaupt von der Mama ab- und dem Vater zuwenden? Die Antwort ist einfach und ruft größten Unglauben zugleich hervor: den Anstoß gibt dazu, dass das Mädchen der Mutter übelnimmt, sie scheinbar defekt = penislos auf die Welt gebracht zu haben. Das Mädchen empfindet dies als Mangel und an dem Mangel ist die Mutter schuld. Spätestens hier rührt sich der Sturm der Empörung, warum soll das ein Defekt sein? Ja eben, warum? Natürlich ist es kein Defekt, für niemanden, nicht einmal in den Augen des alten Patriarchen Freud. Interessant aber ist die Verwechslung allemal: das, was die Psychoanalyse als inneres, unbewusstes Erleben der Menschenkinder aus den Einfällen, Phantasien, Erinnerungen, Träumen, Gefühlen Erwachsener rekonstruiert, was also sich strikt im Bereich der Subjektivität bewegt, wird in einer Bewegung der Empörung, aus dem Gefühl der Zumutung in eine scheinbare Aussage über die materiale Wirklichkeit (hier: des Mädchens, anderswo der Frau, der Homosexuellen …) verdreht. Die Empörung heißt dann: Wenn die Psychoanalyse sagt, dass ich einen Penis haben will, dann unterstellt sie mir etwas, was ich nie empfunden habe und das mit einem Bild von mir verbunden ist, das mir aus verschiedenen Gründen unangenehm ist: zum einen ist es sexuell, also grauslig – und zum anderen heißt es, dass ich nicht gut so bin, wie ich bin, sondern dass mir angeblich etwas fehlt. Diese empörte Lesart übersieht geflissentlich, dass es sich hier nicht um Bewertungen, sondern Beschreibungen handelt, die Bewertung nimmt dann die Empörung vor und hört der Beschreibung nicht mehr zu.

Nehmen wir ein anderes Beispiel, das der Homosexualität. Diese zählt in der psychoanalytischen Auffassung zu den Perversionen. Hier reicht es der Empörung schon, sie hört das Wort und weiß schon Bescheid, redet von Pathologisierung und daraus resultierender Ächtung, nennt dann folgerichtig die Psychoanalyse reaktionär und weist den Vorschlag, sich einer solchen Therapie zu bedienen, um mit dem eigenen Leben, auch der Homosexualität eben, befriedigender umgehen zu können, deswegen, weil sie reaktionär sei, weit von sich. Auch hier ist eine ähnliche Figur festzustellen wie bei der Empörung über die angebliche Frauenfeindlichkeit der Psychoanalyse. Freuds Position dagegen ist ganz unmissverständlich: wenn auch im medizinischen Kontext, also dem, der Erklärungen für bestimmte, für alle Formen von psychischen Konstellationen sucht, die Homosexualität eine Perversion ist: eine Verdrehung der normalen, heterosexuellen Objektwahl, die eine – wenn auch nicht enge – Bindung an die Reproduktivität hat und für die die Menschen sozusagen gebaut sind; so ist sie dies im gesellschaftlichen Kontext natürlich nicht und keine wie auch immer geartete Diskriminierung ist gerechtfertigt. Freud war so wenig homophob wie man nur sein kann als aufgeklärter, nüchtern denkender Mensch, und in seinen unmissverständlichen Stellungnahmen zu dieser Frage (oder etwa auch der Prostitution – hier war er mit Karl Kraus einer Meinung, wenn auch nicht mit dem großen polemischen Talent und Bedürfnis ausgestattet wie Kraus, der ja mit seinem Werk „Sittlichkeit und Kriminalität" die klassische Streitschrift dazu vorgelegt hat) war er immer dem Zeitgeist weit voraus. Und die Psychoanalyse ist es auch nicht, nicht so sehr, was man jetzt natürlich annehmen mag, weil wir dem Alten alles nachmachen, sondern weil der nosologische Kontext der Sexualität keinen individuellen Approach mit sich bringt. Anders gesagt: Das Problem der Perversion oder des Penisneids ist nicht eines des Individuums, sondern ein theoretisches. Das Individuum kann machen, was es will und soll so sein (nach Möglichkeit), wie es sein möchte. Wenn Dysfunktionen auftauchen, steht der Analytiker/die Analytikerin zur Verfügung, diese aber müssen individuell sein und durch den Leidensdruck, den Dysfunktionen oft, aber keinesfalls immer mit sich bringen, zur Veränderung drängen. Homosexuelle haben mit sich selbst – in der Regel – keine Probleme. Sie haben Probleme mit der Gesellschaft und mit Diskriminierungen, aber selten nur mit der Tatsache ihrer sexuellen Objektwahl selbst. Menschen, sagen wir – um des Kontrastes willen an dieser Stelle – Frauen, die neurotische Symptome haben, haben allerdings mit sich selbst Probleme. Sie haben Ängste, Hemmungen, körperliche Symptome aller Art, Beziehungsstörungen und das alles, weil sie mit der Entfaltung ihrer Sexualität in Konflikt geraten sind – einen unbewussten Konflikt, notabene.

Was ist das nun wieder, ein unbewusster Konflikt? Ein Konflikt mit mir selbst? Ich gegen Ich, sozusagen? Ja, genau das ist gemeint.

Vorhin haben wir von der empörten Verwechslung geredet, die zwischen Beschreibung und Bewertung passiert, häufig jedenfalls, wenn es um Thesen wie dem Penisneid oder der Kastrationsangst geht; wenn von Phantasien die Rede ist, die wir – sagen die beiden Bewohner des Hauses, in dem ich ja immer noch vor mich hin räsoniere, sagen also Anna und Sigmund – alle individuell, jeder für sich haben und die doch so etwas wie transpersonal sind, also einen universellen Charakter für sich behaupten, medizinisch daherkommen wie die Blutfettwerte zum Beispiel: Cholesterin, HDL und LDL haben alle Menschen. Man kann sie nicht nicht haben, nur die Quantität unterscheidet sich bei den Joggern und denen, die zuviel Zucker essen. So ähnlich ist das also hier auch: Frau kann nicht keinen Penisneid haben – so wie Mann nicht keine Kastrationsangst haben kann – und die Ungläubigkeit beiden Fällen gegenüber macht die Sache – nicht primär jedenfalls – falscher. Wer glaubt schon, dass sein Cholesterin erhöht ist, bevor es nicht der Laborzettel schwarz auf weiß zeigt?

Auf das Mischungsverhältnis kommt es sozusagen an, wie viel von dem auf jeden Fall vorhandenen Penisneid der gegenständlichen Frau zu schaffen macht und dann auch noch, in welcher Form – also in welcher Symptomenkombination^ sich das zeigt. Auch hierin ist die Analogie zum Labor nicht schlecht: es kann für die erhöhten Blutfette ja viele Gründe geben, von denen einige mit dem

– neuerdings euphemistisch sogenannten „Lebensstil" zu tun haben, also mit zu wenig Bewegung und zu viel fettem Essen und alkoholischem Trinken. Man könnte es aber auch, mehr vom Unbewussten her betrachtet: chronisch süchtiges = selbstdestruktives Verhalten nennen; das klingt weniger nett, ist aber in Wirklichkeit mehr am Punkt, und zwar, weil die Betonung auf den Automatismen liegt, die sowohl für die Ätiologie als auch die Behandlung zentral sind. Den Lebensstil kann man nur beeinflussen, wenn man eine von vorneherein narziss-tische Situation vorfindet: die übertriebene Selbstsorge ohne Anlass. Einem solchen Menschen kann man sagen: geh doch spazieren – iss doch einen Apfel! Er/sie wird es tun als investment in die eigene Unversehrtheit, aber der einzige Genuss, der daraus zu schöpfen ist, ist der der Überlegenheit gegenüber den anderen (Biertrinkern z. B.) – der Apfel schmeckt deswegen nicht für sich selbst gut. Etwas anderes ist – ganz offensichtlich – die Bewegungslust (und -sucht) der Jogger oder die Spiel- und Körperlust der Sportler, die mit Konkurrenz, Kampf und Triumph zu tun hat und eine ganze Menge primärer Körperlust beinhaltet.

Zurück zum unbewussten Konflikt. Ich gegen mich – das ist Brutalität! Der steht im Zentrum der ganzen Sache, ohne Konflikt kein Problem, jedenfalls kein neurotisches, und die neurotischen Probleme sind ja die, die wir alle haben.

Ein Wunsch taucht in Ihren Gedanken auf, ein starker, körperlicher, ein Triebwunsch (z. B. ich will so schön sein wie Marilyn Monroe und so gescheit wie Marie Curie! Oft gehen solche Wünsche einher mit – oder werden sogar getriggert von – Racheideen gegenüber realen Personen rundherum, wie etwa: dann kann ich es der XY zeigen! oder: dann wird mich Papa doch lieben; oder: dann brauche ich niemanden mehr, niemand kann mich dann noch kränken!) und noch, bevor Es es wirklich tun kann und Sie ihn denken können, den Gedanken, wird er schon abgewiesen und zurückgeschickt in die Welt der nicht gedachten Gedanken – ins Unbewusste. Warum? Weil Sie etwas dagegen haben, so einen hochmütigen Gedanken haben zu sollen und ihn nicht zulassen. Wenn Sie ihn doch gedacht haben? Also ich: will denken, und: ich will den Gedanken verhindern. Er passt nicht dazu, wie ich mich sehen möchte, wie ich bin, ich bin nicht so eitel, so rachsüchtig, so überheblich, so gierig, so anmaßend. Ich nicht, aber Es schon. Und Es klopft an und schickt den Impuls, der mehr ein Affekt ist auf der Suche nach einem Gedanken, an den er sich anhängen kann, auf die Reise in die Wahrnehmung, ins Gedachte sozusagen – und Ich sage – manchmal rechtzeitig: Stopp! – dann merke ich nichts davon. Manchmal auch zu spät und etwas von Marilyn oder Marie taucht auf und muss irgendwie wieder erledigt werden, das geht nun nicht mehr ohne Spuren wie im ersten Fall, wo die Verdrängung gut und komplett funktioniert. Die Spuren sind dann die Symptome – sozusagen.

Das Unbewusste

Ich bin müde vom Herumstehen im Museums-Shop, obwohl ich gestehen muss, dass ich die Andenken, die ich hier erstehen könnte: einen kleinen Freud als Magnet für die Kühlschranktür etwa? Ein Hochglanzfoto in Passepartout der Couch? Küchenschürzen, Regenschirme, Teetassen und Kaffeehäferln mit Freud, der Couch, dem Haus, einem Faksimile aus einem Manuskript, Bleistifte, auf denen steht, dass ich da war – alle sehr interessiert betrachtet habe, irgendwie verträumt. Draußen, im schönen Garten mit den Büscheln von Narzissen steht ein Hund und schaut in den Shop hinein, ergeben und fordernd zugleich, er will herein und erwartet sich ein paar Streicheleinheiten und vielleicht noch was Besseres; sofort bin ich gerührt und erfreut von seiner Anwesenheit. Freuds Chow-Chow Lyn fällt mir natürlich ein, aber dieser Hund ist kurzhaarig und schwarz, groß eigentlich, etwa so hoch wie ein Chow-Chow, ein paar weiße Flecken auf der Seite und an den Pfoten. Ich frage die Dame an der Kasse, ob der Hund hierher gehöre oder ein zufälliger Spaziergänger sei. Sie antwortet, aber eigentlich völlig ungerührt, dass er zum Haus gehöre. „Und darf er manchmal herein?", frage ich – „ja", sagt sie und tippt in die Tastatur und schaut auf den Monitor ihres Computers, „ja, wenn das Museum geschlossen ist, dann darf er schon herein, aber nicht, wenn Besucher da sind."

Hi, denke ich, du Hund, du kommst mir ja gerade recht. Du bist ja wie die lebendig gewordene Metapher für das Unbewusste, der Hund vor der Tür, der erst herein darf, wenn die offiziellen Besucher weg sind. Wenn Ich schläft, zum Beispiel, dann darf er kommen, der Gedanke; als Traum und dann noch verkleidet; oder, wenn ich es nicht merke, als „slip", als Fehlleistung: Versprecher oder Fehlhandlung (verlangen Sie jetzt bitte keinen konkreten Fehlleistungsbeispiele zu

Marilyn und Marie von mir!) – im Beispiel unseres Hundes: es passiert ihm ein Malheur auf der Treppe oder im Zimmer des Professors gar! Oder: als Symptom, als hartnäckige Spur, deren Ursprung aber nicht mehr erkennbar ist, beim Hund: ein Kratzer auf dem Parkett oder ein zerbissener Spazierstock, von dem niemand mehr sagen kann, wer ihn kaputt gemacht hat, der aber immer stört, wenn er ins Blickfeld kommt.

Das Unbewusste ist ein Hund – genau! Und umgekehrt sind Hunde wie Illustrationen des Unbewussten – auch das ist nicht ganz von der Hand zu weisen. Sie sind triebhaft, lustgetrieben, nur aufs Fressen und Spielen aus, und irgendwelche zivilisatorischen Leistungen – „Sitz! Platz! Fuß!" – sind nur mit ständiger äußerer Kontrolle und mit strengem Tonfall zu erreichen. Hunde benehmen sich ungefähr so, wie Freud das Unbewusste charakterisiert hat. Und ich zum Beispiel finde sie gerade deswegen zauberhaft (dass sie auch ein bissel denken können und schlau sind, hingebungsvoll und bedingungslos, Kompromisse nur machen, wenn es nicht anders geht und auch für ein anderes Gebiet der Psychoanalyse, die Objektbeziehungstheorie, außerordentlich brauchbare Studienobjekte bilden, sei hier nur eben so deponiert).

In den Vorlesungen an der Clark University in Boston, bei seiner einzigen Reise in die USA, hat Freud ein anderes Bild verwendet, um die Verhältnisse im Hause PSYCHE zu charakterisieren. In diesem berühmten Vergleich sagt er, dass sich unbewusste Gedanken wie laute und unaufmerksame Zuhörer in einer ansonsten ruhigen und aufmerksamen Zuhörerschaft benehmen, die Aufmerksamkeit einfordern, des Raumes verwiesen werden und an der Rückkehr durch starke Männer gehindert werden, die den Eingang zum Saal mit Stühlen blockieren .

John Forrester und Lisa Appignanesi berichten in ihrem profunden und detailreichen Buch „Freuds Women" vom Anlass für dieses Bild: Die erste Frau, die sich an Freud gewandt hatte, nicht so sehr, um sich zu kurieren, als vielmehr sich auszubilden, war Emma Goldmann, die schon 1895 aus London angereist war, allerdings anscheinend ein sehr widersprüchliches Bild ihrer analytischen Erfahrung mitgenommen hat, denn sie stellte später fest, die Analyse sein „nichts anderes als die alte Beichte". Sie, die ein stürmisches Leben als Anarchistin und Publizistin führte und das freie Leben und die freie Sexualität vertrat, war unter der Zuhörerschaft bei den Clark Lectures und störte Freuds Vortrag mit lauten Zurufen aus den hinteren Reihen des Auditoriums. Freud war nicht faul im Zurückgeben, wie der von ihm benutzte Vergleich zeigt. (Appignanesi, L. & Forrester, J.

1992, S. 193) Die Frauen, das werden wir im entsprechenden Kapitel sehen, waren von Anfang an dabei, auch als Störenfriede – und auch in dem ambivalenten Kommentar von Emma Goldmann: „It was Freud who gave me my first understanding of homosexuality". (ebda)

Der Hund steht immer noch vor dem Fenster, manchmal führt Beharrlichkeit zum Ziel, auch für die Triebe und das Unbewusste. Es wird sich, denkt er sich sichtlich oder zumindest ich, doch eine Lücke finden, jemand wird doch aufmachen, einen Spalt, das würde mir schon reichen. Und es ist mir ganz egal, ob der Spalt für mich aufgemacht wird, wegen meines intensiven Geschaus oder weil jemand die Blumen gießen will – Hauptsache auf!

Das Unbewusste also, unser Hund vor dem Fenster. Ich mag dieses Bild lieber als das von Freud; Mit Katzen funktioniert es übrigens nicht, falls Sie ein Katzenmensch sind.

Der Hund hat übrigens keinen unbewussten Konflikt, das sollte ja inzwischen klar sein, er IST das Unbewusste (oder sagen wir, korrekter: er stellt es dar, für uns, auch dafür gibt er sich her, der Gute). Für einen unbewussten Konflikt braucht der Hund ein Über-Ich – diese Funktion übernehmen wir, die Menschen, für ihn: „Sitz! Platz! Fuß!" Wir dagegen, wir Herrln und Frauerln, haben eines, das kann man nicht leugnen. Manche habe es gerne, manche weniger, dass es da ist, aber da ist es. Wir heben die Papierln im Park auf (und wenn wir es, adoleszent, nicht tun, dann bescheißen wir unser Über-Ich – mit Trotz). Wir attackieren keine anderen Menschen, normalerweise. Wenn wir es doch tun, müssen wir vorher dafür sorgen (oder sorgen lassen), dass unser Über-Ich abgeschaltet ist: zum Beispiel ist es hervorragend alkohollöslich; und es lässt sich sehr bequem bei anderen abgeben: bei Generälen, bei der Polizei, dem lieben Gott. Diejenigen, die dabei mitgewirkt haben, dass wir es überhaupt entwickelt haben, können es auch besonders effektiv wieder außer Kraft setzen: die Autoritäten. Sie übernehmen dann sozusagen unseren individuellen Teil davon und wir sind befreit – und fühlen uns auch so. Wir tun dann zum Beispiel „nur unsere Pflicht" oder handeln „nach Weisung" oder „auf Befehl" – je nach sozialem Setting.

Vor ein paar Tagen hörte ich im Sonntagsradio einen Beitrag über Franz Jägerstätter, der wegen „Wehrkraftzersetzung" 1941 durch Enthauptung hingerichtet worden ist. Er hatte den „Dienst mit der Waffe" in der Armee, die „deutsche Wehrmacht" hieß, aus Gewissensgründen verweigert, aus religiösen Gründen.

Und war dafür in den Tod gegangen. Er hatte sich, das wusste ich nicht, mit katholischen Würdenträgern, – konkret einem Linzer Weihbischof – beraten, der ihn nicht verstanden hat und wie der Kommentator sagte, wohl, um sein Leben zu retten, ihm auch keine Über-Ich-Linderung anbieten konnte (wohl selber in einem solchen Konflikt gegenüber auch der weltlichen Macht und ihrer Faszination gefangen). Und so beugte sich Franz Jägerstätter seinem eigenen, noch viel strengeren Über-Ich: er stellte sich den Behörden, wurde eingesperrt und nach einem erwartbaren Prozess in Berlin hingerichtet. Eine weniger radikale Lösung, eine lebenszugewandtere, aus dem Konflikt hätte ja vielleicht sein können, in den Untergrund zu gehen oder abzutauchen, auch, wenn ich das von meinem bequemen Schreibtisch her natürlich nicht wirklich zu beurteilen ist. Jede andere Lösung hätte aber einen Kompromiss erfordert, einen zwischen den Instanzen Ich und Über-Ich, Existenz und Moral, Leben und Tod. Und einen Kompromiss konnte Jägerstätter nicht eingehen, sein eigenes Über-Ich war dafür zu streng; der Preis, den diese innere Instanz von ihm verlangte, war sein Leben. Und auch, wenn dies als Entscheidung unseren Respekt verdient (den das offizielle, auch das kirchliche Österreich ihm viel zu spät gezollt hat!) dürfen wir doch an dieser Stelle der psychoanalytischen Diskussion festhalten, dass dieses Über-Ich zu streng war, wenn es sich erst mit der Auslöschung der ganzen Person zufrieden geben konnte.

Jägerstätters Frau gab in einem Interview 40 Jahre nach der Hinrichtung (1983) auf die Frage: „Glauben Sie denn heute, dass die Entscheidung Ihres Mannes richtig war?", folgende einfache Antwort: „Wenn es der liebe Gott denn gefordert hat, dann wird es schon richtig gewesen sein." Auch sie rettet sich aus dem möglichen Konflikt durch einen Rekurs auf die Instanz, die ihr und ihrem Mann als externes Über-Ich dient und findet so eine Beruhigung – vielleicht auch das, was in katholischen Schriften dann eventuell Trost genannt wird.

Erste und zweite Topik

Wenn wir von Über-Ich reden, dann sprechen wir in einer Terminologie Freuds, die man die „zweite Topik" nennt; die kennen alle, wenn man irgendwas von Psychoanalyse weiß, dann, dass sie den Menschen einteilt in Es, Ich, Über-Ich. Das bringen die Philosophie-Psychologie-Professoren den Gymnasiasten bei und die vergessen es möglichst schnell wieder, was man ihnen nicht verübeln soll. Wir wollen uns hier nicht sehr lange damit aufhalten, diese „zweite Topik" zu referieren, die eigentlich vor allem wegen des Über-Ich interessant ist, das im Werk Freuds erst hier so recht als im Marmor gemeißelte Instanz auftaucht. Das Über-Ich mag auch der eigentliche Grund für die Neuformulierung in den Auffassungen des „psychischen Apparates" gewesen sein, die Freud so etwa um 1920 nochmals vorgenommen hat – und die seine Vorstellungen aus der Frühzeit über das Unbewusste und das Vorbewusste sowie das Bewusstsein abgelöst haben. Die Neuformulierung hatte Vorteile – siehe die Beschreibung des Über-Ich. Sie hatte aber auch Nachteile: die relative Starre der Instanzenlehre brachte einen Verlust an Erklärungsmacht für diejenigen Phänomene des psychischen Lebens, die flüchtig und nicht strukturkonstant sind. Am Beispiel des Denkens kann man das wohl zeigen: In der zweiten Topik (die auch oft Strukturmodell genannt wird) ist ein bewusster Gedanke im Ich beheimatet. Bewusste Gedanken können als Wahrnehmungen aus der äußeren Realität (Sinneswahrnehmungen und deren gedankliche Weiterverarbeitungen, die sich schon mit Erinnerungen, dazu passenden Fetzen aus dem Pool des unbewussten Ich verbinden) stammen oder – stark affektiv getönte Impulse – aus der inneren Welt sein. Freud muss an dieser Stelle natürlich einen großen unbewussten Pool im Ich annehmen, denn schlechterdings kann nicht alles im Es, dem „dunklen Chaos", angesiedelt sein, das, in dieser neuen Definition, gänzlich von jeder bewussten Wahrnehmung abgeschlossen ist und bleibt.

In der sogenannten ersten Topik war das einfacher: es gab drei Systeme: UBW, VBW und BW. Der Verkehr zwischen diesen Systemen (die auch, notabene! noch keine Instanzen waren) wurde einfach dynamisch geregelt: in welchem System mehr Energie war, das hatte mehr Dynamik und konnte dafür sorgen, dass die eigenen „Interessen", wenn man da so nennen kann, durchgesetzt werden. Das System BW ließ – ausgestattet mit Türstehern, die die Sessel unter die Klinke geklemmt hatten (siehe das Beispiel Freuds in den Clark Lectures) – die Gedanken durch, gegen die die Türsteher keinen Einwand hatten, die in den Salon des Hauses vorgelassen werden konnten. Alle anderen wurden zurückgeschickt – verdrängt. Umgekehrt versuchte das System UBW, sich durchzusetzen, indem es mit Schwung unter Mitnahme von jeder Menge Gefühl (dem Benzin der Gedanken!) die Türsteher (die Freud „Zensur" nennt) überrumpelt und sich Zugang zum Bewusstsein verschafft, wo es ja einzig Chancen hat, irgendwie tatsächlich (nicht nur phantasiert!) realisiert zu werden. Das gelingt nicht immer, eigentlich nur selten (aus der Perspektive des UBW betrachtet jedenfalls), und auch dann nur, wenn der Triebimpuls, der nackte Wunsch (nach Rache, Lust, Befriedigung) sich in einen Gedanken verwandeln kann – was im dritten System – dem VBW – passiert, das man sich auch anschaulich als eine Art Vorzimmer vorstellen kann, in dem sich einerseits die abgewiesenen, zurückgeschickten Besucher des BW aufhalten, die irgendwie nicht stubenrein genug waren (Hund!!), und andererseits die verdreckten und starken Straßenköter aus dem wilden Wald des UBW daherkommen, die da durch wollen, koste es, was es wolle.

Das ist nun alles ziemlich dicht gewesen, deswegen erzähle ich jetzt zur Abwechslung eine Geschichte. Vielleicht gehen wir zu dem Zweck hinaus nach Hampstead, ins Dorf, wo es jede Menge Cafés gibt, nicht nur Starbucks, sitzen wäre jetzt gut und ein Kaffee auch, was meinen Sie?

Meine Geschichte handelt vom Ödipus-Komplex, aber sie berichtet auch über die drei Systeme UBW, VBW und BW und wie sie – bei der Produktion eines Symptomes – zusammenspielen. Man könnte die Geschichte auch anders erzählen – in einem anderen psychoanalytischen Stil, wenn man so will – z. B. klein-ianisch oder lacanianisch oder auch in der zweiten Topik, aber wir wollen sie einmal ganz traditionell so erzählen, wie Freud sie rund um 1910 womöglich gesehen hätte. Dass sie nicht so schön ist wie seine Fallgeschichten, bedaure ich sehr, sehe mich aber außerstande, daran etwas zu ändern.

Konflikt, Trauma und Nachträglichkeit: Neurosezutaten

Konflikte sind nicht nur das herrschende Prinzip des psychischen Geschehens, ein Konflikt ist darüber hinaus eine notwendige und leidige Vorbedingung dafür, dass man überhaupt ein menschliches Wesen wird. Dies deshalb, weil man, noch bevor man überhaupt eine Chance erhält, ganz für sich selbst ein menschliches Wesen zu werden, man von zwei anderen Personen „hergestellt" werden muss, eine Tatsache, die die Vorstellung des Ödipus-Komplexes in die unmittelbare Nachbarschaft anthropologischer Überlegungen ansiedelt. Diese „Herstellung" erfordert Sexualität als einen physisch/psychischen Vorgang – obwohl es sich ja um das scheinbare Ideal von Liebe und Vereinigung handelt – und die alles andere als simple Verwicklung von zwei Personen in einen Vorgang, der in der Mutterschaft der einen sowie der Vaterschaft der anderen Person, mündet. Das alleine ist schon eine Situation für die beiden Beteiligten, die den Boden für alle möglichen daraus resultierenden Konflikte bildet: einmal offensichtliche, die etwa die soziale Situation der beiden Eltern in spe betreffen und die jeweilige Position, die jeder von ihnen im sozialen Gefüge fürderhin wahrnehmen wird und will und wie sich die Tatsache des Kindes auch auf ihre Beziehung auswirken wird, aber auch – und für unseren Zusammenhang viel wichtiger – nicht so offensichtliche, innere Konflikte, die mit ihrem inneren Erleben zusammenhängen und der Art und Weise, wie sie den Partner und sich selbst in Zukunft empfinden und betrachten, also konfliktuöse Konsequenzen für das Selbst, wie diese psychische Funktion in der Psychoanalyse genannt wird.

Schaut man sich die Sache jedoch von der Seite des Kindes an (des eben gerade empfangenen, noch nicht einmal recht existierenden Kindes) ist die Situation sogar noch komplizierter: das Leben startet mit der Tatsache, dass man zwei andere Personen braucht; eine ein bisschen entfernter, aber essentiell für den ganzen Vorgang: den Vater, und die andere, die sehr nahe ist und buchstäblich das ganze Gewicht trägt: die Mutter. Das bedeutet, neben vielen anderen Dingen, dass man nicht hier ist – hier, in dieser Welt – weil man es sich so ausgesucht hat, sondern weil zwei andere Leute, die Eltern, das entschieden haben. Und wenn wir uns die Situation noch näher betrachten, müssen wir zugeben, dass es nicht einmal das Kind ist, was sie wollen, sondern Sex. In dieser Sichtweise ist das Kind ein Nebenprodukt, und genau damit muss es dann ein paar Jahre später zurechtkommen: mit der Tatsache, ein Nebenprodukt der sexuellen Wünsche seiner Eltern zu sein.

So in etwa ist das überindividuelle, universelle Setting für den individuellen Ödipus-Komplex, das – natürlich schon wieder – ein konfliktuöses ist: zwischen der Liebe zu dem einen und dem Hass auf den anderen Elternteil. Diese ja nun scheinbar klare und unambivalente Position ist jedoch mit dazu gegensätzlichen Gefühlen vermischt: mit der Liebe zu dem Elternteil, den man hasst und dem Hass auf den Elternteil, den man liebt. Auf diese Weise schaut es so aus, als sei der Konflikt eher mit einem selbst oder besser: zwischen den verschiedenen Bedürfnissen und Impulsen im Kind, aus denen sich die eigentlichen Gefühle zusammensetzen. Liebe und Hass sind – unter diesem Blickwinkel – nur die äußeren Formeln dieser sehr komplexen inneren Empfindungsmuster. Aber auch hier herrscht der Konflikt: zwischen unbewussten Wünschen und Strebungen und bewussten Widerständen dagegen; oder – was auch nur eine andere Art ist, dasselbe auszudrücken: zwischen Triebimpulsen und Abwehrkonstellationen oder – noch eine dritte Art, die Freud in seinen späten Jahren entwickelte und bevorzugte: zwischen Lebens- und Todestrieben.

Warum gibt es so viele verschiedene Formulierungen für den innerpsychischen, den unbewussten Konflikt? Die Antwort auf diese Frage bringt uns etwas näher zu den verschiedenen Zugängen, mit denen man die Psyche betrachten kann. Da ist für den Anfang der sogenannte „topographische" Zugang, den haben wir schon kennen gelernt mit den drei Systemen UBW, VBW und BW. Es ist dies ein strukturierender und beschreibender Zugang, der die Funktionsebene und die Charakeristika für die drei Ebenen festlegt; eines dieser Charakteristika – aber auch nur eines! – ist „Konflikt". Zum Beispiel: Wenn eine unbewusster Wunsch („Am liebsten würde ich den Kerl umbringen") sich seinen Weg aus dem Unbewussten ins Vorbewusste bahnt und gerade dabei ist, ein veritabler und echter Gedanke zu werden: ICH WILL DIESEN DRECKSKERL UMBRINGEN! – übernimmt das System BW, das Bewusstsein die Stafette – sozusagen! – und das Resultat ist dann ein saftiger, schwerer Konflikt: Wer gewinnt? Ich oder ich? System VBW oder System BW? Das Ergebnis der Verdrängung, von der wir ja hier handeln: Der Gedanke wird auf einmal eine körperliche Empfindung: der Blutdruck steigt, der Herzschlag beschleunigt sich, man steht kurz vor der motorischen Aktion, jedenfalls ist alles dafür vorbereitet: Muskeln gut durchblutet, Stresshormon ausgeschüttet. Es ist wichtig festzuhalten, dass, wenn das System BW gewinnt, es nicht automatisch heißt, dass das mit einer Wunscherfüllung einhergeht („den Dreckskerl umbringen!"); es heißt nur, dass der Gedanke als solcher bewusst wird, gedacht wird und erkannt wird – das ist es, worum sich der ganze Konflikt dreht.

Wir sollen anscheinend, so kann man diesen Abschnitt zusammenfassen, wir sollen unsere eigenen Wünsche und Gedanken nicht zu genau kennen, jedenfalls nicht, solange sie unseren bewussten Wünschen und Gedanken widersprechen, die sich mit unserem Selbstbild, unseren Moralvorstellungen, unseren Verpflichtungen und unserem Ich-Ideal besser vereinbaren lassen.

Wie ich gerade merke, hat uns diese kleine Vorlesung zwar bis ins Café im Zentrum von Hampstead Heath geführt – hier ist ja auch ein Tisch im Freien – nehmen Sie Platz, wenn Sie noch Geduld haben mit all den Erklärungen, ich würde gerne noch ein kleine Erklärung anfügen, bevor unsere Protagonistin die Bühne betritt.

Ein anderer Zugang ist der dynamische; mit ihm soll die Interaktion zwischen den Systemen, die die Topographie beschrieben hat, in eine theoretische Vorstellung gebracht werden. Das „dynamische Unbewusste", das alles dran setzt, sich Gehör und Gefühl und Gesicht zu verschaffen und vor allem anderen: realisiert zu werden, ist die Kraft in einer Person, die den Widerstand der bewussten Person wachruft, des Teils, der wach und erwachsen ist – oder unter dem festen Einfluss von Elternfiguren, wenn es sich um ein Kind handelt. Das dynamische Unbewusste will, sozusagen, all die dreckigen, schönen Dinge tun: Rache nehmen, Papa aus dem Weg räumen, die Prinzessin rauben, Mama heiraten, alles kriegen, was man will und das sofort! Geschichten von Fabelwesen und Märchen von paradiesischen Orten sind immer Geschichten von der Erfüllung dynamisch unbewusster Wünsche (oder auch Triebwünsche), die auf keinen Widerstand getroffen sind und keiner Hemmung unterliegen. Im Paradies gibt es keinen Widerstand, oder, vielleicht ist es umgekehrt korrekter: Das Paradies ist nur dort, wo es keinen Widerstand gibt, also nur in der Phantasie. Es stammt aus den Trieben, den sexuellen und denen, die auf Selbsterhaltung gerichtet sind; innerhalb der psychoanalytischen Theorie markiert das dynamische Unbewusste das Gelenk, wenn man das so sagen kann, zwischen Körper und Seele, oder, wenn wir es etwas wissenschaftlicher haben wollen: die Brücke zwischen körperlichen Bedürfnissen und Nöten auf der einen und Gedanken und Wünschen auf der anderen Seite. In diesem Blickwinkel ist das psychische Leben deterministisch an die Biologie gebunden (und genau dieser Blickwinkel ist – in meinen Augen – einer der größten Vorzüge, die die Psychoanalyse dem Studium der condition humaine zu bieten hat.)

Das dynamische Unbewusste trifft auf den Widerstand des Systems BW und dessen Systemanforderungen; seine Impulse und Wünsche werden entweder im System VBW gestapelt, wo sie immerhin noch aktiv sein können (denken Sie an das Beispiel von vorhin, das mit dem Wunsch, „den Dreckskerl umzubringen") und immer noch Ärger machen können oder sie werden gänzlich unterdrückt, in das riesige Reservoir des Unbewussten verdrängt, von wo wir sie – als Gedanken! – nicht mehr hervorholen können.

Haben Sie noch Geduld für eine kleine Zusammenfassung?

Während also der topographische Zugang zum Unbewussten ein Bild von den verschiedenen Ebenen und ihrer Eigenschaften gibt, fügt die dynamische Betrachtungsweise eine Vorstellung über das Zusammenspiel der treibenden Kräfte hinzu, die den Konflikt zwischen dem Unbewussten und dem Bewussten anfeuern.

Und was, wollen Sie wissen, hat meine Ankündigung zu sagen gehabt, dass es sich auch ums Trauma handeln wird, was ich Ihnen erzählen will? Sie haben Recht, es ist bisher nicht klar geworden, warum wir diesen ganzen Umweg durch die Ebenen und verschiedenen Unbewussten machen mussten.

Trauma ist ja ein klarer Begriff – es meint den gewaltsamen Einfluss externer Kräfte auf die Integrität des Körpers, die eine schwere Beeinträchtigung seiner Funktionsfähigkeit zur Folge hat. Die Psychoanalyse hat sich dieses medizinische Konzept angeeignet und spricht dementsprechend von Trauma, wenn eine massive äußere Gewalt die Bewältigungskapazitäten der betroffenen Psyche (des „psychischen Apparates" bei Freud) überrennt und sie verletzt zurücklässt.

Dabei müssen wir natürlich zunächst alle offensichtlichen Formen körperlicher und psychischer Verletzung nennen, die fast selbstverständlich traumatisch sind: die Ausübung sexueller oder gewalttätiger oder sexueller und gewalttätiger Erfahrungen auf andere Menschen hat natürlich als solches traumatische Macht, wenn sie auf eine Person ausgeübt werden, die nicht in der vollen Kontrolle all ihrer psychischen Kapazitäten ist: sei es, weil es sich um eine kindliche Psyche handelt, sei es, dass die Situation es verhindert, die volle Kontrolle auszuüben. Ein Kind ist natürlich immer in einer vulnerablen Position für traumatische Erfahrungen, einfach weil es ein Kind ist. Für Erwachsene ist der Spielraum größer: sie können, müssen aber nicht die volle Kontrolle über ihre inneren Kapazitäten haben und sie können, müssen aber nicht in einer Situation sein, die ihre Kapazitäten schwächt, damit traumatische Verletzungen geschehen.

Ein Modell für das Ganze – psychisches Trauma – können wir uns dort holen, was die noch junge Psychoanalyse – Freud, Ferenczi, Ernst Simmel – als Erkenntnisgewinn dem Ersten Weltkrieg abgetrotzt hat und das sie als „traumatische Neurose" beschrieben haben, eine Kombination von Symptomen, die als Massenphänomen auftrat: Männer, die plötzlich sehr unruhig, sehr nervös wurden, schwach, von Angst zerfressen, kein Interesse mehr an ihren täglichen Verrichtungen und kleinen Genüssen des Alltags haben konnten, kein Interesse mehr am Leben als Ganzes hatten, ohne Appetit waren und in ihrem Schlaf von dem immer gleichen Traum heimgesucht wurden: dem, der ihnen das Ereignis wieder vor Augen führte, Nacht für Nacht und ohne Pardon, das sie auch untertags nicht aus dem Kopf herausbrachten – das traumatische: das Sterben des Soldaten neben ihnen, oder das dem Bombenhagel ohne Schutz Ausgesetztsein, oder inmitten von Chaos und Zerstörung bleiben zu müssen – ohne die Mittel zur Flucht zu haben und Fürchterliches sehen zu müssen. Männer mit solchen Symptomen galten als „Simulanten", von denen die Vorgesetzten und Behörden meinten, sie wollten sich vor der Front mit einer bequemen Lazarettfahrkarte drücken – aber nicht mit Strenge und Strafe, ja nicht einmal mit Elektrotherapie, die ihnen der berühmte Wagner-Jauregg angedeihen ließ, konnte man diese Männer von ihrer „Verbohrtheit" heilen. Sie waren die Ersten in einer langen Reihe von Kriegsopfern im zwanzigsten Jahrhundert, die das „Material" zum Studium diverser Syndrome hergaben: das Vietnam-Veteranen-Syndrom etwa, das Irak-Syndrom (aus dem ersten Irak-Krieg), das dann als „Chronic Fatigue Syndrom" auch die Zivilbevölkerung erfasst hat, oder das Holocaust-Syndrom, um nur einige zu nennen.

In psychoanalytischer Auffassung, die schon so alt ist wie der Erste Weltkrieg her ist, lassen sich alle diese Syndrome durch die Tatsache erklären, dass das Schutzschild der Psyche ganz plötzlich zerrissen wurde, ohne irgendeine Chance, dass irgendwelche Abwehrkräfte Zeit und Gelegenheit gehabt hätten, sich in Position zu bringen und – und das ist eine wichtige Ergänzung – die Invasion kam mit einer solchen Macht, dass sie die zur Verfügung stehenden Kapazitäten in jedem Fall überwältigt hätte. Ein solcher Überfall hinterlässt eine Person mit all den Symptomen, die wir schon gehört haben: zitternd und nicht imstande, damit aufzuhören; körperlich und psychisch.

Natürlich wurden nicht alle, die in irgendeiner Weise in den Krieg verwickelt waren, Männer wie Frauen, neurotisch. Viele von ihnen schafften es, sich gut beieinander zu halten und inmitten von all der Zerstörung und permanenten Bedrohung gut und zielführend zu funktionieren – das haben übrigens auch einige der Menschen geschafft, die Extremsituationen wie Konzentrationslager überlebt haben: solche der Nazis in Europa, des Pol Pot in Kambodscha, der Stalinisten in der Sowjetunion … oder alle die anderen, nicht so bekannten, die eben jetzt in Betrieb sind … Solche Menschen benutzen ihre psychischen Kräfte erfolgreich zum Selbstschutz und erhalten sich eine Art Balance. Das heißt nicht, dass sie was Besonderes oder Supermänner und Barbarellas sind. Es heißt nur, dass ihre innere Situation zum gegebenen Zeitpunkt besser ausgestattet war; andere Anschläge zu anderen Zeiten vorausgesetzt, hätten auch sie Opfer werden können – wer weiß das schon?

Wir können für die Diskussion des Traumas dabei folgendes herausziehen: es braucht beides: das Ereignis und die Person, deren Abwehr eine Schwäche aufweist.

Wie kann das passieren?

Denken Sie an das Kind: Per definitionem braucht das Kind Hilfe und Unterstützung und – am allerwichtigsten! – den hilfreichen und unterstützenden Gedanken und die liebevolle Sorge der Elternfiguren. Die überwältigende Macht, von der wir sprachen und die wir als notwendige Vorbedingung identifizierten, damit ein Trauma überhaupt eintreten kann, kann sehr gut von den Eltern selbst dargestellt werden. Und die Chance, dass die Eltern sich zu einer traumatischen Kraft entwickeln, ist naturgemäß groß, sie sind nah, sie sind mächtig und sie sind wichtig, superwichtig. Üblicherweise kommen die Traumen in den Familien auf leisen Sohlen und sind nicht spektakulär. Das familiäre Trauma ist vielleicht mehr eine Frage von zuviel Liebe und zuviel Neurose und zuviel von Gutgemeintem in allen möglichen Richtungen aufseiten der Eltern, die seltsame, rätselhafte, sexuell überladene Botschaften für das Kind bedeuten. Offener sexueller Missbrauch und Verführung passieren natürlich und führen zu einer chronisch traumatischen Situation für das Kind, dem Äquivalent der traumatischen Neurose des Erwachsenen. Aber der viel rätselhafter Punkt ist ja – und war es auch für Freud, als er darüber stolperte – dass sich Neurosen auch ohne diese faktische Verführungs- und Missbrauchssituation bilden, sondern in den – sagen wir – hinreichend ordentlichen und guten Elternhäusern; und dies ist ein Befund, der die Neurose aus der Pathologie in die Normalität holt, aus der medizinischen Welt in die Alltagswelt von uns allen.

Und da sind wir wieder bei dem narzisstisch gekränkten Kind vom Anfang, sagen wir, es ist ein kleines Mädchen: es liebt seinen Papa und seine Mama, aber es ist auch von einem unbekannten inneren Drängen getrieben, die Mama zu hassen (wegen dem fehlenden Penis) und deswegen, weil sie sie vom Papa fern hält; und sie muss den Papa hassen dafür, dass er die Mama mehr liebt als sie – und das, wo sie ihn doch so sehr liebt!

Und sie phantasiert sich eine gute Welt und erfindet sich die Happy-End-Geschichten, manche davon ganz bewusste: Märchen und Romanzen und Abenteuer – um sich über die grundlegende Frustration ihrer kindlichen Wünsche zu helfen, die ihr nicht bewusst sind, die sie nicht kennt, die, sagt Freud: in ihrem System VBW herumlungern und dauernd lauern, herauszukommen, um dem kleinen Mädchen einen Schrecken einzujagen: dass sie Papas Frau sein will, dass sie ein Baby von Papa will, so wie Mama sie bekommen hat, dass sie Mama aus dem Weg räumen will, denn dann wird Papa endlich sie sehen können und nur sie. Kein kleines Mädchen will solche Ideen haben – und da haben wir ihn wieder, den Konflikt: hier besteht er zwischen dem Wunsch der Kleinen, eine Tochter zu sein, die die Eltern lieben können und diesen anderen Wünschen, die genau dem widersprechen.

Am Ende muss unsere Kleine, wenn sie weitermachen will mit Großwerden und eine Frau sein will, eine Lösung finden. In der Regel geht diese Lösung einher mit der Verdrängung dieser infantilen Wünsche aus den vorbewussten in die unbewussten Gegenden des „psychischen Apparats", außerdem die Verstärkung der Abwehr im Dienste der Verdrängung – und das alles ergibt dann, dass sie – zögernd, aber doch – hinnimmt, dass sie sich mit „Mädchenzeug" befassen muss, wie etwa wachsen, in die Schule gehen, Lernen auf allen Ebenen (damit man möglichst rasch nicht mehr „zu klein" für nichts ist), und sie schaut sich nach Ersatzobjekten um: Lehrer, Stars, die „Großen" in der Schule. Natürlich passiert nichts von alledem wie ein Projekt: Plan – Aktion – Ergebnis. Es gibt für all das keinen bewussten Plan und doch passiert es – mit der größtmöglichen Variationenzahl an Inhalten und Ausformulierungen und individuellen Anpassungen. Und sie liegen immer herum, in psychischer Reichweite, wenn ich das so sagen darf, um wieder benutzt zu werden; im Fall dass …

Im Fall wessen? Was soll denn das heißen?

Wann sollte man das – jemals wieder im Leben – brauchen können, eine so – eigentlich erniedrigende Situation wie die, die wir für das kleine Mädchen beschrieben haben? Die Antwort darauf ist natürlich: niemals! zumindest, wenn uns jemals jemand um unsere Meinung dazu fragen würde. Aber leider haben wir es hier mit einer anderen Sache zu tun – hier geht es nicht um Meinungen und darum, wie wir gerne hätten, dass die Dinge liegen sollen; hier geht es darum, was im Leben alles passieren kann.

Kommen wir nochmal für einen Moment zu Freud zurück, wie er bei seinen Vorlesungen in Amerika die Beziehungen zwischen den Systemen zu erklären versucht. Er sagt, in den Clark Lectures, die vergessenen Erinnerungen (die verdrängten, wie wir schon wissen), seien „im Besitz des Patienten, willig, bewusst zu werden und Assoziationen mit anderen Inhalten zu formen, aber daran gehindert wurden, bewusst zu werden und dazu gezwungen, wieder unbewusst zu werden wegen einer hemmenden Kraft." (Freud, S. 1910a, GW, 8, S. 1–60)

Der zentrale Punkt hier ist das „willig, bewusst zu werden und mit anderem Material Assoziationen zu knüpfen" – denn genau das passiert, wenn – irgendwann im späteren Leben – irgendetwas auftaucht, das gerade da hineinpasst und mittels cleverer Verbindungen imstande ist, die Zensur zu überwinden und den Widerstand des ehemals kleinen Mädchens, jetzt erwachsenen Dame, außer Kraft zu setzen. Und dabei muss es sich nicht um große Ereignisse handeln, wie mein Beispiel – so hoffe ich – zeigen wird.

Eine junge Dame in den späten Zwanzigern, sehr schüchtern, nicht sehr vorteilhaft angezogen, sodass ihre mögliche Attraktivität ziemlich gut versteckt war, kam in meine Praxis – mit sehr großen Schwierigkeiten, wie sich herausstellte, denn ihre wichtigste Beschwerde war, dass sie das Haus kaum verlassen könne. Seit etwa einem Jahr hatte sie sich draußen im Freien so unglaublich zittrig und ängstlich gefühlt, dass sie kaum noch ihre Wohnung verlassen konnte, die gleich neben der ihrer Eltern lag; während ihr Vater mit ihr schimpfte und sie faul und feige nannte, hatte ihre Mutter wieder damit begonnen, sie zu betreuen und für sie zu sorgen. Die junge Frau wurde immer passiver, blieb zu Hause und strickte, was sie früher schon ganz gerne gemacht hatte, aber jetzt, im unbewussten Gefängnis ihrer Ängstlichkeit, wurde das Stricken eine richtige Leidenschaft, die sie völlig ausfüllte.

Sie hatte ihre Arbeit als Sekretärin in einem kleineren Familienbetrieb verloren, weil sie häufig nicht zur Arbeit gekommen war, und erst spät angerufen hatte, dass sie sich unwohl fühle und das Büro unbeaufsichtigt ließ. Sie fühlte sich zwar deswegen sehr schlecht, konnte aber auf der anderen Seite diese Angst vor „dem da draußen" oft überhaupt nicht überwinden. Zu Hause, beim Stricken, fühlte sie sich gut, zumindest ruhig.

Sie hatte nie einen Freund gehabt, dem sie irgendeine sexuelle Nähe gestattet hätte, bis sie etwa vier Jahre zuvor – in ihrer Firma – einen jungen Mann kennen lernte, der sich sehr um sie bemühte und schließlich bei ihr einzog und ihr Freund wurde, all das unter der sehr engen Beobachtung der Eltern, die durchaus geteilter Meinung über diese Beziehung waren: der Vater mochte den jungen Mann und war zufrieden, sein Mädchen in guten Händen zu sehen (sie war übrigens das einzige Kind), während die Mutter unzufrieden war – sie beschwerte sich über den Mangel an Bildung des jungen Mannes und fand, dass er im Ganzen nicht gut genug für ihre Tochter sei.

Die Tochter jedenfalls zog sich aus all dem immer mehr zurück, auch von ihrem Freund, der es schließlich vorzog, wieder auszuziehen, weil er die Kälte und den Rückzug seiner Freundin nicht mehr ertrug. Später wurde klar, dass er ihre Ängstlichkeit und ihre immer stummer werdende Passivität als Vorwurf an sich auffasste, weil er gedrängt hatte, ein richtig eigenes Leben mit Hochzeit und allem anzufangen – und auch eine größere Wohnung weiter weg von den Eltern nehmen wollte.

Hier war sie also. Bevor sie mich angerufen hatte, hatte sie das Ausgehen trainiert, um zumindest imstande zu sein, die Straßen in unmittelbarer Nähe zu ihrem Zuhause benutzen zu können; diese Anstrengung wurde ihr von zwei kleinen Wollgeschäften sehr erleichtert, die sie gedanklich als Zwischenstopp benutzen konnte: „Wenn ich es jetzt bis zum Geschäft A schaffe, dann habe ich die Belohnung, dass ich mir die ganzen neuen Wollarten und Muster anschauen kann. Und dann nochmal mit dem Geschäft B, was noch ein bissel schwieriger ist, weil um zwei Ecken herum."

Meine Praxis lag in der Nähe vom zweiten Laden, gleich gegenüber auf der anderen Straßenseite, was nochmals ein besonderes Training erforderte – denn das Überqueren von Straßen war der Patientin fast unmöglich.

Bei unserem ersten Treffen sagte sie, sie wolle unbedingt wieder arbeiten gehen können. Sie sprach hastig und nicht sehr deutlich, so als wenn sie auch damit ausdrücken wollte, wie unangenehm ihr alles war und sie es schnell hinter sich bringen wollte, um wieder heimzukommen, dort, wo es einzig sicher zu sein schien: Sie hatte genug davon, sich wie ein Baby zu fühlen und zu benehmen und immer von der Hilfe anderer, in der Regel ihrer Mutter abhängig zu sein (die sie für ihre Kraft sehr bewunderte!), die immer mitgehen musste, wenn sie irgendwo weiter weg zu tun hatte; und sie wollte von mir einen Ratschlag, einen Tipp, eine Handlungsanweisung, vielleicht auch eine Pille, aber eher nicht, wenn es geht, wie sie das machen könne: sich draußen wieder normal bewegen zu können und eine gute Arbeit haben und vielleicht sogar ihren Freund zurückbekommen. Obwohl sie zugeben musste, dass er ihr gar nicht sehr abgehe; aber vielleicht war das auch, weil ihr ja gar nichts speziell abgehe und alles so fast gleichgültig aussehe, wenn sie nur die Angst irgendwie beherrschen kann; aber es sei schon so, dass sie wisse, dass das alles nicht normal sei und sie mehr „erwachsen" sein muss, wie früher eben.

Nachdem ich gehört hatte, was sie mir mitteilen wollte, sagte ich, dass sie es ja immerhin schon geschafft hatte, die Sache in die Hand zu nehmen und hierher zu kommen. Und dass ihr dabei die beiden Wollgeschäfte geholfen hatten, die ihren Weg geführt und bewacht hatten; und dass sie die Idee, was sich alles ändern müsse in ihrem Leben, anscheinend irgendwie ins Auge fassen könne zusammen mit der Freude darauf, was sich aus all den tollen Wollen für schöne neue Stücke herstellen ließe, die sie auf dem Weg hierher würde kaufen können. Sie war irgendwie überrascht, denn sie hatte wohl einen schnellen medizinischen Ratschlag, ein Rezept für ein Antidepressivum und vielleicht einen Kontrolltermin in zwei Wochen erwartet … nach einer Pause huschte ein kleines Lächeln über ihr Gesicht und sie sagte: „Also, Sie denken, ich sollte regelmäßig hierherkommen?" Ich sagte: „Das haben Sie jetzt gedacht – und ich stimme Ihnen zu".

Dass sie sich offensichtlich einen für sie sehr gut passenden „Verstärker" für dieses Erstinterview gefunden hatte, habe ich in diesem ersten Gespräch nicht gesagt. Und auch nicht, obwohl es natürlich naheliegend war, dass das Stricken ein eigentlich ziemlich starkes Bild dafür ist, was die beiden Beteiligten am analytischen Prozess tun: den Faden des einen, in diesem Fall Patienten, aufnehmen und daraus einen passenderen Pullover stricken, einen der bequemer ist und auch wärmer, einen der schützt, aber auch eben selbst gemacht ist.

Die Behandlung war keine Psychoanalyse, sondern der Prozess des psychoanalytischen Verstehens der Phobie meiner Patientin – sie kam zwei Mal in der

149

Woche für etwas mehr als ein Jahr. Der Gegenstand unserer gemeinsamen Bemühung war das verlorene Strickmuster ihrer Kindheit – aber nur in einer Hinsicht: ihrer ödipalen Liebe zu ihrem Vater. Alle anderen Aspekte blieben hier ausgespart, denn die Patientin zog es dann vor, ihr Leben wieder aufzunehmen und mich nicht mehr an den Wollläden vorbei aufzusuchen. Jedenfalls, die leidenschaftliche Liebe des kleinen Mädchens zum Vater wurde von den Ereignissen wieder aufgeweckt, die eintraten, als sie etwa 12 Jahre alt war.

Sie verbrachte ihre Wochenenden und Ferien meistens bei den Großeltern auf dem Land. Dort war ihre beste Freundin die Tochter der Nachbarn; diese verbrachte sehr viel Zeit in der Gesellschaft eines älteren Mannes, der alleine in einem großen Haus im Dorf wohnte und die Angewohnheit hatte, oft am Fenster seines Hauses zur Straße sitzend alles zu beobachten, was draußen geschah. Die Freundin meiner Patientin ging sehr gerne zu diesem Mann, er erzählte spannende Geschichten über ein Leben in Amerika, wo er seine Jugend verbracht hatte – und er hatte viele Bücher, über fremde Länder und Kunst, die sie sich anschauen durfte und auch dazu hatte er viel zu erzählen. Er machte immer Kaffee und behandelte sie wie eine Erwachsene. Manchmal ging meine Patientin dorthin mit und war von beidem fasziniert: von ihrer Freundin, die – unbefangen und neugierig – diese Situation für sich nutzen konnte und auch von dem Mann, den sie nett fand und zu dem sie sich hingezogen fühlte.

Diese Kindheitsfreundin – sie war die Chefin eines großen Backoffice einer internationalen Firma in Wien, war verheiratet, hatte zwei Kinder und strahlte vor Lebenslust und Attraktivität! – war meiner Patientin vor etwa mehr als einem Jahr auf der Straße begegnet und meine Patientin fühlte sich dabei grau, hässlich und übrig geblieben. Ihre Anstrengungen, auch in den Stunden bei mir, ihren Neid in Verachtung umzudeuten: die armen Kinder mit so einer ehrgeizigen Mutter, sie selbst würde ja so ein Leben nicht wollen etc. – waren nicht wirklich erfolgreich. Sie „vergaß" das Treffen und begann, sich mehr und mehr zurückzuziehen und ihre Symptome begannen sie zu quälen.

Das Treffen mit ihrer Kindheitsfreundin tauchte allerdings in der Therapie sehr zeitig auf, nämlich, als sie sich zu erinnern versuchte, wie die Umstände rund um die Zeit genau waren, als ihre Symptome begonnen hatten, aber es schien keine besondere Bedeutung zu haben. Die Verbindung zu ihrem gegenwärtigen Zustand kam ins Blickfeld, als sie sich – plötzlich! – erinnerte, dass irgendwer, ein Mann, irgendein grausiger alter Mann im Dorf ihrer Großeltern versucht hatte, sie zu verführen, als sie klein war.

Zur nächsten Sitzung kam sie sehr aufgeregt, sehr ängstlich, aber auch triumphierend, und präsentierte mir das, was sie zum gegebenen Zeitpunkt für die historische Wahrheit hinter ihren Symptomen hielt: sie konnte deswegen nicht auf die Straße, weil hinter jedem Fenster ein möglicher Verführer lauerte, der nur darauf wartete, sie in sein Haus zu zerren und zu missbrauchen.

Ich war von dieser „sexuellen" Wendung weder überrascht noch überzeugt; also versuchte ich abzuwarten, eine Übung, die zu den schwierigeren für alle Psychoanalytiker zählt: nicht zu viel zu quatschen. (Harald Leupold-Löwenthal z. B. gab einer Analysandin, die gerade anfing, eigene Patienten zu sehen und ihre sogenannten „Kontrollfälle" weil unter enger Supervision eines Lehranalytikers absolvierte, den sehr guten und brauchbaren Rat, sie solle sich in das Kopfende der Couch einen Zettel heften, sodass sie ihn immer vor Augen habe. Darauf sollte stehen: „Kusch! Kusch! Kusch!")

Immerhin sagte ich doch so viel, dass sie, wenn ich sie richtig beobachte, von dieser Entdeckung nicht wirklich erleichtert wirke. Und dies hinge vielleicht damit zusammen, dass sie natürlich zwar wisse, dass normalerweise keine Männer hinter den Fenstern der Häuser darauf lauern, Frauen zu sich hineinzuzerren, aber ihr Gefühl anscheinend etwas anderes sagen. In der nächsten Sitzung erzählte sie mir die – vergessene – Geschichte ihrer Kindheitserinnerung und von ihrer Freundin von damals und von der ganzen Geschichte des allein stehenden Mannes in seinem Haus, der für die beiden Mädchen ihr rätselhafter „Prinz" war und alles andere, was wir schon wissen.

Ich fragte sie: Wahrscheinlich haben Sie doch mit Ihrer Freundin über diese Verführung gesprochen und vielleicht hat sie sogar eine ähnliche Erfahrung machen müssen? Sie schaute mich lange wie abwesend an, doch plötzlich wurde ihr Blick ganz wach und aufmerksam, so als würde sie mich überhaupt das erste Mal wahrnehmen: „Meine Freundin war's, sie hat mir da erzählt, dass der Mann sich ihr genähert hat, sie nackt sehen wollte und solche Sachen; sie war geschmeichelt, fand das toll und wollte mir davon erzählen, vielleicht auch angeben. Ich konnte nichts hören, wollte davon nichts hören, das Ganze schreckte mich viel zu sehr, ich rannte weg und wollte nicht mehr mit ihr reden."

„Bis zu Ihrem Treffen vor einem Jahr?"

„Ich glaube, ja", sagte sie.

Natürlich können wir jetzt, mit der Weisheit der „Nachträglichkeit" einfügen, dass sie schon damals neidisch und eifersüchtig auf ihre Freundin war; dass sie gerne – zumindest in der Phantasie, vielleicht nicht in Wirklichkeit! – an ihrer Stelle gewesen wäre, und zwar ganz und gar: als ein attraktives, verführerisches Mädchen, das selbstbewusst und stolz mit ihrer Sexiness umgeht und es schafft, ihre ödipalen Wünsche sozusagen duchzusetzen: ihren Ersatz-Vater tatsächlich dazu zu bringen, sich in sie zu verlieben, sie „wirklich" zu wollen.

Ungefähr soviel konnten wir miteinander entdecken und aus den alten Fäden die ersten Reihen eines neuen Pullovers für sie stricken, bevor die Patientin, ich erwähnte es schon, mich wieder verlassen hat. Dieser Pulloveranfang hat aber immerhin erbracht, dass sie nun wusste, dass die Männer hinter den Fenstern in ihrem Kopf und ihrer Erinnerung hausten und nicht in den wirklichen Häusern in der Wiener Vorstadt; dass sie – genau besehen – weniger eine Bedrohung als eine Attraktion waren; bedrohlich waren dagegen ihre eigenen Wünsche, eine kleine sexuelle Frau zu sein, den Mann (den Ersatz!) dazu zu bringen, sie zu wollen; und bedrohlich war auch der Neid auf ihre Freundin, die sie sogar verlassen musste, nur um sie 15 Jahre später wiederzufinden als die Inkarnation eines lebendigen und befriedigenden Lebens.

Es ist ganz kühl geworden hier in diesem Straßencafé, und ich denke, ich gehe nochmals einen Sprung ins Museum zurück, zum Aufwärmen und Abrunden.

Meine Geschichte hat sich ausgeweitet (das ist bei diesen Spaziergängen schon fast die Regel), und ich habe Ihre Zeit fast mehr mit der Erklärung des Rundherum in Anspruch genommen als mit dem „Fall" selbst. Das Rundherum der Neurose: das Trauma, das es braucht, das aber nicht so laut und zerstörerisch daherkommen muss wie bei den Kriegsneurosen; die Nachträglichkeit, die es braucht, damit das Trauma ein Symptom schaffen kann: es rollt dann sozusagen wie die Roulettekugel an den richtigen Ort, an den, den die Abwehrstruktur des betroffenen Menschen dafür vorgesehen hat; und die Dynamik aus Unbewusstem, Bewusstem und Verdrängtem, die im Moment des Traumas außer Balance gerät und als Ausweg das Symptom findet und sozusagen erschafft.

Vor dem Museum stehend, beschließe ich plötzlich, heute nicht mehr hineinzugehen – morgen, am Sonntag wieder, morgen nochmal einen Besuch bei Anna und ihrem Vater, bei Lyn, dem Unbewussten, deren Porträt in Annas Arbeitszimmer hängt und bei den vielen Diplomen und Ehrenurkunden, die Freud erreicht haben und die an der Wand rechts neben Lyns Porträt hängen – morgen nochmals. Jetzt aber rasch zu Karnac und die Bücher anschauen und wohl – wie immer – auch einige heimschleppen.

Frauen und Psychoanalyse –
Psychoanalyse der Frauen

I was angry with the old man
with his talk of the man-strength
I was angry with his mystery, his mysteries,
I argued till day-break.

H. D. (Hilda Doolittle)

Die Physik und die Psychoanalyse teilen sich die Ehre, unter ihren Pionieren im 20. Jahrhundert viele Frauen aufzuweisen. Die moderne Physik hat geradezu mit Marie Curie begonnen, und wenn es auch für sie wie für Liese Meitner, Marietta Blau oder ihre eigene Tochter sehr viele Hindernisse und Schwierigkeiten zu überwinden galt, so konnten sie dennoch Fuß fassen und sich mit ihrer Intellektualität und ihrem wissenschaftlichen Beitrag durchsetzen. Das ist nicht selbstverständlich, wie die Geschichte aller anderen Disziplinen zeigt. Und woran es liegt, dass gerade diese so unterschiedlichen Fächer diese Gemeinsamkeit haben, weiß wohl auch niemand. Es mag doch mit ihrer Modernität zu tun haben, mit der Unkonventionalität, die das Denken in Naturgesetzen und das Denken am Unbewussten verlangt hat zu dieser Zeit, und die, anscheinend, in den Communities sowohl der Physiker als auch der Psychoanalytiker leichter herstellbar war als in den Rechtswissenschaften, der Geologie oder der Literaturwissenschaft, um eine willkürliche Liste zu nennen.

Die Psychoanalyse ist der Physik in diesem einen Punkt der Frauenpräsenz noch einmal haushoch überlegen, die Zahl von Frauen, die wissenschaftliche Beiträge zur Entwicklung dieses Feldes gemacht haben, ist groß; sehr groß, scheint mir, wenn ich andere Disziplinen betrachte. Die Psychoanalyse hatte es aber auch sozusagen einfach, für intellektuelle Frauen, die sich nach interessanten neuen Entwicklungen umschauten, attraktiv zu sein; sie war brandneu, sie befasste sich mit dem Menschen und seiner Verfassung, sie hatte einen therapeutischen Impetus und bot sich sozusagen als außerakademische, medizinähnliche oder medizin-nahe Disziplin an. Es gab ja keine formale Ausbildung (erst in den Zwanziger Jahren wurden Ausbildungsordnungen entwickelt und die Lehranalyse verpflichtend eingeführt), sodass sich auch eine berufliche Perspektive mit ihr verbinden ließ. Das ist die eine Seite der Medaille, die soziologische, wenn man sich der Tatsache annähert, dass die Anzahl der Psychoanalytikerinnen immer schon sehr hoch war: bereits 1940 waren 40 % der Psychoanalytiker Frauen, und für ganz Europa habe ich die Zahl gefunden, dass zwischen 1920 und 1980 27 % der Psychoanalytiker Frauen waren – zum Vergleich bringt es Amerika auf 17 %. Dazu muss man aber wissen, dass in den Vereinigten Staaten ein medizinischer Abschluss notwendig war, um Psychoanalytiker zu werden, und da gab es nur 4 bis 7 % Frauen!

Die andere Seite der Medaille der Weiblichkeitsthematik oder der Verknüpfung Frau und Psychoanalyse ist, dass Freuds Ansichten über die Weiblichkeit, insbesondere die weibliche Sexualität, seit Jahrzehnten unter heftigem Beschuss stehen. Die Meinungen reichen hierbei von der Abqualifizierung als konservativem Bürger des 19. Jahrhunderts, der Frauen für mangelhafte Männer hielt und ihnen den Platz am heimischen Herd zuweisen wollte bis hin zur feministisch ausgefeilten Kritik am Konzept des Ödipus-Komplexes – und hier insbesondere des Kastrationskomplexes und des Penisneides, der als Ausdruck eines für die Psychoanalyse typischen männlichen Chauvinismus gesehen wird. Die Literatur dazu ist fast unübersehbar und soll hier sicherlich nicht nacherzählt werden.

Aber eine kleine Porträtgalerie wichtiger Frauen in ganz subjektiver Auswahl wird sich auch mit dieser Frage zusammenführen lassen, sodass wir hoffen dürfen, über alles etwas zu erfahren – den Ödipus-Komplex und die Frauen und die psychoanalytischen Auffassungen zur Weiblichkeit; und zwar von den Frauen, die mir am besten gefallen in der langen Reihe und der großen Menge.

Margarethe Hilferding

Die erste Frau, wenn man von Martha Freud und der wohl unterschätzten Rolle absieht, die sie bei der Entwicklung der ersten psychoanalytischen Konzepte gespielt hat (nicht als Co-Forscherin, aber als Gesprächspartnerin über all die mit dem Forschen verbundenen Aufs und Abs, als kluge junge Frau, die pointiert und spitz schreiben konnte und die das Bild, das Freud sich von der Frau macht, sicher nicht unwesentlich bestimmt hat), betritt in der Mittwochsgesellschaft die Bühne und setzt sich als einzige Frau unter die Zigarren paffende Männerrunde. Margarethe Hilferding ist das schon gewohnt – sie hat immerhin als erste Frau das Medizinstudium an der Universität Wien abgeschlossen und auf dem Weg dieses Diploms jede Menge Durchsetzungsvermögen beweisen müssen.

Im Jahr 1871, als sie als Margarethe Hönigsberg in Ottakring auf die Welt gekommen war, war die Welt für ihre Familie voller Zuversicht und guter Perspektiven. Das kleine Mädchen war das erste Kind aus der Liebesheirat ihrer Eltern, des Arztes Paul Hönigsberg und Emma Breuer. Emma stammte aus einer der wohlhabendsten Familien Wiens, aber auch ihr Mann musste nicht aus ökonomischer Not heraus in der proletarischen Vorstadt Wohnung nehmen. Das junge

Paar fällte wohl diese Entscheidung bewusst aus einer Art sozialpolitischem Mut, der mit der Grundeinstellung vieler damals fortschrittlich gesinnter junger Ärzte zusammenhing, die ihr Ziel darin sahen, die Lebensumstände der Menschen ganz praktisch und handelnd zu verbessern und die damit das Medizinstudium selbst zu einer Art persönlichem politischen Programm werden ließ. Diese Einstellung hatte ein großes Vorbild in Adolf Fischhoff, dem legendären jüdischen Revolutionsführer von 1848, der als Arzt bis 1875 praktizierte und auch für Viktor Adler, den Gründer der österreichischen Sozialdemokratie, für Sigmund Freud, den Begründer der Psychoanalyse (und Studentenfreund Adlers) und viele andere junge jüdische Männer dieser Zeit eine Identifikationsfolie abgab. Nach der vollen Gleichberechtigung der Juden ab dem Jahr 1867 sahen sie ein tätiges Leben für die Menschen als Karriere vor sich, eine Karriere, die ihren liberalen bürgerlichen Schwung auch mit einer familiären Emanzipation aus den Zusam-menhängen von Kaufmanns- und Geldgeschäften verbinden konnte. Sie waren klug, mobil, wohlhabend oder/und fleißig und wollten die Welt verändern, indem sie den Menschen zu einem besseren Leben verhalfen.

Die soziale Frage war unmittelbar und eng mit der Gesundheitsfrage verknüpft – sie ist das heute ja heute noch. Auch heute noch sind die ärmeren Menschen auch schlechter ernährt und schlechter ausgebildet, haben die schlechteren Arbeitsbedingungen und demgemäß auch die schlechteren „self care"-Ressourcen, alles Faktoren, die ihre Lebenserwartung gegenüber den Wohlhabenden schmälern. Damals aber, als Margarethes Eltern ihre Wohnung und die Praxis des Vaters in Ottakring nahmen, natürlich umso mehr. Sozialmedizinische Fragen als politische Fragen zu begreifen, sollte auch das implizite Lebensprogramm für ihre älteste Tochter werden, das sich für sie persönlich auch noch mit der „Frauenfrage" verband. Auch hierin konnte sie das politische Programm der Familie weiterführen, denn ihre Mutter Emma war eine frühe Frauenrechtlerin.

Und Margarethe, gestützt von zwei starken liberalen Familientraditionen, die die psychosozialen Voraussetzungen für diesen ungewöhnlichen Schritt legten, schaffte es als erste Frau, in der akademischen Medizin der Universität Wien Fuß zu fassen und ihre Promotion zu erreichen. Das war keine ganz einfache Übung. Denn waren zwar am Ende der Monarchie die rechtlichen Voraussetzungen für eine freie Wahl des Berufes von Frauen vorbereitet worden, war diese gute Nachricht deswegen natürlich noch nicht gleich in die Institutionen und natürlich schon gar nicht in die Köpfe der Menschen geraten. Und so war es in der Familie Hönigsberg wohl klar, dass auch Mädchen einen Beruf erlernen sollten, aber dafür gab es nur die Lehrerinnenbildungsanstalten. Eine solche schloss Margarethe auch im Jahr 1893 ab, da war sie 22 Jahre alt und wollte nicht Lehrerin sein, sondern Ärztin werden. Die Lehrbefugnis entsprach jedoch keiner regelrechten Matura, was für alle jungen Frauen, die damals studieren wollten, eine Externistenprüfung erforderlich machte.

Margarethe wurde die erste Frau, die in Österreich 1903 ein Medizinstudium abschloss und es ist erstaunlich, welche formalen und persönlichen Widerstände sie hierfür überwinden musste. Sie war also bereits 32 Jahre alt, als sie die gewünschte akademische Ausbildung erreicht hatte. „Bei allem war man die Erste", so beschrieb, durchaus ambivalent, eine Studienkollegin Margarethes die Situation dieser ersten Studentinnen; es waren insgesamt 11 junge Frauen, die damals Medizin inskribiert hatten. „In der Rückschau verdeckt mitunter die Genugtuung über das endlich Erreichte die Mühen und Peinlichkeiten, die den Weg vielfach bestimmten. Zweifellos waren sie in den Vorlesungen und an anderen Orten die ‚Ersten', andererseits galten fast alle dieser jungen Frauen im Sinne konventioneller weiblicher Lebenswege als ‚späte Mädchen'." (List, E. 2006, S. 101)

Margarethe heiratete gleich nach Ende des Studiums Rudolf Hilferding, der – ebenfalls Arzt und sechs Jahre jünger als sie – sein Hauptinteresse in Politik und Ökonomie gefunden hatte und unablässig neben seiner ärztlichen Tätigkeit zu nationalökonomischen Fragen publizierte. Die Ehe der beiden stand unter dem Zeichen der gemeinsamen politischen Überzeugung, sie hatten sich in der „Freien Vereinigung sozialistischer Studenten" kennen gelernt und teilten das Ethos der politischen und medizinischen Arbeit. Als Rudolf Hilferding wenige Jahre später seiner eigentlichen Berufung zur Politik und Publizistik mit einem Ruf an die Parteihochschule der Sozialdemokratie in Berlin und einer Anstellung bei der „Neuen Zeit" nachgeben konnte und in die Nähe seines väterlichen Freundes und Förderers Karl Kautsky zog, folgte ihm Margarethe zwar mit den beiden inzwischen geborenen Söhnen Karl und Peter, die Berliner Zeit wurde aber für sie zu einer Sackgasse. Sie durfte als Ärztin in Berlin nicht arbeiten und anscheinend entfremdete sich auch das Ehepaar rasch und anhaltend, jedenfalls kehrte sie im Herbst 1908 wieder ganz nach Wien zurück, während ihr Mann in Berlin blieb und ein sehr einflussreicher sozialdemokratischer Theoretiker („Das Finanzkapital") wurde und zwei Mal für kurze Zeit Reichsfinanzminister war.

Mutterliebe

„Bei allem war man die Erste" – so war sie auch die erste Frau in der noch jungen Psychoanalyse rund um Freud und nahm ab ihrer Rückkehr von Berlin an den Sitzungen der „Mittwochsgesellschaft" in Freuds Praxis teil, gerade zu einer Zeit, die mit den ersten Differenzen und Konflikten in der Gruppe einherging. Sie kam sozusagen rechtzeitig, um den beginnenden Streit zwischen Adler und Freud hautnah mitzuerleben. Ob die Psychoanalytiker sich – genauso wie die konservativen Professoren an der Universität – als Männerverein etablieren würden, oder ob sie – wie die Fortschrittlichen auch dort – für die Gleichberechtigung optierten, mussten sie erst entscheiden, als eine Frau an ihre Tür klopfte und mit einem scheinbaren Frauenthema: „Zur Grundlage der Mutterliebe" die Aufnahme als gleichberechtigtes Mitglied forderte.

Die Debatte war keinesfalls ausgemacht und es ist erstaunlich, wie lange die Herren brauchten, um schlussendlich doch zuzustimmen, dass Frauen Mitglieder werden konnten. So wurde Margarethe Hilferding zum „Anlassfall" auch hier, und – wie man sagen muss – zum Glück und nicht zum Schaden für die junge psychoanalytische Bewegung. Denn ihr Vortrag macht nicht nur ihr selbst, der Unabhängigkeit ihres Denkens und der Klarheit ihrer psychoanalytischen Vorstellungen alle Ehre, er ist auch das früheste psychoanalytische Dokument zur Bedeutung der Mutter für die psychische Entwicklung der Kinder.

Das Mutterthema ist in späteren Jahren für die Psychoanalyse immer wichtiger geworden und hat – unter dem Einfluss vor allem der Ideen von Melanie Klein, aber auch Margaret Mahlers und Donald Winnicotts – einen zentralen Platz in der Theorie erobert und seither behauptet. Margarethe Hilferding ist die Pionierin dieser Strömung und ihr Vortrag ist konzeptionell klarer und entschiedener als vieles, das später dazu gesagt wurde.

So beginnt sie mit der einfachen, aber damals schon gar nicht selbstverständlichen Beobachtung, dass „die Mütter, die sich sehr auf das Kind gefreut haben, beim Erscheinen desselben ganz enttäuscht sind und das eigentliche Gefühl der Mutterliebe vermissen lassen." (Protokolle, Band III, S. 113) Diese Frauen können dann ihre Kinder oft nicht stillen oder es gibt sogar ganz offen feindliche Regungen und Handlungen gegen das Kind. Die Gegenseite, übertriebene Zärtlichkeit und Ängstlichkeit ist in dieser Auffassung „die Verdrängung und Kompensierung feindlicher Impulse in ihr Gegenteil." (ebda.) Sie folgert daraus zweierlei: „Es gibt keine angeborene Mutterliebe" und weiters: Die Mutterliebe entsteht durch den innigen Kontakt und die körperliche Beschäftigung der Mutter mit dem Säugling. Das Kind führe nämlich zu gewissen Änderungen in der Sexualität der Mutter, die mit sich bringen, dass „das Kind in der Zeit nach der Entbindung ein natürliches Sexualobjekt der Mutter darstelle". (ebda.) Bereits die Kindsbewegungen in der späten Schwangerschaft seien erste Anzeichen für die Dynamik aus konkreter körperlicher Lust der Mutter, die durch das Kind hervorgerufen werden und der Lusterfahrung, die wiederum die Mutter dem Kind über Körperpflege und allgemeine Versorgung geben kann.

Die Feststellung dieser Dynamik der beiden beteiligten Protagonisten Mutter und Kind ist eigentlich die besondere Pionierleistung dieser Arbeit, die ein komplexes Thema sehr konkret angeht und Freuds Triebtheorie in lebendiger Weise benutzt, um ein – damals – neues Feld dafür zu erobern. Mit klaren Worten: auch die unschuldigste, reinste Form der Liebe ist eine sexuelle und braucht das Lustmoment, um in Gang zu kommen.

Die Männer in Freuds Verein waren darüber wenig erfreut. Nicht nur war von ihnen in dem Vortrag nicht die Rede gewesen, sie waren auch noch mit dem selbstbewussten Behaupten von körperlicher Lust konfrontiert worden in einem Gebiet, in dem doch scheinbar nur die Reinheit und die Natürlichkeit walteten. Auf das Revolutionäre des Vortrages, die Erogenität der Körpererfahrungen zwischen Mutter und Kind – war in der Diskussion niemand eingegangen. Die Männer zogen es vor, von sich selbst zu reden: In der Diskussion, wie sie in den Protokollen festgehalten ist, kommen vor: die Verankerung der Mutterliebe im Erlebnis der Empfängnis (die Mutter verdankt also ihre Mutterliebe dem Mann!), der Vergleich mit der Vaterliebe, die Liebe zum Kind als Fortsetzung der Liebe der Frau zum Mann und der Glaube, während der Stillperiode nicht empfängnisbereit zu sein. Dieser Gedanke, schreibt List, „beschäftigte mehrere Anwesende". (a. a. O., S. 138)

Freud meldet sich zu Wort, „die Idee prinzipieller Feindseligkeit dem Kind gegenüber war ihm sichtlich schwer verdaulich, weshalb er sie ‚jenen jungen Müttern' zuschob, ‚die schädliche Wirkungen der modernen Literatur erfahren haben und die den Schrei nach dem Kind als Ausrede für ihr sexuelles Verlangen gebrauchen'." (ebda.) Und dann fährt es doch noch aus ihm heraus, die ganze Aggressivität, die in der Mutterliebe keinen Platz haben darf: Es soll ja auch „die Wildsau ihre Jungen auffressen." (ebda.) Ein bizarrer Einfall, aber ein Einfall; es braucht keine besonders schwierige Deutungsarbeit, um die Aggressivität gegenüber dem Gedanken Margarethe Hilferdings zu „riechen", die sich dann auch noch die Nähe zum Tierreich überhaupt, und noch dazu zum Schwein, gefallen lassen muss. Wir können es zwar nicht wissen, aber wir können uns vorstellen, dass Margarethe sich nicht gut verstanden fühlte, als sie an diesem Abend – als frischgebackenes Mitglied zwar, aber mit ihren Ideen ganz allein – nach Hause ging.

Sie blieb nicht mehr lang. Mit Adler und einigen anderen verließ sie bald darauf die Vereinigung, womöglich aufgrund der unfreundlichen Stimmung ihr gegenüber und die politische Zuversichtlichkeit, die die Adler Gruppe ausstrahlte. Dass diese Zuversicht leider auf Kosten der Plausibilität und Kohärenz der Theorie über das Seelenleben ging und Margarethe Hilferding in ihren späteren Arbeiten, die, dem Adlerschen Paradigma verpflichtet, nie mehr die beeindruckende Klarheit ihres ersten, psychoanalytischen Beitrages erreichte, ist eine bedauerliche Tatsache.

Sie machte jedenfalls eine Praxis in Favoriten auf und führte ein tätiges Leben als Ärztin, Alleinerzieherin und sozialdemokratische Bezirksrätin und adlerianische Psychologin. Ihre schriftstellerischen Arbeiten befassen sich mit sozialen und gesundheitspolitischen Fragen, insbesondere der Frauengesundheit. Natürlich war damals die zentrale Frage die Geburtenregelung und der Kampf gegen den § 144. Margarethe Hilferding greift prominent und pointiert in diesen Kampf ein.

Der Einmarsch der Nazis setzt diesem tätigen Leben auf der Seite der unterprivilegierten Frauen und der Sozialdemokratie ein jähes Ende. Ab 1937 darf sie nicht mehr praktizieren, 1938 wird sie für eine Woche eingesperrt. Dann konfisziert man ihre Wohnung, sie selbst wird zunächst in eine Sammelwohnung in der Grünentorgasse, später in das jüdische Altersheim in der Seegasse verwiesen und harrt dort aus. Sie schlägt alle Möglichkeiten der Ausreise aus, ist froh, die Söhne in Sicherheit zu wissen. 1942 wird sie in Treblinka ermordet.

Was braucht die Mutter?

„Abgesehen von der als anstößig und verstörend empfundenen Idee einer sexuellen Bindung der Mutter an das Kind, sogar an das ungeborene Kind, bedeutete diese Theorie auch eine heftige Erschütterung des Selbstbildes der Männer als einzige Quelle sexueller Lust für die Frau", heißt es in der jüngst erschienenen Biographie über Hilferding von Eveline List dazu lakonisch und trifft wohl den Nagel damit auf den Kopf. Auch in der Psychoanalyse, die den Frauen früh einen prominenten Platz einräumte, mussten sich die Frauen diesen Platz erobern und wurden nicht eingeladen dazu.

Margarethe Hilferding war also auch hier „die Erste" und verschaffte sich Eintritt gleich mit einer – angewurzelten und deswegen besonders wirkungsvollen – Provokation: sie griff die Männer direkt an, frontal, also besonders wirkungsvoll. Psychodynamisch ist hier wohl eine Kastration am Werk, und dass diese zumindest getroffen hat, ist vielleicht aus Freuds Diskussionsbeitrag ersichtlich, der von der Idee der primären Feindseligkeit dem Kind gegenüber schockiert war und sie nur für Frauen gelten lassen wollte, die von der Literatur verdorben waren und ihre sexuellen Wünsche mit dem Wunsch nach dem Kind verwechselten.

Die Sexualität war auch für den Begründer der Theorie des Sexuellen keine Sache, die er völlig offen und unvoreingenommen in allen Zusammenhängen akzeptieren konnte. Wenn es an die Mutter ging, hörte sich der Spaß für den Patriarchen Freud auf. Dazu kommt, auf einer weniger persönlichen Ebene, dass Freuds Konzept der Sexualität zu dieser Zeit quasi die des Sohnes war. Was er über die Mutter sagte, war, dass sie eine schier endlose Lustquelle für das Kind sei – aber ihre eigene Lust, die – so lehrt uns Margarethe Hilferding – hat ihn dann doch skandalisiert.

Darüber sollte man weniger erstaunt sein und sich schon gar nicht erheben: das hängt mit der Eigenart des Sexuellen selbst zusammen, das immer anstößig ist und immer in Kontrast zur Zivilisation und ihren dünnen Schichten steht, in denen wir sie uns umgehängt haben. Das Sexuelle wohnt immer gleich neben der Gewalt, so nah, dass es die Gewalt oft durchdringt und tränkt; und umgekehrt ist die Gewalt der Sexualität so eng benachbart, dass sie Eingang in die Lust und deren Spielarten findet.

Heute wissen wir, unter anderem wegen einer emanzipatorisch verstandenen Sexualwissenschaft, darüber mehr als Freud und seine Freunde 1910 wissen konnten, und wir wissen auch viel mehr über die unbewusste Dynamik zwischen Mutter und Kind, dank der oben schon erwähnten Melanie Klein und anderer TheoretikerInnen vor allem in ihrer Tradition.

Es ist in diesem Zusammenhang auch die Rede davon gewesen, dass es eine Wendung zur Mutter gegeben habe, nachdem jahrzehntelang der Vater, das Realitätsprinzip, das väterliche Gesetz als Über-Ich etc. die Hauptrolle in den

Vorstellungen der Psychoanalyse gespielt hatte. Und da ist in der Tat etwas dran: auch wie in der Gesellschaft kommt in der neueren Psychoanalyse der Vater erst in zweiter Linie „dran", und das meiste Nachdenken wird seit Jahrzehnten in die Mutter-Kind-Beziehung investiert. Der Vater wird – außer im Lacanschen Denken – für die frühe Zeit der Entwicklung des Kindes eher als Dritter im Spiel gedacht, der die beiden anderen nicht ganz allein lässt, ob er nun real da ist oder nicht, spielt dafür gar keine Rolle.

Wie zum Beispiel in dem Film „Grbvica" von Jasmila Zbanic.

Grbvica ist ein serbischer Vorort von Sarajewo, der letzte, der 1996 geräumt und an die Bosnier übergeben wurde. Esma lebt dort mit ihrer adoleszenten Tochter und hat es schwer, sich und Sara durchzubringen, sie jobt in einem Nachtclub und näht nebenher Kleider für ihre Freundinnen. Sara ist eine richtige Göre, ruppig und süß, aufbrausend rempelt sie einen Klassenkollegen an, der sie beim Fußballspielen im Schulhof foult und scheut sich auch nicht, sich mit ihm zu prügeln, schreit ihn an, „Du bist ja nur sauer, weil du schlechter spielst". Später verlieben sich die beiden ein bisschen, schüchtern und sehr jung, und es spielt dabei eine Rolle, dass sie – wie sie meinen – etwas gemeinsam haben: ihre Väter sind „Kriegshelden", sie sind im Krieg gegen die Serben gefallen.

Sara, begabt und eckig, schlacksig und weich, anhänglich und fordernd, ist stolz auf ihren Vater, den sie nie gesehen hat und von dem es kein Bild gibt. Esma, ihre Mutter, sagt ihr auf die Frage, was sie denn von ihrem Vater habe, nach einem Zögern, das sich der Zuschauer nicht erklären kann: die Haare, und Sara ist verblüfft und erfreut und streicht sich, ein bisschen verträumt durch die Haare, die schwarz sind und struppig lustig und frech um ihren Kopf stehen. Sara ist eine richtige Adoleszente, sie ist ganz widersprüchlich und doch ganz klar in ihrer Art: groß, aber verletzlich, frech, aber liebesbedürftig, rebellisch, aber im Wunsch nach Halt und Sicherheit. Sie ist die tollste Adoleszente, die ich je auf der Leinwand gesehen habe.

Esma, ihre Mutter, finde ich auch beeindruckend, aber nicht so wie ihre Tochter. Esma nimmt – offensichtlich, weil es verlangt wird und auch mit einer gewissen finanziellen Renumeration verbunden ist – an Treffen von Frauen teil, von denen man im Laufe des Filmes mitbekommt, dass es sich um therapeutische Gruppen handelt, in denen die Frauen, die in „Konzentrationslagern" der Serben als Sexualobjekte gehalten wurden, die Gelegenheit bekommen, ihre Erfahrungen auszusprechen und miteinander zu teilen. Esma sagt nichts, geht nur hin, weil sie das Geld braucht. Aber anscheinend sollte sie was sagen. Sie versucht, nichts sagen zu müssen, den Frauen nicht, aber natürlich vor allem sich selbst nicht, und schon gar nicht ihre Tochter Sara.

Sara aber will es wissen und fragt nicht direkt, sondern indirekt, über eine Schulbestätigung, die sie braucht, damit sie für eine geplante Klassenfahrt weniger zahlen muss, weil ihr Vater ein Kriegsheld ist. Immer wieder fragt sie ihre Mutter nach der Bestätigung, die sie dafür braucht und ob sie sie schon besorgt hätte. Esma hat Ausreden und Ausflüchte und Sara will ihr glauben und kann es irgendwie doch nicht ganz, am Ende kommt es zu einer dramatischen Szene zwischen den beiden; Sara richtet die Pistole, die sie zuvor ihrem Freund abgenommen hat (die er von seinem Kriegshelden-Vater „geerbt" hat) auf ihre Mutter und zwingt sie: Wo ist mein Vater gefallen? Wo ist er begraben? Sag mir die Wahrheit!

Esma verliert das erste Mal seit dem Krieg die Fassung und stürzt sich auf Sara: „Du bist eine Serben-Bastard! Dein Vater hat mich vergewaltigt, ich war im Lager, Du bist ein Bastard, ein Bastard ...", und sie schlägt hilflos und weinend und wütend auf Sara ein.

Ganz am Ende des Filmes scheint es möglich, dass die beiden sich vielleicht in Zukunft werden versöhnen können, als Sara aus dem Rückfenster des Busses, mit dem sie – mit kahlgeschorenem Kopf – auf Klassenfahrt abfährt, ihrer Mutter, die sie nicht umarmen durfte, doch zaghaft zuwinkt. Was die beiden sich alles gegenseitig zu verzeihen haben, bleibt aber, zum Glück, eine Sache, die sie zwischen sich ausmachen werden und an der der Zuschauer nicht mehr partizipiert.

Es geht mir hier nicht um eine ästhetische Beurteilung des Filmes, sondern um die Dynamik zwischen den beiden Frauen, denn auch Sara erlebt ihren ersten richtigen Kuss in der Zeit des Filmes und erweist sich als kluge Frau, als sie ihrem Freund, der voller Hass auf die Feinde ist, die Pistole abnimmt.

Nach der Klimax, der Wahrheitsszene sehen wir Esma wieder in ihrer Frauengruppe, diesmal erzählt sie: vom Lager und der Schwangerschaft, von ihrer Abscheu dem Baby in ihrem Bauch gegenüber, wie sie versucht hat, es mit Schlägen auf den Bauch und Sprüngen von Leitern loszuwerden. Wie sie es nach der Geburt nicht einmal sehen wollte und es sofort weggeben hat. Wie dann die Milch eingeschossen ist und sie das Kind aus dem Säuglingszimmer schreien hörte; wie sie gesagt hat, man solle es ihr bringen und sie vorhatte, es einmal, aber nur einmal, zu stillen; wie sie dann gerührt war, dass es so wunderschön ist, das Kind, und so verwundert, dass es überhaupt so etwas Schönes gibt auf dieser Welt, in der sie gelebt hat.

Und dann konnten sie zusammenbleiben, Mutter und Tochter, auch mit diesem Vater, der, obwohl er niemals anwesend war, immer präsent ist.

Esma, wir erinnern uns an Margarethe in der Mittwochsgesellschaft, Esma war die Milch eingeschossen und hatte ihr eine körperliche Not, aber auch eine Lust auferlegt, die Brüste spannen und wollen entleert sein: das Baby darf seine Arbeit tun, der Mutter Erleichterung und simultan/in Einem die Möglichkeit zur Mutterliebe zu bringen. Wie schön das Baby, das Sara werden wird, ist, wie rührend in seiner verletzlichen Perfektheit, die sich nur noch entfalten muss und dabei behütet werden will, kann Esma erst auf der Grundlage der Körperlichkeit ihrer Empfindung wahrnehmen, erst dann kann sie ihr Kind überhaupt „in Betracht ziehen".

Margarethe Hilferdings Ideen waren noch ganz dem frühen triebtheoretischen Denkrahmen verbunden, den Freud entwickelt hatte. Aber die Zeit, die Mutterfunktion ins Denken der Psychoanalyse zu nehmen, war noch nicht gekommen. Entsprechend ist sie und ihr Beitrag lange vergessen gewesen, obwohl sie in ihrem Zugang z. B. nahe an einer zeitgenössischen, einflussreichen metapsychologischen Theorie liegt. Jean Laplanche, französischer Analytiker und Freud-Exeget, Herausgeber einer Neuübersetzung der Werke Freuds ins Französische hat die Idee von einer generellen, allgemeinen Verführung entwickelt, die mit den Interaktionen zwischen der Pflegeperson, im Regelfall der Mutter, und dem Kind sozusagen inhärent verknüpft sind. Das Kind empfängt, so sagt er, rätselhafte Botschaften auf dem Weg der körperlichen Kontakte, die ihm die Mutter angedeihen lässt, aber natürlich auch auf dem Weg über die Stimme, die Temperatur, die Gefühle und die Stimmung, in der die Mutter sich mit dem Kind beschäftigt. Alle diese Botschaften sind, weil rätselhaft, erregend, und weil sie erregend sind, rätselhaft. Das Kind muss sie übersetzen lernen, was nie ganz gelingt, die Reste – das Unerklärliche – wandern in die Verdrängung und machen das wachsende Reservoir des Unbewussten aus. (Laplanche, J. 1988).

An jenem Abend des 11. Oktobers 1911, als Margarethe Hilferding mit Adler und einigen anderen Mitgliedern die Mittwochsgesellschaft verließ, wurde eine andere Frau, Sabina Spielrein, mit dem Vortrag „Die Destruktion als Ursache des Werdens" zum Mitglied gewählt. Auch sie zählt zu den Pionierinnen – in jeder Hinsicht. Sie war, wie Margarethe, einer der ersten Medizinerinnen, sie wurde die erste Analytikerin, die selbst eine Analyse gemacht hat, sie hatte selber eine Menge Ideen, die sie ausarbeitete und in – bis heute aus dem Meer der Beiträge zur Psychoanalyse herausragende Einzelleistungen verarbeiten konnte. Sie wurde im Moskau der jungen Sowjetunion die Leiterin eines psychoanalytischen Forschungsinstitutes, solange diese Disziplin mit der Förderung durch Trotzki dort noch gern gesehen war. Sie gründete und leitete eine Kinderklinik und ein Kinderheim, in dem psychoanalytische Grundsätze angewandt wurden. (vgl. Richebächer, S. 2005)

Sie war aber auch die erste Patientin des jungen, ehrgeizigen C. G. Jung, wurde seine Co-Forscherin UND seine Geliebte, und diese Geschichte hat eine der emblematischen Debatten in und um die Psychoanalyse in Gang gebracht und ist immer noch ein Bezugspunkt dafür: Sexualität und Missbrauch IN der Psychoanalyse. Doch der Reihe nach.

Sabina Spielrein

Sabina Spielrein – 14 Jahre jünger als Margarethe Hilferding – kommt 1904 aus Rostov am Don nach Zürich, um Medizin zu studieren. Sie ist 19 Jahre alt und psychisch wohl schon ziemlich instabil. Bald nach ihrer Ankunft wird sie im „Bürghölzli", der psychiatrischen Klinik in Zürich, aufgenommen. Eugen Bleuler, der Direktor, hatte diese Institution zur modernsten und angesehensten in ganz Europa gemacht. C. G. Jung, selbst gerade eben promoviert und aus der Zürcher Bürgeraristokratie stammend, wird ihr behandelnder Arzt. Es ging ihr wirklich schlecht; Jung berichtet später, dass sie „wirklich nichts anderes tat als zwischen tiefen Depressionen und Anfällen von Lachen, Weinen und Schreien hin und herzuwechseln." (Appignanesi L. & Forrester J. 1992, S. 206; Übers. B. R.) Ihre Behandlung dauerte lang – sie konnte erst im Mai 1905 entlassen werden, und da hatte sie sich aber schon im April 1905 an der Universität inskribiert. „Sie zeichnet sich damit als erste psychiatrische Patientin aus, die sich nahtlos aus der Krankenhausabteilung über eine psychotherapeutische Behandlung in den Sezier- und den Hörsaal begibt und schließlich Psychoanalytikerin wird." (ebda.)

Eine fatale Beziehung

Spielrein ist zu diesem Zeitpunkt schon Muse und Mitarbeiterin von Jung, die ihm – zusammen mit seiner Ehefrau Emma (!) – hilft, seine Habilitationsschrift zu verfassen. Später, als sie sich um Hilfe in der Verstrickung mit Jung an Freud gewandt hatte und auch, weil sie dessen unmögliches Verhalten zurückweisen wollte und es sozusagen um ihren „guten Ruf" als Psychoanalytikerin ging, schrieb sie: „ich sprach von der Gleichheit oder intellektuellen Unabhängigkeit der Frauen, worauf er (Jung) erwiderte, ich sei eine Ausnahme, aber seine Gattin sei eine gewöhnliche Frau und dementsprechend nur an dem interessiert, was ihren Mann interessiert." (S. Spielrein an S. Freud) Als Jung sich persönlich bei Freud in Wien einführt, ist er schon in beträchtliche Not mit seiner Patientin/Freundin geraten und Sabina figuriert sehr rasch in den Briefen als „Fall", für den sich der Jüngere beim Alten Rat sucht. Freud ist ganz der joviale, gut meinende Ältere und Erfahrene und diskutiert mit Jung lieber dessen vorgesehene Rolle als „Kronprinz" und „Erbe" der Psychoanalyse und seine Investitur als Lieblingssohn. Parallel laufen die Dinge in Zürich aber aus dem Lot. Sabina und Jung haben eine geheime Affäre, ein bissl mystisch, ein bissl Übertragung und eine Menge erotisch. Sabina hegt die Idee, dass sie ein Kind von Jung haben möchte, das beide „Siegfried" nennen; dieser imaginäre Sohn figuriert in ihrem Kontakt mit einer großen Präsenz, so, als ob es nur noch eine Frage der Zeit wäre, dass er wirklich werde. Davor aber schreckt Jung zurück (Sabina spielt eine sehr aktive Rolle in dieser Zeit, sodass man annehmen mag, dass es ihr mit dem Kinderwunsch REAL ernst war) – und wird von seiner Frau Emma Vater eines Sohnes.

Die Dinge überschlagen sich. Jungs Frau schreibt einen anonymen Brief an Sabinas Eltern, die wiederum den Herrn Doktor um eine Erklärung ersuchen. Der – verlangt Geld: ER habe sich nie als der Doktor ihrer Tochter fühlen müssen, da ja nie bezahlt worden sei. Wenn sie, die Eltern, also wollen, dass er sich an die üblichen professionellen Grenzen halte, sollten sie ihn angemessen für seine Mühe bezahlen, dann könnten sie auch sicher sein, dass er „unter allen Umständen" seine Pflicht als Arzt wahrnehmen könne. Eine starke Botschaft!

Sabina verstand dies als Verrat an ihrer mystisch-intellektuell-erotischen Intimität und versuchte, sich aus dieser bösartigen, destruktiven Verstrickung zu befreien – sie wollte aber „ihr Ideal" dabei nicht zerstört wissen und vielleicht auch nicht auf ihre eigene Wertschätzung für Jung verzichten müssen. In diesem Bemühen, einen guten Weg herauszufinden, schreibt sie an Freud, wendet sich an den Chef, sozusagen, um Gerechtigkeit vor einer Instanz zu finden, die auch Jung würde akzeptieren müssen. Wiederum geht es ihr um die Wahrung ihrer Ehre als unabhängige, verantwortliche und vertrauenswürdige Person. Es ist schon beeindruckend, wie sie in der ganzen Geschichte als aktive, lösungsorientierte und zivilisierte Person agiert und die beiden Männer ganz schön blamiert dastehen lässt. Auch Freud, der – in seiner verblendeten Liebe zu dem Pfarrerssohn aus Zürich – bereit ist, seine eigene Unabhängigkeit aufzugeben und in einer Kollusion (eine Art von mangelnder Abgrenzungsfähigkeit) mit Jung sich auf dessen Seite stellt.

Jung war Spielreins Brief an Freud, in dem sie ihn um einen Termin und ein Gespräch bat, zuvorgekommen und hatte sich selbst an ihn gewendet, mit einer seltsamen Variante der Geschichte. Mitten unter die Nachrichten vom Hausbau und der schrecklichen Überlastung, in der er stecke, weswegen er auch nicht sagen könne, wann er endlich nach Wien reisen würde, nehme ihn auch noch „zu guter Letzt oder vielmehr schlimmer Letzt […] gegenwärtig ein Komplex furchtbar bei den Ohren; nämlich eine Patientin, die ich vor Jahren mit größter Hingabe aus schwerster Neurose herausgerissen habe, hat mein Vertrauen und meine Freundschaft in denkbarst verletzender Weise enttäuscht. Sie machte mir einen wüsten Skandal ausschließlich deshalb, weil ich auf das Vergnügen verzichtete, ihr ein Kind zu zeugen. Ich bin immer in den Grenzen des Gentleman bei ihr geblieben […] aber Sie wissen ja, dass der Teufel auch das Beste zur Schmutzfabrikation verwenden kann." (Sigmund Freud – C. G. Jung, 1974: Briefwechsel. S. 229)

Freud spielte auf Zeitgewinn und behandelte Spielrein in seiner Antwort an Jung wie man eben unter Ärzten, die mit der Erklärung und Erforschung der ganzen Seelenwelt unglaublich schwer beschäftigt sind, mit neurotischen Patientinnen umgeht: „Das ‚großartigste' Naturschauspiel bietet die Fähigkeit dieser Frauen, alle erdenklichen psychischen Vollkommenheiten als Reize aufzubringen, bis sie ihren Zweck erreicht haben." (a. a. O., S. 255) Freud tröstet Jung, er selbst habe das eine oder andere Mal nur „a narrow escape" gehabt und „nur die grimmigen Notwendigkeiten, unter denen meine Arbeit stand, und das Dezennium Verspätung gegen Sie, mit dem ich zur ΨA kam, haben mich vor den nämlichen Erlebnissen bewahrt. Es schadet aber nichts. Es wächst einem die nötige harte Haut …" (ebda.)

Dieses gönnerhafte, irgendwie scheinheilig anmutende Wundern über die Rätselhaftigkeiten des Weiblichen wurde bereits am nächsten Tag höchst nüchtern korrigiert, als Spielrein den Herrn Professor mit den Liebesbriefen Jungs an sie vertraut machte und ihm von der vorhandenen Nähe und tatsächlichen Intimität ihrer beider Beziehung berichtete. Freud riet ihr, sich aus der Verstrickung zu befreien und die Gefühle zu unterdrücken und auszulöschen, die damit verbunden sind. Das tat sie, und zwar gründlich; sie konfrontierte Jung mit ihren Forderungen: Er müsse sich bei ihren Eltern entschuldigen, er müsse Freud alles berichten und er müsse Freud bitten, ihr davon zu berichten, dass er dies auch wirklich getan habe. Jung gab nach auf allen Linien. Heilfroh, dem drohenden Skandal auf so einfache Weise zu entkommen, schrieb er seufzend vor Erleichterung an Freud: „Ich habe Ihnen in meiner Spielrein-Affäre Gutes zu melden. Ich habe viel zu schwarz gesehen." (Briefwechsel, S. 260) Und nachdem er eine – seine! – Version aller Lügen und Gemeinheiten gibt, die er sich seiner Freundin und Patientin gegenüber geleistet hat, seufzt er noch glücklich, dass ihm das alles deswegen wichtig ist, damit seine Patientin und Freud um seine „perfect honesty" wissen. (ebda.)

Kurz darauf reisen die beiden Herren zusammen nach Amerika, wohin Freud zu einer Vorlesungsreihe eingeladen ist; sie nehmen Sandor Ferenczi mit, den anderen Lieblingssohn, und die Reise wird nicht ganz friktionsfrei abgehen.

Die Destruktion als Ursache des Werdens

Und ob Sabina Spielrein, die Freuds Rat, die Jung-Sache „endopsychisch" zu erledigen, so erwachsen und gut aufnehmen konnte? Es ist erstaunlich, wie sie sich in diesem komplexen Feld zwischen den Männern, die sie ja verehrte und bewunderte (Freud) oder sogar liebte (Jung), etwas Eigenes entwickeln konnte, unabhängig und weit über das hinaus, wozu die beiden sie benutzt hatten. Ganz anders als etwa Alfred Adler, für den Zeit seines Lebens die Auseinandersetzungen, die zu seinem Abgang aus der WPV geführt hatten, nicht aufhörten, ihn zu beschäftigen und er sich als Opfer stilisieren musste. Ganz anders schreitet Spielrein voran und denkt und schreibt und wird eine eigene, unabhängige Person – eine Freudianerin und bleibt eine Psychoanalytikerin, als Jung schon längst wieder aus dem Orbit Freud verschwunden war.

Ihre Dissertation „Der psychologische Inhalt eines Falles von Schizophrenie" wurde 1911 im „Jahrbuch der Psychoanalyse" veröffentlicht, parallel dazu nimmt sie mit C. G. Jung ihre Beziehung wieder auf – als beste Freundin in neuer seelischer Intimität.

Sie arbeitet ihren Mitgliedschaftsvortrag aus und er erscheint 1912 ebenfalls im „Jahrbuch für psychoanalytische und psychopathologische Forschungen". „Die Destruktion als Ursache des Werdens" ist einer der wichtigsten Texte aus der Frühzeit der Psychoanalyse überhaupt. Dennoch wurde er zunächst nicht gut aufgenommen, aber er war von großem Einfluss sowohl auf Freud als auch auf Jung. Beide wollten das nicht zugeben, und als sie es, viel zu spät, dann doch taten, hatte die Reverenz nicht gar zu viel mit den Ideen Spielreins selbst zu tun.

Ihre Arbeit befasst sich mit der dunklen Seite der Sexualität; die Angst, die mit der Sexualerfüllung einhergeht und die sie, so sagt sie, an Mädchen-Patienten, gesehen hat (also wohl auch an sich selbst) gibt die Melodie für das Argument vor: „man fühlt den Feind in sich selbst, es ist die eigene Liebesglut, die einen mit der eisernen Notwendigkeit zu dem zwingt, was man nicht will: man fühlt das Ende, das Vergängliche, vor dem man vergebens in unbekannte Fernen die Flucht ergreifen möchte. Ist das alles? Möchte man fragen. Ist das der Höhepunkt und nichts mehr außerhalb? Was geschieht mit dem Individuum bei der Sexualbetätigung, das solche Stimmung rechtfertigt?" (Spielrein, S. 1912, S. 98f.) Die Lust hat also eine zweite Seite; die Angst rührt aus der unbewussten Gewissheit, dass das Individuum im vollzogenen Sexualakt untergeht, dass die Destruktion des Ich das Werden der Nachkommen mit sich bringt, was das Ich zu Recht als Bedrohung sozusagen mitempfindet. Spielrein erforscht diese Bewegung von Destruktion und Werden in drei Richtungen: in der biologischen, im psychologischen Leben und in Beispielen aus der Mythologie; etwa anhand ihrer Liebe zu Wagner, die sie mit Jung teilte (s. das imaginäre Kind Siegfried) analysiert sie Tristan und Isolde als eine die beiden Individuen transformierende

Destruktion. In der berühmten Stelle des Duetts im zweiten Akt: „Tristan, du – nicht mehr Tristan Ich-Isolde." und spiegelgleich Isolde zu Tristan: „Isolde, du – nicht mehr Isolde Ich-Tristan." Beide geben sich auf für die Unio mystica, die Vereinigung bedingt den Tod der vorherigen, individuellen Einheit der Person.

Dieser Gedanke der notwendigen, inhärenten Destruktivität ist es, der – quasi als stumme Beimischung das sexuelle, libidinöse Leben durchzieht und mit Macht dafür sorgt, dass die Zukunft, die in der Transformation liegt, sich durchsetzt, der Spielreins Arbeit so bahnbrechend macht. Zwar kann man die quasi naturdialektische Figur des „Alles Werden ist ein Vergehen" – „Jeder Tod macht Platz für ein neues Leben" natürlich in allen möglichen Zusammenhängen finden, aber Spielrein hat die Idee der Destruktion in die Psychoanalyse eingeführt und danach gesucht, wo sie sie in den psychischen Produktionen finden kann. Dafür hat sie keinen besonderen Dank in der Community geerntet.

Margarethe Hilferding und Sabina Spielrein – auch sie müssen sich über den Weg gelaufen sein in der Vereinigung, vielleicht nicht nur an diesem Abend, als die eine hereinkam und die andere sich schon wieder verabschiedete. Beide waren radikal – in ihrem Lebensentwurf, ihrer Arbeitswut, ihrer nach vorne, auf die Aktion und das Handeln gerichteten tätigen Lebensweise. Beide waren sie Ärztinnen und Mütter und beide waren sie jüdisch. Margarethe ist 1942 in Treblinka umgebracht worden, sie war 77 Jahre alt. Sabina wurde in ihrer Heimat in Rostov von den Deutschen getötet. Im November 1941 hatte die SS alle Juden Rostovs in der Synagoge erschossen – unter ihnen Sabine Spielrein und ihre beiden Töchter.

Melanie Klein

Melanie Klein hatte im Unterschied zu den beiden Medizinerinnen Spielrein und Hilferding sozusagen keinen anderen Beruf. Anna Freud, ihre große Gegenspielerin in späteren Zeiten, war in die Kinderanalyse gegangen, nachdem sie eine Ausbildung als Kindergärtnerin absolviert hatte. Das pädagogische Interesse im engeren Sinn hatte sich mit dem an der Entwicklung von Kindern allgemein gut verknüpfen lassen – eine Lösung, die sich für viele Frauen damals anbot, die sich für das neue Fach interessierten. Eine persönliche Neigung mag hier mit den gesellschaftlichen Gegebenheiten zusammentreffen: auch die Dirigentinnen und Chirurginnen waren damals ja noch nicht wirklich, sondern bestenfalls als heroische individuelle Lösung denkbar.

Melanie Klein ging den direkten Weg von der Patientin über Schülerin zur Analytikerin. Sie war, wie ihre Biographin Phyllis Grosskurth bemerkt, „eine Frau mit einer Sendung" (Grosskurth, Ph. 1986, S. 3). Von dem Moment an, als sie die ersten Worte Freuds (seine kurze Arbeit „Über den Traum") im Jahr 1911 gelesen hatte, wurde sie eine leidenschaftliche Anhängerin der neuen Lehre; und man muss in ihrem Fall eine solche – die annährend religiöse Inbrunst nahe liegende – Formulierung wählen, denn von diesem Zeitpunkt an war sie entschlossen, dass sie nichts von diesem Weg abbringen würde, gar nichts.

Obwohl sie in Wien geboren wurde und hier ihre Jugend verbrachte, wird sie seltsamerweise nicht als Wiener Analytikerin gesehen; vielleicht liegt das daran, dass sie sehr früh heiratete und ihre eigentlichen Pläne, Medizin zu studieren und Psychiaterin zu werden (!), wegen der schlechten finanziellen Situation ihrer Familie nicht weiter hatte verfolgen können. Ihre Ehe war unglücklich, von Anfang an – dennoch bekam sie zwei Kinder, Melitta 1904 und Hans 1907. Melitta sollte später auch eine wichtige Rolle in der Psychoanalyse spielen – als eine der zentralen Gegenspielerinnen ihrer Mutter. Melanie verbrachte mehr Zeit auf Reisen und in Kurorten als zuhause, war depressiv und neurasthenisch und sie hasste das Eheleben – vor allem aber hatte sie anscheinend keine Verwendung für sich selbst, konnte sich mit dem Leben in Provinzstädten ohne Anregung und Gesellschaft nicht begnügen und war – ohne Perspektive – vor allem unglücklich und leidend. Es brauchte die Idee der Psychoanalyse, die ihr dann nach der Übersiedlung der Familie nach Budapest, wohl ungefähr ab 1914 Ansporn und Anregung verschaffte. Ihr Analytiker wurde Sandor Ferenczi, einer der engsten Mitarbeiter Freuds und der wichtigste in Budapest; der Internationale psychoanalytische Kongress im Jahr 1918 fand in Budapest statt – dort sah Klein auch Freud das erste Mal; alle Männer waren in Uniform – außer Freud, der einen Vortrag hielt und Melanie Klein sehr beeindruckte. Aber ihre Zuneigung und Anhänglichkeit gehörte Ferenczi, der seine Patienten liebte, und in seiner Großzügigkeit immer kindliche Züge behielt, wie Michael Balint meinte. Ferenczi hatte eine große Gabe, das frühe und „primitive", weil noch nicht von bewusster Abwehr und Ich-Entwicklung überformte symbolische Denken der Kinder zu erkennen und zu beschreiben – und darin war er einer der beiden wichtigsten Einflüsse auf das Denken Melanie Kleins; sie wird sich später in Gebiete des Unbewussten vorwagen, die weder Sigmund noch Anna jemals hätten ins Auge fassen wollen. Genau das ist dann auch einer der zentralem Kritikpunkte geworden – niemand, abgesehen von Jaques Lacan – konnte die Emotionen und Loyalitäten der Internationalen Psychoanalytischen Community so sehr polarisieren wie Melanie Klein.

Ihr erster Patient, über den sie auch ihre erste Arbeit schrieb, war „Fritz" – in Wirklichkeit ihr jüngster Sohn Erich, der 1914 geboren worden war; Erich ging auch mit ihr nach Berlin, als 1919 die junge ungarische Bela Kun-Republik von der antisemitischen „weißen Reaktion" weggefegt worden war. Ihr Mann war bereits in Schweden und hatte dort rasch einen guten Posten und auch die Staatsbürgerschaft bekommen. Die Scheidung aus dieser wohl immer unglücklichen Ehe erfolgte aber erst 1925 oder 1926, als Klein schon dabei war, von Berlin nach England zu gehen und sich einen psychoanalytischen Namen gemacht hatte, der ab dann immer bekannter und – wie viele meinten – immer berüchtigter wurde.

In Berlin ging sie in eine zweite Analyse bei einem weiteren zentralen frühen Analytiker, Karl Abraham. Abraham war der intellektuelle Mittelpunkt der Berliner Gruppe, die mit ihrer 1910 gegründeten – Poliklinik für Psychoanalyse ein starkes Konkurrenzzentrum für Wien darstellte, wo eine ähnliche Institution – das psychoanalytische Ambulatorium – erst 1922 ins Leben gerufen wurde. Abraham war ein guter Organisator und stellte einen echten Antipoden zum ersten Lehrer Kleins dar – Ferenczi und Abraham konkurrenzierten sich sowohl intellektuell als auch um ihre Naheposition bei Freud – wobei Ferenczi, das Kind, hier sicher der eifersüchtigere war. Abraham hatte sich schon lange dafür eingesetzt, dass Analytiker eine obligatorische Lehranalyse machen sollten, die Ausbildungszwecken diente, sozusagen als Qualitätssicherungsmaßnahme, was Ferenczi etwa überflüssig fand.

Es ist jedenfalls erstaunlich, dass Klein von Budapest aus den Weg nach Berlin und nicht, was ja angesichts ihrer Geschichte genauso nahe liegend hätte sein können, nach Wien genommen hat. Natürlich war Berlin interessant und anziehend, und viele gingen dorthin (auch aus Budapest), aber Ferenczi war nah an Freud und nicht nah an Abraham. Ob ihre Wahl mit der Vermeidung Freuds zu tun hat, weiß ich natürlich nicht, aber es ist auffällig, dass die beiden nie zusammengekommen sind. Es war sozusagen üblich, jedenfalls leicht möglich, bei Freud in Analyse genommen zu werden – allerdings war es wohl auch sehr teuer, und am Ende mag das der wesentliche Grund für die Wahl Berlins gewesen sein – dass Klein sich dort mehr Einkommen aus psychoanalytischer Tätigkeit erwarten konnte als in Wien, wo die beginnende Kinderanalyse von Hermine Hug-Helmuth besetzt war und in der Folge dann bald Anna Freud ihre Ansprüche erhob, was dann der Auftakt zu einer langen Kontroverse war.

In Berlin werden ihr jedenfalls die Kinder einiger Kollegen zur damals so genannten „prophylaktischen Analyse" geschickt. Neben ihrer zweiten Eigenanalyse mit Karl Abraham nimmt sie auch ihren adoleszenten Sohn Hans als „Felix" in Analyse – für mehr als drei Jahre und insgesamt etwa 370 Stunden. Melitta, die Tochter, kommt nach der Matura auch nach Berlin, studiert Medizin und ist ebenfalls in Psychoanalyse involviert. Auch über sie gibt es eine Fallgeschichte, „Lisa". Aus heutiger Sicht ist es schwer, hier keine inneren Vorwürfe zu erheben. Kleins Ausbeutung ihrer Kinder sucht ihresgleichen, selbst in der an Turbulenzen und Grenzüberschreitungen nicht gerade armen Geschichte der Psychoanalyse, der Ehrgeiz, der Klein getrieben hat, ist wohl in diesen Vorgängen abgebildet.

Natürlich würde kein moderner Analytiker mehr seine eigenen Kinder in Behandlung nehmen – das Prinzip der Abstinenz ist seit diesen frühen Tagen zum Glück auch auf die Familienverhältnisse ausgedehnt worden, und es ist – nicht so sehr aus moralischen, als vielmehr auch methodischen – Gründen ganz klar, dass eine solche Behandlung wertlos, ja sogar schädlich ist, da sie die notwendige neutrale und abstinente mentale Disposition für den Analytiker verunmöglicht. Aber damals scheint das nicht nur für Klein eine einfache Gangbarkeit gewesen zu sein – alle möglichen Indiskretionen wurden in allen möglichen Richtungen begangen und niemand fand etwas dabei. Und trotzdem gab es rund um Klein kein Wort der Kritik über diese Praxis, nicht einmal Abraham, ihr Analytiker, der ja mit seinem Eintreten für die Lehranalyse einen Hang zu sauberen Verhältnissen hatte, scheint daran einen Anstoß genommen zu haben. Heute hängt an den Funden Kleins und den Entwicklungen ihrer Theorie freilich der Geruch dieser Ausbeutung der eigenen Kinder; worauf die Anhänger Kleins wiederum kontern: und Anna?

Aber auch ohne diese ins Persönliche gehende Beimengung sind die Ideen Melanie Kleins von Beginn an auf die größte Skepsis gestoßen.

Es begann alles damit, dass sie den Zeitpunkt, ab dem Kinder mit ödipalen Gefühlen und Konflikten zu kämpfen haben, wesentlich früher ansetzte als Freud das tat. In einem bahnbrechenden Vortrag von 1924 vertrat sie die Auffassung, dass dies bei Mädchen mit dem Toilettetraining und dem Abstillen (damals üblicherweise nach rund einem Jahr) beginne und dass sie eindeutige Zeichen dafür schon bei Kindern mit 14 Monaten beobachtet hätte. Alle Phantasie-Produktionen in diesem Alter hat sie dem oralen Modus zugeschrieben – daher die zentrale Wichtigkeit der Entwöhnungsphase für ihre sich entfaltenden Vorstellungen. Die Frustration, die mit dem Verlust der Brust einhergeht, erleben Kinder beiderlei Geschlechts, wie Klein meint, als Kastrationsdrohung der Mutter, die hiermit an die Stelle rückt, an die Freud den Vater gestellt hatte. Es war dies ein Angriff auf den Gründer und es sollte nicht der letzte bleiben.

Dass die Analyse von nahen Verwandten zu großen Problemen führte, sollte sich spätestens nach der Ermordung von Hermine Hug-Hellmuth, Chefin der Wiener Child Guidance Klinik und Analytikerin der ersten Stunde, durch ihren 18-jährigen Neffen erweisen. Nach seiner Entlassung verlangte dieser Schadenersatz dafür, dass seine Tante ihn – in seinen Augen – systematisch für psychoanalytische Versuchszwecke benutzt hatte. Der Fall machte riesiges Aufsehen, nicht nur in der Öffentlichkeit, noch mehr aber natürlich in der engeren psychoanalytischen Community, in der Besorgnisse über die Gefahren der Kinderanalyse geäußert wurden und besonders Melanie Klein mit ihrer Art, das Unbewusste der Kinder sehr weit und „sehr tief" zu analysieren, diese gefährdete. Trotz der aufgeregten Stimmung, hat Klein mit ihren Ideen neben viel Kritik aber in der Berliner Gruppe auch viel Unterstützung bekommen. Sogar die British Society signalisierte ihr Interesse, angeregt von Ernest Jones, der Klein schon gehört hatte und ihre Ansichten sehr interessant fand. Er war der Gründer und unangefochtene Führer der British Psychoanalytical Society und holte Klein schließlich 1926 nach England, wo die Kinderanalyse zuvor keine besondere Rolle gespielt hatte, und es war ein „politischer" Akt von ihm, Klein einzuladen, wie sich sehr rasch zeigen sollte.

Denn der Streit der Damen begann. Anna Freud veröffentlichte gerade ihre ersten Arbeiten, zusammengefasst unter dem Titel „Die psychoanalytische Therapie von Kindern." Anna hatte noch nicht viel Erfahrung und war eine Schülerin von Hug-Hellmuth gewesen, die sich einer strengen pädagogischen Sichtweise bediente und vor der Idee, dass man Kinder ebenso wie Erwachsene ganz einfach analysieren könne, also sich ihren unbewussten Zügen zu nähern versuchte, zurückscheute. Was sich damals in Wien „Kinderanalyse" nannte und was demgemäß auch der Tanten-Mörder von Hug-Hellmuth über sich hatte ergehen lassen müssen, war so etwas wie Einzelfallpädagogik, aber nicht Psychoanalyse. Anna setzte jedenfalls zum Kampf gegen Klein, meldet jedenfalls ihre Ansprüche mit einer Streitschrift an.

Kontrahentinnen: Anna und Melanie

Die damaligen Argumente der beiden lassen sich etwa wie folgt darstellen:

Anna Freud forderte von ihrer Kontrahentin und Kollegin Melanie Klein das Eingeständnis des Umstandes, dass: Kinder nicht analysiert werden können, weil sie keine Übertragung auf den Analytiker formen, dazu sind die Primärobjekte – die Eltern – viel zu wichtig. Klein konterte: Schon dreijährige Kinder haben die zentralen und wichtigsten Passagen des Ödipus-Komplexes hinter sich gelassen. Sie sind zur Übertragung (ihrer unbewussten Objektbeziehungsmodi von der Mutter/dem Vater auf den Analytiker) daher problemlos imstande. Analyse ist Erkenntnis des Unbewussten und Bewusstmachung von unbewussten Inhalten, sodass diese in der Folge keine blockierenden Einflüsse mehr auf das Kind ausüben können. Das geht – so Freud – nur mit der Analyse unbewusster Inhalte.

Anna Freud hält dem entgegen: Der Ödipus-Komplex sollte bei Kindern gar nicht gedeutet und analysiert werden, denn dies könnte ihre Beziehung zu den Eltern gefährden und durcheinander bringen. Klein widersprach: Erst die Analyse der Ängste, Zwänge und „Schlimmheiten" in Zusammenhang mit den Phantasien über die Primärobjekte bringt den möglichen Erfolg, dass die Symptome sich mildern oder verschwinden.

Am Vergleich zweier Patientinnen von Anna und ihr selbst versuchte sie das zu erklären:

Annas kleine Patientin war ein „siebenjähriges neurotisch schlimmes kleines Mädchen". Melanies Patientin, die kleine Erna, die sie mehr als zwei Jahre analysiert hatte, war eine kleine Zwangspatientin, deren Wutanfälle und heftige Szenen die Analytikerin, die Mutter und sicher am meisten Erna selbst sehr viel gekostet hatten. Während Anna ihre Patientin sanft davon zu überzeugen versuchte, dass sie doch ihre Mutter nicht hasse, die sie doch so lieb habe, war Klein mit Erna expliziter. Für sie war die zwangsartige Bockigkeit Ernas der Ausdruck einer Selbstbestrafung für sehr frühe orale und sadistische Triebwünsche, für die sie sich gleichzeitig schuldig fühlte. Während Anna versuchte, mit ihren Interventionen das Über-Ich des Kindes zu stärken, unternahm Melanie einen Versuch, die grausame Strenge dieses kindlichen Über-Ichs zu verstehen und dem Kind verständlich zu machen – und es damit zu modifizieren.

Anna war überzeugt: Kinderanalyse sollte sich auf pädagogische Zwecke beschränken, da sie in Konkurrenz mit dem noch fragilen Über-ich des Kindes steht. Melanie: dann ist es keine Analyse und verdient auch nicht diesen Namen. Wie das Beispiel der beiden Mädchen zeigt, ist das – noch nicht integrierte, aber von pathologischen Verschiebungen geplagte – Über-Ich des Kindes womöglich eine Quelle großen Leidens und sollte und muss analysiert und nicht erzogen werden.

Anna gab nicht nach: Der Kinderanalytiker sollte seinen Einfluss darauf richten, eine positive Bindung des Kindes zu erreichen, um ihm jede Furcht vor dem Analytiker zu nehmen.

Melanie dagegen macht sich „über die ausgeklügelten und mühsamen Maßnahmen" lustig, mit denen Anna Freud versucht, sich zum Verbündeten des Kindes zu machen: Briefe schreiben, Puppenkleider nähen etc. ... sie selbst, Melanie, tut nichts, was das Kind in seinem Zugang zu ihr beeinflussen konnte. Für sie ist nur eins wichtig: andauernd und alles zu analysieren, warum und wie das Kind sie als einmal geliebte, mal gehasste Autorität erlebe.

Anna hatte diesen Kampf eröffnet und positionierte sich mit ihrem ersten Buch als DIE Kinderanalytikerin. Inzwischen hatte aber Melanie Klein realisiert, dass sie sich auf sehr gefährliches Terrain begeben hatte, und die Wellen, die dann auch schon Freud selbst erreicht hatten, der sich natürlich auf die Seite seiner Tochter stellte, beruhigten sich allmählich, und für etwa zehn Jahre entwickelten sich die Dinge halbwegs ruhig und für beide Seiten produktiv.

Waffenstillstand

Anna sammelte in Wien tschechische, ungarische, österreichische Kollegen um sich und entwickelte ihre Vorstellungen und Theorien weiter, und Melanie blieb in London: sie konnte in England ihre Praxis ausweiten, wurde ein Mitglied und dann Lehranalytikerin in der Britischen Gesellschaft und entwickelte sich immer mehr zur zentralen Figur, die sowohl die theoretisch aufregendsten Positionen einbrachte als auch für Zündstoff sorgte. So hatten die Analytikerinnen einen Einflussbereich um sich herum aufgebaut, der groß genug war, beider Wirkung zu entfalten. Doch die Nazis änderten auch das: Schon zu Beginn der Dreißigerjahre hatte ein langsamer Emigrationsprozess vor allem aus Deutschland begonnen, der aber seit den „Nürnberger Rassegesetzen" 1935 rasant wurde und auch die Briten zur Aufnahme ihrer verfolgten Kollegen nötigte. Denn wirklich herzlich willkommen waren sie nicht; Jones, der Präsident der Britischen Gesellschaft fürchtete um die Existenz der britischen Analytiker und man meinte, es gäbe nicht genug Arbeit für alle. Das ist ein verständlicher Reflex, und es muss auch festgehalten werden, dass dann, als allen klar wurde, dass die Nazis Ernst machen, Jones seine Verbindungen ins Home Office nutzte, um Visa für die gefährdeten jüdischen Kollegen zu bekommen. Die meisten gingen zwar in die USA, wo es die besseren Einkommenschancen gab und wo sie mehr als Pioniere in dem riesigen Land zu wirken hoffen konnten, während in die englische Förmlichkeit, die abgesteckten theoretischen Standpunkte und Machtpositionen viele von ihnen womöglich von einer Emigration nach England haben Abstand nehmen lassen (wenn man es sich denn überhaupt aussuchen konnte ...)

Und so waren dann 1937 etwa ein Drittel der englischen Gruppe Ausländer – und 1938 kam noch ein kleiner Schwung aus Österreich dazu – allen voran natürlich Sigmund und Anna Freud. Es gab keinen direkten Kontakt zwischen den Damen Freud und Klein, auch sollte Klein Sigmund Freud nicht mehr persönlich kennen lernen. Sie schrieb ihm zwar gleich bei seiner Ankunft, dass sie ihn besuchen wolle und ihn in England begrüße, worauf sie auch eine höfliche Antwort Freuds bekam. Aber in der Zeit, die ihm noch blieb, kam es nicht dazu. Sicher hätte Melanie darauf drängen müssen, wenn sie ihn hätte wirklich sehen wollen – das war sicher nicht die Sache eines alten kranken Mannes. Auch hier scheint sie den Kontakt in Wirklichkeit vermieden zu haben.

Wie dem auch sei, am 3. September 1939 marschierten die deutschen Truppen in Polen ein. Am 23. September starb Sigmund Freud. Melanie Klein blieb auch bei seinem Begräbnis in Cambridge.

Und nun begannen beide Damen, ihre Kräfte zu versammeln – Anna Freud begann, regelmäßig nach Maresfield Gardens zu bitten und vierzehntägig ein kinderanalytisches Seminar abzuhalten. Sie lehnte es ab, im Institut selbst einen Kurs zu halten, denn sie hielt nichts davon, dass diejenigen, die bei Analytikern mit anderen Meinungen in Ausbildung waren, davon profitieren konnten. Klein stimmte ihr darin – selbstredend – erleichtert zu, sicherte dies doch ihre Machtposition innerhalb der Gesellschaft – zunächst.

Klein war – was nachvollziehbar ist – über die Ankunft all der Emigranten gar nicht froh: „Es wird niemals mehr so sein wie früher", sagte sie, „es ist eine Katastrophe." (Grosskurth, Ph. 1987, S. 241) Auch die Wiener fühlten sich nicht gerade glücklich und rückten näher zusammen, als sie vielleicht zuhause gewesen waren: „Wir haben es besser gehabt bei uns" (was wohl auch meinte, dass sie es besser gemacht hatten, in ihren Augen).

Kontroverse Diskussionen

Wie oft in Erbfolgekriegen wurde auch dieser von Rittern – und Ritterinnen – ausgetragen, die für ihre jeweilige Dame in den Ring stiegen, und beide Lager hatten ihre Mannschaften ganz gut aufgestellt. Die Britische Psychoanalytische Gesellschaft war schon seit Melanies Ankunft immer mehr polarisiert – mit ihr und ihren Ideen als zentraler Figur: die Haltung zu Kleins Theorien war sozusagen der Lackmustest, wohin jemand gehörte. Mit der Ankunft der Wiener wurde die Sache nur noch viel deutlicher. Und Geschichte und Theorie bilden einerseits den Hintergrund, der aber andererseits die Beleuchtung für die grellen persönlichen und unbewussten Konflikte abgibt, die ja immer damit vermischt sind. Zum Beispiel brachte es die Politik der Engländer gegenüber den „Enemy Aliens", den aus Feindesland kommenden Ausländern mit sich, dass diese bei Kriegsbeginn in London bleiben mussten – währenddem alle Engländer sich vor den Bombardements natürlich so rasch wie möglich auf dem Land in Sicherheit brachten. Und so rückten die Wiener sprichwörtlich noch näher zusammen.

Anscheinend wurden die Auseinandersetzungen sehr erbittert und auch sehr persönlich ausgetragen – Melanie Klein, rachsüchtig und neidisch, Anna unerbittlich und etwas hochnäsig. Nach Freuds Tod war überhaupt in der Leere und Ängstlichkeit, die so etwas in der „Kinderhorde" auslöst, der Boden bereitet für Konfusion und Chaos. James Strachey, Analysand von Freud, gemeinsam mit seiner Frau auch Übersetzer der Werke Freuds, Literat und Bohemien, seufzte politisch ganz unkorrekt auf: „Warum nur mussten diese schrecklichen Faschisten und Kommunisten in unsere friedliche Insel der Kompromisse einmarschieren, diese Scheißausländer!?" (Grosskurth, Ph. 1987, S. 257; Übers. B. R.)

In dieser, von Verlust, Bedrohung, Trauer und Unsicherheit aller Verhältnisse geprägten Situation, mitten im Krieg, entstand langsam, aber unbeirrt, der Versuch, die Irrationalität und den Neid zugunsten einer geordneteren Auseinandersetzung zu verlassen – und daraus resultierte das bis heute beeindruckende Unternehmen der „Controversial Discussions". Beeindruckend, weil sie genau dem entsprachen, was James Strachey in seinem Stoßseufzer als englische Qualität angesprochen hatte: die Kompromissfähigkeit, die sich hier nicht darauf bezog, dass von den beiden Parteien ein Rückzieher von den jeweiligen theoretischen Überzeugungen verlangt wurde, sondern den Prozess der Diskussion selbst. Im selben Brief regt Strachey dieses Unternehmen auch an, ganz der englische, sportliche Gentleman, der fair play will und sich damit dann – zum Glück – auch durchsetzen kann. Die „Kontroversen Diskussionen" sind ein Wissenschaftskrimi besonderer Art – es geht hier nicht um die Priorität einer Entdeckung oder den Run um den Nobelpreis, wie in „Die Doppelhelix" von James D. Watson oder „Cantors Dilemma" von Carl Djerassy.

Der psychoanalytische Krimi geht um die Fragem, wie sich Wissen organisiert und welche Ideen als Gewinner, welche als Verlierer aussteigen. Die „Controversial Discussions" sind einerseits eine Illustration der Thesen Paul Feyerabends, dass es in der Wissenschaft nicht um Fortschritt und Wahrheit geht, sondern dass Theorien aus sozialen und kommunikativen Gründen gewinnen und aus unbewussten Gründen aufgestellt und verteidigt werden. Und zugleich und mit ebensoviel Anspruch auf Geltung sind sie ein Beispiel für einen geordneten, demokratischen und fairen Diskussionsprozess in einem Gebiet, das seinesgleichen sucht.

Unser Krimi spielt in London während des „Blitz-Kriegs", der den Hintergrund abgibt für das Bild der Psychoanalytiker, die zu heißen Debatten zusammenkommen und jeweils Punkte verteilen für die Rundensieger, die zu Themen reden wie: „Introjektion und Projektion von Objekten in der Entwicklung kleiner Kinder". Jeweils ein Sprecher aus beiden Gruppen und ein Dreierkomitee wurden ernannt, das die Organisation der Diskussionen verantwortete. Das ist die offizielle Ebene, die von Gedanken und Wissenschaft und Meinungsverschiedenheiten, von geordneter Diskussion und Fortschritt im Verständnis des Gegenstandes. Darunter/daneben findet sich aber, noch ganz gut sichtbar, die Ebene von

Macht und Einfluss: Es geht um den Nachwuchs, der – darin sind sich ja alle Eltern einig – nur das Beste bekommen soll; und das Beste ist die „richtige Psychoanalyse" – was also verstehen wir darunter? Dies ist natürlich kein ausschließlich denkerischer Teil der Debatte mehr, sondern ein sozialer; hier geht es um Kompromissfähigkeit oder Ausgrenzung, um Sieg nach Punkten und Runden, um Abstecken von Gebietsansprüchen und den Gewinn neuer Verbündeter, am Ende um die Vormachtstellung. Ein implizites Phänomen von Vorgängen dieser Art ist der Wunsch, den anderen, die störende Meinung, den Rivalen – loszuwerden; beide Gruppen, Anna Freud und Melanie Klein haben – das weiß man aus den Briefen dieser Zeit – diesen Gedanken gehabt: Sollte ich nicht besser mit den Meinen gehen und eine eigene Gruppe bilden (depressive, resignative Variante), dann sind wir diese Störenfriede los und können unsere Sache für uns entwickeln und eine eigene „trade mark" herausbilden; Daneben gibt es auch den Gedanken: Die anderen sollen verschwinden, dann wird es so schön wie früher, und wir können ungestört die „richtige Psychoanalyse" machen (aggressive Variante). Das alles wird ins Gewand der Sorge um die Zukunft, um die bestmögliche Ausbildung der „KandidatInnen" gekleidet. Doch all das kaschiert nur schlecht den Machtaspekt, den solche Diskussionen ja immer haben. (Kleine österreichische Anmerkung: auch die Debatte zwischen der Gesamtschule und der gestuften Schule, die seit vierzig Jahren in Österreich schwelt, geht ja um die Sicherung von eigenen Vorstellungen von dem, was recht und billig ist für das eigene Gesellschaftsbild und keinesfalls um das „Wohl der Jugend"). Die dritte Ebene, die der ganz persönlichen Rivalitäten, die die Art und Weise, wie solche Debatten geführt werden, modulieren, den Tonfall ausmachen und die „Hidden Agenda" bestimmen (also die ganz eigenen, unbewussten) kann hier natürlich nur vermutet werden. Eine andere Ebene aber ist offensichtlich: der Rekurs auf die höhere Autorität: natürlich Sigmund Freud. Und so hat sich – nach zwei Serien von „Controversial Discussions" über zwei Jahre hinweg – das sogenannte „Ladies Agreement" damit eingeläutet, dass Melanie Klein sich ganz und gar in die Schule Freuds stellte und vor allem reklamierte, sie hätte nichts anderes als ein Weiterdenken der – in sich selbst ja sehr kontroversiellen Ideen Freuds – getan, nämlich vor allem der Ideen, die sich rund um die Aggression und den Todestrieb ab etwa 1923 entwickelt haben. Diese Reverenz war „fair enough" und machte den Startpunkt für das Abkommen aus, das das auch heute noch gültige Arrangement der Britischen Psychoanalytischen Gesellschaft bedeutet: Es formierten sich schlussendlich drei

Gruppen: die „Freudianer", die „Kleinianer" und die „Independents", die bei weitem die größte Gruppe sind.

Und es mag eine Rolle bei den erbitterten Kämpfen und Auseinandersetzungen gespielt haben, dass das psychoanalytische Establishment Klein als Parvenu erlebt hat, als Emporkömmling, dem der Segen des Patriarchen fehlte – die ihn aber auch nie gesucht hat. Anna, näher bei Freud konnte niemand sein – auf der einen Seite: rechtmäßige Erbin – mit einer aber vergleichsweise faden Theorie. Die Herausforderin Klein, willensstark, ein bisschen grob, aber selbstbewusst, macht ihre Karriere mit ihren Kindern, deren Fallgeschichten sie publiziert – und entwickelt eine aufregende, extreme Theorie über das frühe Unbewusste. Sie macht sich Feinde und Freunde mit derselben Verve, auch hier wieder bis in die eigene Familie hinein – ihre Tochter Melitta sollte zur ärgsten Gegnerin werden.

Melanie und Anna haben aus dieser sozusagen gesellschaftlichen Frauenposition jeweils ganz Eigenes gemacht – Anna mehr auf der praktischen, pädagogischen Seite, Klein mehr auf der analytischen Seite – ihre Ideen zur frühen Kinderentwicklung erwiesen sich neben Lacan als die einflussreichsten der Psychoanalyse-Geschichte seit ihrem Begründer. Anna und Melanie mochten sich nicht – ihre Ideen gingen vollkommen auseinander und sie haben sich – bei aller eisigen Höflichkeit in den Statements und wissenschaftlichen Papieren, gegenseitig nichts erspart. „Anna/Antigone und Melanie/Walküre", wie Julia Kristeva die beiden nennt, „kamen aus verschiedenen Welten und Kulturen" und verteidigten ihre jeweiligen Ansichten (vgl. Kristeva, J. 2001, S. 215).

Über die Konflikte hinaus waren sie aber auch die Protagonistinnen des Erbfolgekrieges nach Sigmund Freud geworden; und bis heute ist die psychoanalytische Welt immer noch einteilbar in die Anna-Anhänger und die Klein-Adepten. Erbfolgekriege sind zäh und wirken lange nach.

Was die Theorie-Entwicklung angeht und die Produktivität in den wissenschaftlichen Ergebnissen, geht allerdings der Sieg nach Punkten und Plätzen eindeutig an Melanie Klein. Ihre Vorstellungen über die frühe Aggression waren zentral und sehr einflussreich. Die Analytiker begannen, mehr auf die andere, die verborgenere Seite der Baby-Entwicklung zu schauen und fanden Phantasien von Mord und Totschlag, von psychotischen Verlustängsten und überwältigenden Leeregefühlen, die in dem gut aufgeräumten Kinderzimmer von Anna keinen Platz gehabt hatten. Das hatte Auswirkungen auch unmittelbare Auswirkungen auf die Behandlungstechnik, die auch eine bis heute offene, nicht entschiedene „Technik-Debatte" miteinschließt. Wie soll man eigentlich analysieren? Geht es um die Rekonstruktion der Kindheit, der unbewussten natürlich oder geht es um die Erfassung des Übertragungsgeschehens in seiner unmittelbaren Entfaltung in der Begegnung von Analytiker und Patient? Ein wenig vereinfacht könnte man diesen Unterschied so beschreiben: Während die einen meinen, der Patient bleibt neben seinem Patient-Sein ja auch ein erwachsener Mensch mit allem, was dazu gehört – und mit diesem erwachsenen Menschen kann der Analytiker auch ganz erwachsen sich austauschen, es gibt sozusagen ein gemeinsames Feld der Verständigung in den Stunden. Demgegenüber geht die Kleinsche Schule davon aus, dass alles, was in den Sitzungen passiert eine Botschaft des Unbewussten ist und dementsprechend Gegenstand der Analyse – es gibt in dieser Vorstellung nichts, das nicht analysiert werden muss. Diese Position ist natürlich viel ausgesetzter und schwieriger, da sie die ununterbrochene Aufmerksamkeit des Analytikers verlangt und sich nicht von der „wir Erwachsenen unter sich"-Haltung beruhigen lässt.

Aber das ist nur eine der vielen Konsequenzen aus den „Kontroversen Diskussionen" mitten im Krieg in London.

Frauen in der Psychoanalyse – die Reihe ließe sich noch lange fortsetzen. Historisch gesehen nach hinten – in Richtung Freud: Marie Bonaparte, Lou Andreas-Salome, Helene Deutsch, um nur die bekanntesten zu nennen, und nach vorne, in unsere Zeitrichtung: Frieda Fromm-Reichmann, die als Psychoseforscherin in den Vereinigten Staaten Geschichte geschrieben hat, Margaret Mahler, die sich als Säuglingsforscherin einen Namen machte; und dann natürlich die vielen klugen Frauen, die sich rund um die feministische Debatte mit Freud und der Psychoanalyse beschäftigten: Janine Chasseguet-Smirgel, die die weibliche Sexualität einer neuerlichen, gründlichen Untersuchung zuführte, Juliet Mitchel, die von einer feministischen Kritikerin zur feministischen Analytikerin wurde, Julia Kristeva, eine einflussreiche französische Philosophin und Analytikerin, die in mehreren Büchern gerade den Beitrag der Frauen in der Psychoanalyse bearbeitete (z. B. auch in einem sehr lesenswerten Buch über Melanie Klein). In dieser kleinen Auswahl finden sich „nur" Frauen, die in der klinischen Psychoanalyse verankert sind; die psychoanalytische Theorie hat darüber hinaus einen ungeheuren Einfluss auf die feministisch geprägten Geistes- und Kulturwissenschaften ausgeübt; beides zusammen wäre ein eigenes, ein neues Buch.

Hilda Doolittle, schrieb das Gedicht, aus dem das Motto für dieses Kapitel stammt, über Sigmund Freud, ihren Psychoanalytiker. Sie war nicht die erste, die auf den „alten Mann" ärgerlich und in lange Debatten mit ihm verwickelt war, die seine Rede der „Man-Strength", der männlichen Kraft, provozierend fand und die Weiblichkeit dagegen zu setzen suchte – doch gerade in dieser Rede, die Rede der Psychoanalyse, war es, die alle diese Frauen faszinieren konnte und ihnen die Richtung gab, in der sie alle, jede selbst und für sich, einen eigenen Weg finden konnten, die Verhältnisse der Psyche weiter zu erkunden und dem Alten Mann die schwierige Aufgabe, den „Dark Continent" der Weiblichkeit zu kartographieren, aus der Hand genommen haben.

Dritter Spaziergang: Freiberg/Příbor

Eva Laible, so weiß ich von Kollegen aus der Szene der Psychoanalytiker, die sich besonders für die Geschichte der Psychoanalyse interessieren, hat sich seit Jahrzehnten darum bemüht, das Geburtshaus von Sigmund Freud in eine Gedenkstätte oder ein kleines Museum zu verwandeln, das in Příbor, Deutsch: Freiberg in Mähren, der heutigen tschechischen Republik, steht. Das war, solange der eiserne Vorhang die Nachbarländer Tschechien und Österreich noch sicher getrennt hat, keine leichte Unternehmung. 2006 aber, in dem magischen Jahr für Freud, weil zu seinem 150. Geburtstag, war dann alles ganz einfach: die Gemeinde Pribor hat das Haus gekauft, renoviert und ein Museum eingerichtet. Zur Eröffnung kamen der Präsident der Tschechischen Republik, Vaclav Klaus, der damals noch nicht, inzwischen schon Außenminister Karl Schwarzenberg, die Botschafterin Österreichs, Margot Löffler-Klestil und einige Urenkel Freuds, die sich dort zum ersten Mal in ihrem Leben trafen. Die Reden waren schön, das Wetter gut, und der Präsident war der erste, der sich auf die bronzene Couch legte, die vor dem kleinen Haus steht. Leider hängt von dieser bemerkenswerten Szene kein Foto im Museum und ich habe es auch sonst nicht gefunden – ich hätte es mir gerne in meiner Praxis aufgehängt: ein Präsident auf der Couch, immerhin!

Frau Dr. Laible ist außerordentlich liebenswürdig, als ich sie anrufe und bitte, mit mir ein Gespräch über die ganze Geschichte zu führen, wie das Příbor-Museum zustande gekommen ist – und warum man bei uns so wenig bis nichts darüber weiß. Aber einstweilen finden wir keinen rechten Termin dafür, sie hat zu tun, muss auch operiert werden, mir kommen alle möglichen anderen Verpflichtungen dazwischen und am Ende ist es so, dass ich erst einmal hinfahre, nach Příbor, an einem Wochenende und einen Montag anhänge, falls es Dinge zu besichtigen oder zu fragen gibt, die sich an einem Sonntag nicht erledigen lassen. Ich bin gut ausgestattet von den Freunden, die Frau Dr. Laible in Příbor hat – sie haben mir ein Zimmer in der Pension „Siesta" bestellt und ich habe die Telefonnummer von Frau Dr. Kudelkova, die gut Deutsch spricht und die mir mit speziellen Fragen sicher weiterhelfen kann.

Also fahre ich los, neugierig und in Ferienstimmung – es sind etwa vier Stunden von Wien aus, in den Nordosten, Generalrichtung Krakau, kurz vor Ostrava liegt Příbor, eine Ausfahrt von der Autobahn, die bald nach der Grenze begonnen hat und mich zügig an diesem schönen, warmlichtigen Frühlingsabend weitergebracht hat. Die Grenze ist hier wirklich noch eine Grenze, Pass herzeigen und

Autobahnvignette kaufen – ich kenne mich natürlich mit den Kronen nicht aus und werde die nächsten zwei Tage dauernd nach dem überhöhten Kurs umrechnen, den die junge, blondierte, verschmitzt grinsende Kassiererin in dem Espresso an der Grenze mir für die Vignette abknöpft. Macht nichts, ich habe ja keine großen Ausgaben vor.

Es wird gerade dunkel, als ich nach Pribor hineinfahre, es ist noch kleiner, als ich es mir vorgestellt hatte. Das Piaristenkloster, das auf der Fotokopie des Planes, den ich von Eva Laibles Freunden bekommen habe und in dem, wie ich schon weiß, ein Gedenkraum für Freud ist – das sogenannte „alte Museum" – ist praktisch das erste Gebäude, das ich überhaupt sehe, gleich gegenüber ist das große Gebäude des Gymnasiums, ein Gründerzeitbau, wie er auch in Wien stehen könnte – massiv und riesig, Stuck. Und gleich neben dem Piaristenkloster ist schon meine Pension. Siesta. Ich parke das Auto und erinnere mich – vage – an einen Artikel in der Neuen Zürcher Zeitung vom letzten Mai, ich glaube, er war wie immer bei psychoanalytischen Themen von dem zuverlässigen und gebildeten Ludger Lütkehaus, der von der Eröffnung des Museums berichtet hatte. In Wien hatte ich nichts davon gelesen und auch dieser NZZ-Artikel hatte, so kommt es mir jetzt jedenfalls vor, einen ein wenig gönnerhaften Tonfall. Ich muss das nochmal nachlesen, denke ich – oder ist es nur, weil ich so entschlossen bin, alles gut und richtig zu finden, hier, wenn es nur irgendwie geht?

Die Wirtsleute sind schon älter, die Frau gibt mir den Schlüssel und wir versuchen, uns irgendwie verständlich zu machen und wenigstens ein paar Freundlichkeiten auszutauschen, als ihr Mann kommt und mich mit ein paar deutschen Wörtern anspricht, allerdings ist es ihm selbst fast unangenehm, er sucht nach den Worten, aber meist kann ich ihm gut aushelfen und wir lachen beide: ich, weil ich wenigstens etwas reden kann und er, weil er Worte wieder spricht und hört, die er seit seiner Schulzeit vor mehr als 60 Jahren nicht mehr gehört hatte. Er erzählt, dass in seiner Schulzeit natürlich alle Deutsch gelernt haben, da waren die Sudetendeutschen noch da, aber dann nach dem Krieg … und seither hat er nie mehr geredet … Das Zimmer ist sehr geräumig und mit einem modern bemühten Geschmack in Orange und Gelbtönen eingerichtet, selbst gemalten modernistischen Bildern an den Wänden, alles wirkt neu, eigenes Bad, Fernsehgerät, Internet – es steckt Ehrgeiz und Plan in dem Zimmer. Am nächsten Morgen sehe ich das auch im Frühstückszimmer und dem angrenzenden Wintergarten – eine sympathische Bemühung um Komfort und Annehmlichkeit, um

Gepflegtheit und auch ein bissel Überfluss – das Frühstück ist so üppig, dass ich daran scheitere, überhaupt mehr oder weniger gleich nach dem Aufstehen. Das kränkt allerdings meine Wirtin, die meint, sie hätte mir nur nicht das richtige vorgesetzt: Tomaten, Paprika, Gurken, hartgekochte Eier (zwei!), viel Wurst und etwas Käse, Joghurt, Topfen und sowas wie Liptauer – und mich ganz aufgeregt durch ihren Mann fragen lässt, was ich denn nun gerne essen würde? Wir gehen alles nochmal einzeln durch und kommen auf dasselbe, was sie ohnehin serviert hat. Dass es einfach zuviel ist, kann ich nicht sagen. Ich nehme mir vor, am nächsten Morgen mehr zu essen und die mütterlichen Ambitionen der Wirtin nicht zu enttäuschen, sie scheint es wirklich, wie viele Mütter, persönlich zu nehmen.

Nun aber, am Abend, mache ich noch einen Rundgang und suche mir ein Restaurant – mein Wirt schickt mich in den „Goldenen Stern" – wo neben der Gaststube eine große Bowling-Bahn ist und die Jugend Příbors die Kugeln schiebt und in der Gaststube auf einer riesigen Video-Wall Eishockey übertragen wird, aber zum Glück ohne Ton, sodass das Ganze eigentlich wie eine avantgardistische Installation wirkt – mir jedenfalls gefällt es ganz gut. Ich buchstabiere mir aus der Speisekarte ein Steak zusammen mit Salat und trinke ein großes Bier – Budweiser natürlich; eigentlich schmeckt es mir gar nicht, aber das gehört sich schon so.

Von Freud sehe ich an diesem Abend nichts, bin auch blind anscheinend, denn zwei Mal komme ich an dem Denkmal vorbei, das links am Eingang zum Hauptplatz liegt, der natürlich Sigmund Freud Platz heißt: Náměstí Sigmunda Freuda. Das Denkmal fällt mir erst am nächsten Morgen auf, am Sonntag, nach dem unbewältigbaren Frühstück meiner liebenswürdig besorgten Wirtin, wie auch alles andere, das mit Freud zu tun hat in dieser winzigen Stadt; das ist insofern bemerkenswert, als alles nur wenige Schritte voneinander entfernt ist und mein Auto direkt vor dem Hinweisschild auf das Geburtshaus Freuds parkt. Als ich es dann endlich am Morgen sehe, wie auch das Denkmal, das nur wenige Meter entfernt auf der anderen Seite der Straße liegt, bin ich gleichermaßen überrascht: über mich und meine Blindheit und über die Unmittelbarkeit und Kleinräumigkeit.

Ich denke an London und die Wegweiser auf der Finchley Road. In Příbor gibt es ungefähr genauso viele Hinweisschilder – nur, dass ganz Příbor ungefähr so groß ist wie die Distanz von der U-Bahn-Station zur Adresse Maresfield Gardens in London. Es ist klar, dass sich Příbor auf den Besuch der Welt eingerichtet hat, zumindest des Minderheitenprogramms der psychoanalytisch und Freud-interessierten Kulturtouristen, die – wie ich als lebendes Beispiel gleich selbst illustrieren kann – genauso blind sind, egal, ob sie in London oder Příbor unterwegs sind. An diesem Sonntag Vormittag bin ich jedenfalls allein und fast verwundert, dass das Museum überhaupt offen ist, so unwirtlich und plötzlich sehr kalt und regnerisch ist das Wetter geworden; ich ziehe alle Schichten an, die ich mithabe und friere immer noch. „Rodny dům Sigmunda Freuda" – Sigmund Freuds Geburtshaus – auf dem Schild in Pfeilform ist – zur Sicherheit? – auch das Porträt des berühmtesten Sohnes der Stadt zu sehen. Das Museum ist etwa 30 m rechts von dem Platz, wo mein Auto steht, ich falle praktisch hinein und merke es doch erst, als ich schon vor dem Eingang stehe – schon wieder eine Couch: die aus Bronze, auf der Vaclav Klaus Platz genommen hat vor einem knappen Jahr.

Alles so nah! So klein! Auch das Haus, alles habe ich mir aus der Ferne größer vorgestellt, weiter, offener vielleicht. Aber alles hier ist winzig, auch das „Rodny dům Sigmunda Freuda". Das ist einstweilen das Erstaunlichste an meinem Besuch, die Kleinheit. Es geht mir so, als käme ich an die Orte meiner eigenen Kindheit zurück, die einem in der Erinnerung groß und imposant erscheinen und dann, steht man vor ihnen irgendwann später, klein und unscheinbar wirken. Ob das nun daran liegt, dass man selbst gewachsen ist seither (notgedrungen), sich die Größenverhältnisse aber im Kopf nicht mitverschoben haben – oder ob es ein Phänomen der Erinnerung selbst ist, die nicht nur verklärt, sondern in einem Aufwasch auch gleich vergrößert – das weiß ich leider auch nicht. Es ist jedenfalls überraschend, und ich gehe in dieses kleine Haus.

Freud hat ja nur zweieinhalb Jahre hier verbracht, dann zog die Familie nach Wien. Das kleine Kind Sigmund – es gibt diese wenigen Erinnerungen an das Kindermädchen, das mit ihm Tschechisch sprach (heißt das, dass seine Familie Deutsch sprach?) und ihn mit in die katholische Kirche nahm; es gibt zwei, eine westlich, beim ehemaligen Piaristenkloster, die „Filiálni kostel sv. Valentina" und eine oben, nordöstlich am Hauptplatz, umgeben von einem Friedhof, die „Farní kostel Narozeni Panny Marie". Ich wünsche mir, dass das Kindermädchen, das später zum großen Unglück des kleinen Sigmund unehrenhaft entlassen wurde, weil sie angeblich was geklaut hat, mit ihm in die obere, die „Panny Marie" Kirche gegangen ist – die ist viel schöner, und nehme mir vor, in Wien bei Eva Laible nachzufragen.

Wie hat die ganze Familie Freud hier Platz gehabt, in diesem kleinen Haus? Es haben ja nicht nur die Freuds hier gewohnt, sondern auch der Schlossermeister

Staric, dem das Haus gehörte und der den Freuds ein Zimmer im oberen Stock vermietet hatte. Unten zwei Zimmer und ein Kammerl, das man nicht betreten kann (wohl für die Technik und das Lager) – links vom Gang die Kasse und der unvermeidliche „Shop" – winzig. Ich bekomme einen Audio-Guide, der auf Tschechisch, Deutsch oder Englisch die Führung übernehmen wird. Das Ticket wird elektronisch ausgedruckt, überhaupt ist alles sehr sehr modern – das Haus atmet noch die Renovierung, alles ist schön, aber auch ein bissel abgeschleckt, noch zu neu, denke ich, der Wandanstrich imitiert ein altes Tapetenmuster, die Deckenbalken sind neu (oder neu renoviert), die Technik beeindruckend. Ich gehe in das große Zimmer zur Rechten im Erdgeschoss und der Audioapparat schaltet sich von selbst ein. Ich höre eine sehr angenehme Männerstimme, die mich als Sigmund Freud begrüßt, mit einer ganz ganz leichten böhmischen Tonfärbung in dem artikulatorisch sonst makellosen Deutsch; sofort versetzt mich dieser Tonfall in gute Laune, es klingt humorig und sehr liebenswürdig, so wie ein sehr gepflegter Schwejk, (den ich ja auch nur in der legendären Lesart von Fritz Muliar kenne) – wie gibt es das, denke ich, dass das immer ein bisserl ironisch klingt? Der Text allerdings, den mir der böhmische Freud, den ich mir als alten Mann vorstellen soll, der seine Příbor-Kindheit nachträglich beschreibt, erzählt, ist in der Tat auch ein wenig ironisch, nicht sehr und keinesfalls spaßig. Aber er erzählt doch – quasi im milden Altersicht – mit Augenzwinkern von den Wiesen und Wäldern, der Natur rund um Příbor und vom kleinen Fluss, die Lubina, an der gespielt wurde. Und er kommentiert den Film, der – wie von Zauberhand gestartet – auf der Video Wall zu laufen anfängt und mit glatten, fernsehtauglichen Bildern die Situation im Hause am 6. Mai 1856 nacherzählt. Man sieht, wie ein Fenster aufgemacht wird, die nackten Füße einer jungen Frau, die in einem langen Rock mit Schürze einen Kübel mit Wasser eine enge Stiege hinaufträgt, man hört Babygeschrei, dann fährt eine Kutsche durch eine grasgrüne, blühende Wiesenlandschaft, ein junges Mädchen in weißem langen Kleid geht durch eine ebenso grasgrüne Wiese mit tausenden von Löwenzahnblüten, sie sieht sich um und lächelt mich an – dann kommt der Hauptplatz von Příbor und wieder Wiesen, Wasser und blauer Himmel. Ziemlich kitschig, eigentlich. Die Botschaft ist klar: die ideale Gegend der frühen Kindheit hat Freud nie verlassen, sie ist ihm immer ein innerer Bezugspunkt geblieben – und hier war alles schön und wunderbar. Diese Grundidee des Museums wird natürlich von der schönen Geschichte der ersten Verliebtheit Freuds verstärkt: Einmal, als er

16 war, kam er zurück nach Freiberg – Příbor, in den großen Sommerferien in das Haus der Familie von Ignaz Fluss, der ein Freund seines Vaters aus Kindheitstagen in Galizien war. Fluss hatte ursprünglich die Übersiedlung der Freuds nach Příbor betrieben und Freud arbeitete für die Tuchfabrik von Fluss. Die Familie Fluss war sehr wohlhabend, ihnen gehörte ein großes Haus am Hauptplatz, und der Gymnasiast Freud besuchte seinen Freund Emil. Sigmund war 2 1/2 Jahre alt, als die Familie nach Wien übersiedelte. Er kommt zurück – es wird das erste und letzte Mal sein, dass er Příbor besucht – und verliebt sich Hals über Kopf in die Schwester von Emil, Gisela. Gisela verschwindet nach kurzer Zeit (wird sie verschickt? muss sie abreisen? war ein anderer Aufenthalt geplant?) – und Freud „heilte die Trennung mit langen Spaziergängen in der herrlichen Natur der Umgebung von Příbor", wie mir die sorgfältige Broschüre der Stadt Příbor versichert, die ich am Ende meines Rundganges durch das Museum kaufe.

Der Film versucht, mit einem gewissen Erfolg und gar nicht unsympathisch, vor allem wegen dieser netten Männerstimme mit dem reizenden Tonfall, diese Romantik zu evozieren. Příbor und Freud – zwei Liebesgeschichten: erst das Kindermädchen, dann Gisela. Und das war's.

Damit ein ganzes, wenn auch kleines Museum zu füllen, ist schwierig; denn Příbor leidet natürlich noch viel mehr als Wien unter der Abwesenheit von musealen Gegenständen, die mit Freud in Verbindung zu bringen sind. Die einzigen Objekte, die aus der Zeit um Freuds Geburt, also der Mitte des 19. Jahrhunderts stammen, sind ein paar Garnspulen, sie sich in einer Vitrine im ersten Stock finden und einen Bezug zum Beruf des Vaters herstellen, der im Auftrag des reichen Fabrikanten Fluss Stoffe eingekauft hat. Sonst versucht man sich – nicht ungeschickt – zu helfen, mit dem Film, mit assoziativen Fotos im ersten Stock, mit einem Bezug zur globalen Vernetzung mittels eines Computers, mit der ausführlichen Darstellung eines Projektes für ein Freud-Zentrum, das als Anbau zum Museum entstehen soll und auf mich eine oder sogar zwei Schuhnummern zu groß für das winzige Příbor zu sein scheint.

Ich lerne allerdings etwas ganz Neues in diesem ansonsten leeren Museum kennen: den Asteroiden 4342 Freud (1987 Q09)! Er befindet sich 3336 AU von der Erde und 2595 AU von der Sonne entfernt, irgendwo zwischen Jupiter und Mars, und Herr E. W. Elst hat ihn am 21. 8. 1987 im Observatorium von La Silla entdeckt und ihn freundlicherweise nach Freud benannt. Das freut mich auch.

Auch hier ist eine gewisse sympathische, zurückhaltende Ironie am Werk – so wie auch in dem zweiten Raum im ersten Stock, der nur ein paar neue Bücherschränke beinhaltet, die ungefähr so ausschauen wie die Bücherschränke in Anna Freuds Zimmer in London UND – noch eine Couch! Was Wien sich nicht erlaubt hat, die Lücke der Abwesenheit, der Vertreibung, möchte man sagen, mit einer Replik der Ikone aufzufüllen, haben sich die Freiberger gleich zwei Mal herausgenommen; die bronzene Couch vor dem Haus, wetterfest und für Jahrhunderte aufgestellt – ich denke an die vielen für die Jahrhunderte aufgestellten Denkmäler in den ehemals „sozialistischen" Ländern, die sich dort seit 1989 plötzlich leicht und behende in Bewegung gesetzt haben (unübertroffen dargestellt als der am Helikopterseil hängende Lenin in „Good Bye, Lenin!", über dem Kopf der Hauptfigur langsam schwingend abfliegt ...).

Und dann nochmals im ersten Stock des Museums: Bas-Relief-Couch, an der Wand, schaut gespuckt aus wie die in London, inklusive Bild darüber, gut beleuchtet und hat auch so eine Textur wie die Teppiche, die sie seit 1885 bedecken ... es fühlt sich an wie ein Filzbodenbelag, der mit Siebdruck auf Couch getrimmt wurde. Wie auch immer, die Materialfrage kann ich ohnehin nicht klären – es ist ziemlich komisch – und das ist auch gerade das Gute.

Also meinen Segen hat das neue Museum – ihm fehlt völlig die Ernsthaftigkeit der dokumentarischen Bemühungen, die in dem Freud-Gedenkraum walten, der sich im Piaristenkloster befindet und den ich jetzt besuche, nicht ohne vorher im Shop noch ein paar Postkarten und das zweisprachige Heft „Freuds Příbor" zu kaufen. Was die Gestalter daraus gemacht haben, ist ein erstaunlich lockerer Umgang mit dem großen Sohn, ohne ihn aber zu verblöden. Die vielen Karikaturen, die der tolle Zeichner und Cartoonist Vladimir Jiránek zu Freud und der Psychoanalyse gezeichnet hat und die man in allen Räumen irgendwo wiederfindet (z. B. wenn man der Aufforderung des netten böhmischen Herrn Freud aus dem Audio-Guide folgt und die Schubladen in den Bücherkästen aufmacht!), haben daran einen großen Anteil. Sie sind wirklich sehr erheiternd und unglaublich gut gezeichnet. Zum Glück gibt es im Shop eine Sammlung davon in deutscher Übersetzung und so kann ich auch die anderen, mit mehr Text genießen. Oben im Museum hatte ich nur einen Cartoon verstanden: Eine lächelnde Dame auf einem Sessel, hinter ihr Freud mit griesgrämiger Miene. Er hält ihr die Augen zu. Sie rät: Jung? ... Adler? ... Fromm?

Den finde ich richtig gut.

Frau Dr. Kudelkova auch, darüber können wir uns gleich verständigen, als ich sie zum Mittagessen treffe und erstaunt bin und ihr Komplimente über ihr vorzügliches Deutsch mache. Sie hat, sagt sie, in Ostrava Deutsch studiert und war bis vor Kurzem in der Gemeindeverwaltung von Nový Jičín für die Partnerstädte zuständig – in Österreich ist das Steyr. Nový Jičín ist noch viel hübscher und ein bisschen größer als Pribor, nur ein paar Kilometer entfernt, und Frau Dr. Kudelkova ist wiederum dort in der Nähe zu Hause. Beim Mittagessen erzählt sie von ihrer Arbeit und dass sie nun leider hat aufhören müssen, weil der neue Bürgermeister sie rausgeekelt hat und sie jetzt im Augenblick nur manchmal kleinere Übersetzungsjobs hat. Ihr Handy läutet – nach dem Gespräch sagt sie, es sei ein Schulkollege, inzwischen sehr erfolgreicher Geschäftsmann, der sie für eine österreichische Firma als Dolmetscherin „gebucht" habe, gewesen. Für Manche, sagt sie lächelnd, aber ich habe das Gefühl, auch ein wenig resigniert, laufen die Geschäfte wirklich gut. Sie erzählt, wie sie sich bei der Einweihungsfeier für den Bürgermeister von Pribor geschämt habe, der die anwesende Botschafterin Österreichs, Frau Dr. Klestil-Löffler, nicht einmal erwähnt hatte und sich erst danach bei ihr für diese Rüpelhaftigkeit entschuldigt habe. Die Botschafterin habe zwar nichts gesagt, aber es sei doch wirklich peinlich gewesen – sie muss sich sehr geärgert haben! Ich sage: es gibt Schlimmeres, und: sie hat das sicher nicht so auf die ernste Schulter genommen, doch Frau Dr. Kudelkova ist sicher, dass es eine Beleidigung Österreichs, des Nachbarlandes und der Botschafterin persönlich gewesen ist!

Sonst fand sie die Feier schön und Frau Dr. Laible und Frau Dr. Klestil waren sehr nette und liebenswürdige Gäste.

Unser Gespräch entwickelt sich weg von Příbor und sie beginnt von den anderen Schwerpunkten und Sehenswürdigkeiten der Region zu erzählen – von Janáčeks Gedenkstätte in Hukvaldy und dem Hauptplatz von Nový Jičín, der als Ganzes unter Denkmalschutz steht und zu den schönsten Plätzen in Tschechien zählt. Die kleine Stadt ist in ihrer Anlage Wien nachgebaut, hat eine Ringstraße, die auch so heißt und dieses reizende Zentrum umschließt. Janáček, einer von meinen Lieblingskomponisten, der immer in Brno geblieben ist, die ganzen 50 Jahre seiner Laufbahn! Janáček der Provinzler mit dem riesigen musikalischen Verstand und der unglaublichen Kraft seiner Motivik, den Kontrasten zwischen lyrischen und pantheistischen Gedanken im „Schlauen Füchslein" und der tiefen Skepsis und Modernität der „Aufzeichnungen aus einem Totenhaus". Seine unglückliche und tragische Liebesgeschichte gegen Ende seines Lebens mit der 38 Jahre jüngeren Kamila Stösslovà, die die unglaubliche Dichte des zweiten Streichquartetts ausgemacht hat, den „Intimen Briefen", intimer, als je der Kontakt der beiden Menschen im Leben sein durfte oder werden konnte. Janáček war also von hier, aus der Gegend, die „Lachei" heißt und an die Kleinen Beskiden grenzt – für heutige Wiener Ohren klingt das nicht weniger exotisch als Kaukasus oder Punjab …

Also Hukvaldy, Deutsch: Hochwald, ein kleines Dorf, noch ein kleines Haus, nicht viel kleiner als das in Příbor für Freud, und auch hier eine durch und durch sympathische Gedenkstätte für den großen Mann, der es relativ spät in seinem Leben gekauft und hier immer seine Sommer komponierend verbracht hat. Ich bin begeistert, dass Frau Dr. Kudelkova mit mir hierher gefahren ist und ich weiß nicht recht, worüber ich mehr begeistert bin: über die Tatsache, Janáček gefunden zu haben oder die Gedenkstätte und den freundlichen Umgang, den anscheinend die Lachei mit ihren Kulturhelden pflegt.

Den dritten großen Sohn der Gegend, Gregor Mendel, der auch eine Gedenkstätte in seinem Geburtsort hat, in Vražné-Hynčice ganz in der Nähe von Nový Jičín, muss ich mir für den nächsten Besuch in Mähren aufheben, leider.

Mendel 1822, Janáček 1854 und Freud 1856 – und alle drei aus der Provinz, die Orte keine 30 km auseinander. Dieser Reichtum an Begabung und Intellekt, aus sozial verschiedenen Situationen und individuell wohl nicht vergleichbar. Hier der wache Dörfler Mendel, der beim Obstanbau hilft und in der Schulzeit schon Bienen züchtet und Ordensmann wird, weil das eine wissenschaftliche Laufbahn ermöglichte ohne finanzielle Belastungen der Familie; Janáček aus einer Lehrerfamilie, der Zeit seines Lebens Lehrer und Chorleiter in Brno bleibt und Freud, aus der jüdischen Kaufmannsfamilie, der nach Wien kommt und sich – wie man das heute in der Welt der Privatuniversitäten, der MSc-Titel und Masterstudien sagt – akademisiert. Alle drei erobern mit der Arbeit ihres Geistes die Welt und diese ist, seit die drei verschiedenen Männer aus der Lachei da waren, nicht mehr dieselbe: die Biologie ohne Mendel, die Musik ohne die Opern Janáčeks, die Vorstellungen über den Menschen ohne Freud – das geht gar nicht, denke ich, während wir beide, Frau Dr. Kudelkova und ich, an diesem sehr kühlen Sonntagnachmittag noch das entzückende Denkmal des „Schlauen Füchsleins" im ausgedehnten Schlosspark von Hukvaldy besuchen. Hier gibt es jedes Jahr ein Janáček Festival mit Freilichtaufführungen seiner Opern vor der Kulisse der Burgruine, die oben auf dem Berg (mehr ein Hügel) liegt. Unten aber hält das bronzene Füchslein seine schlaue Nase in die Luft und legt den buschigen Schwanz attraktiv um sich, beides, Schnauzerl und Schwanz sind ganz blank gestreichelt von vielen vielen Besucherhänden, die – wie ich – die nasse lebendige Schnauze und den weichen haarigen Schwanz suchen (und – wie ich – finden, weil das Füchslein so zauberhaft es glaubhaft macht).

Ich bin sehr zufrieden mit meinem Ausflug nach Mähren und meinem Besuch bei Freud und Janáček. In Wien zurückgekommen, besuche ich nun endlich Eva Laible, die liebenswürdig neugierig wissen möchte, ob es mir so gut wie ihr gefallen hat; auch sie findet das Museum in Příbor gelungen und ist sehr froh, dass es endlich Wirklichkeit geworden ist. Sie war die einzige Psychoanalytikerin aus einem anderen Land, noch dazu aus Österreich, die bei der Einweihung dabei war. Niemand vom Wiener Freud Museum, aber anscheinend auch niemand aus London, kein Vertreter der internationalen Psychoanalyse – seltsam. Aber, wendet Eva Laible ein, das ist nicht sehr verwunderlich. Es hat sich keiner der Psychoanalytiker je dafür interessiert. Das war schon immer so.

Sie selbst betreibt leidenschaftlich Geschichte der Psychoanalyse; und mit diesem Interesse zu sehen, wo Freud geboren wurde, kam sie das erste Mal vor mehr als zwanzig Jahren nach Příbor. Damals gab es nichts, es herrschte der reale Sozialismus und Freud war kein großer Sohn der Stadt. Es gab aber ein paar Leute in Příbor, die sich dafür interessierten und gleich nach der „samtenen Revolution", im Jahr 1990, wurde die S. Freud Gesellschaft Příbor gegründet. Frau Dr. Laible versuchte, die internationale psychoanalytische Öffentlichkeit für das Projekt zu interessieren, das Geburtshaus Freuds für den öffentlichen Besitz zu kaufen und als Museum zu sichern. Sie fand damit nirgendwo Gehör, freundlich vage Briefe und lächelnde Mienen – höfliches Desinteresse. Anfangs, meint sie lächelnd, war der Bürgermeister von Příbor noch ganz begeistert von ihren Versuchen, weil er dachte, jetzt komme das große internationale Geld und die Frau Doktor aus Wien bringt es ihm in seine Stadt, Freud würde sich endlich einmal für die Gemeinde bezahlt machen – aber als sie sich dann – aus dieser Perspektive – als Fehlschlag herausgestellt habe, hat er sich schließlich doch entschlossen, das Geld selbst aufzubringen. Von Jahr zu Jahr stieg der Verkaufspreis, den die Besitzer haben wollten: die merkten schließlich auch, dass ihr Besitz vom zufällig stehengebliebenen alten und kleinen Handwerkerhaus zu der begehrtesten Immobilie Příbor wurde – so dass der Preis, den die Gemeinde dann schlussendlich zahlen sollte, ziemlich hoch gewesen sein muss. Und dann war da noch die Renovierung, die eine große Summe verschlang. Die Kosten hierfür musste die Gemeinde wenigstens nicht alleine tragen, hier half die Republik mit Geldern aus. Und am Ende stand die feierliche Eröffnung, die so viele verschiedene Menschen zusammenbrachte – und als einzige Vertreterin der Psychoanalyse Frau Dr. Laible aus Wien!

Příbor und Freud – das ist eine eher zufällige Geschichte. Jetzt, wo diese – nicht für Freud selbst, aber für die Theorie Psychoanalyse – marginale Geschichte eine Art glückliches Ende gefunden hat und der große Sohn der Stadt in seinem Geburtshaus festgehalten und ironisch und liebevoll seine Abwesenheit zelebriert wird, scheint ja alles gut zu sein. Das große Zentrum, das geplant war, wird wohl nicht gebaut werden und es ist ja auch kein Fehler, wenn das nicht passiert. Denn die Hoffnung der Stadt, dass Freud zum Kristallisationspunkt für einen psychoanalytischen Tourismus und vielleicht sogar für ein verstärktes Interesse an der Region führen würde, hat sich nicht einmal bei der Eröffnung des Museums bewahrheitet. Die Beziehung Příbor mit Freud – und, ist man versucht zu sagen, vice versa, bleibt ironisch distanziert. Wie sagte doch Freud Jahrzehnte später, als er sich seines Sommers in Příbor erinnerte? Er habe die Liebe zu Gisela flugs auf die Mutter übertragen! So mobil, wie er sich in seiner Zuneigung zeigte, erwies er sich auch in seiner Bindung an die Region, den Ort, die Gegend. Es kostete ihn wohl nicht viel bis gar nichts, sich von Freiberg/Příbor abzuwenden und die schönen frühkindlichen Erinnerungen sowie die unbewussten Strebungen aus dieser ersten Kinderzeit auf Anderes zu übertragen: andere Wiesen und andere Frauen, die das Kindermädchen ersetzen würden.

Dennoch: ich persönlich bin den Behörden und dem Staat Tschechien sehr dankbar, dass sie dieses kleine Museum geschaffen haben. Und auch, wenn niemand hinfährt und die Psychoanalytiker dieser Welt den Weg nicht machen – es ist ein festgehaltener Ort, eine Zäsur, ein kleiner, feiner Ort, der dem drohenden Vergessen entwunden werden konnte. Und sowas ist immer gut. Sehr gut sogar.

Es ist – finde ich – auch ein guter Ort, um die Spaziergänge mit Freud zu beenden. Schließlich ist Pribor das jüngste der Museen, die Freud gewidmet sind – und die kleinste, fragilste, empfindlichste und unbekannteste der drei Museums-Schwestern. Es geht Příbor also so ähnlich wie der Psychoanalyse selbst – auch ihre Zukunft ist fragil. Zwar hat sie schon viele Tode überlebt und einige Untergänge überstanden, und in gewisser Weise kann man ihre gesamte Geschichte als eine Geschichte von verfrühten Todesnachrichten lesen. „Nachrichten von meinem Tod schwer übertrieben" hat – glaube ich – Mark Twain auf eine falsche Todesnachricht repliziert, die über ihn in einer Zeitung stand. Das könnte von Freud sein, dessen trockene Ironie und nüchterne Gelassenheit hier als probate Lebenshaltung empfohlen werden soll – eine Haltung, die allerdings unvereinbar ist mit dem Zeitgeist. Sie ist arbeitsam und diszipliniert, sehr frustrationstolerant und orientiert an einem Wissenschaftsideal als Lebensideal, das nicht beugsam und biegsam sich um die Drittmittel windet, sondern im vollen Risiko des Einzelunternehmers alles wagt: die Karriere, die Erkenntnis, das Ansehen und den Erfolg bei den Patienten.

Das ist im Wesentlichen noch immer so – auch, wenn die Psychoanalyse sich in vielen Gegenden der Welt, so auch in Österreich, der Schweiz und Deutschland in das öffentliche Krankenversicherungssystem eingegliedert hat und Patienten einen nicht so kleinen Zuschuss zu ihrer psychoanalytischen Behandlung bekommen. Im Großen und Ganzen ist die Psychoanalyse immer noch so strukturiert und funktioniert ganz genauso, in dem Modell des freien psychoanalytischen Unternehmers, der auch gleichzeitig der Forscher ist. Schon alleine deswegen ist die Rede von der Wissenschaftlichkeit der Psychoanalyse nicht ganz ihrem Gegenstand angemessen. Sie funktioniert so sehr jenseits der soziologischen und ökonomischen Bedingungen, unter denen heutzutage Wissenschaft betrieben wird, ist ein solcher Anachronismus an Starrköpfigkeit und Einzelgängertum, dass sie sich auch von dieser Seite her nicht in den Kanon der Wissenschaften einordnen mag und lässt.

Von Wien aus, das als Schmelztiegel der k. k. Monarchie und als Versuchsstation gleichermaßen der Moderne und des Weltuntergangs (wie Karl Kraus meinte) das soziale und intellektuelle Umfeld bereitstellte, in dem sich alle möglichen disparaten Entwicklungen in engster Nachbarschaft, aber seltsam unberührt voneinander entwickeln konnten, hat die Psychoanalyse ihren Siegeszug in die ganze Welt angetreten.

Dennoch hat sich natürlich seit den Zeiten der „Mittwochsgesellschaft" in der Berggasse 19 viel verändert. Die Geschichte der Psychoanalyse im 20. Jahrhundert kann man – grob – in etwa so einteilen: Auf die Zeit der grundlegenden Entdeckungen Freuds in den 80-er und 90-er Jahren des 19. Jahrhunderts folgte eine Zeit der organisatorischen und politischen Entwicklung und Konsolidierung mit der Gründung der Wiener Psychoanalytischen Vereinigung im Jahr 1908, der Internationalen Psychoanalytischen Vereinigung 1912, der Einrichtung regelmäßiger Kongresse, Gründung von Periodika wie dem „Zentralblatt für die ärztliche Psychoanalyse", „Imago", „Internationale Zeitschrift für Psychoanalyse". Diese Phase kann man – unterbrochen von der Katastrophe des Ersten Weltkrieges bis zum Ende der Demokratie von 1933 bzw. 1938 in Österreich ansetzen.

Der Nationalsozialismus und der durch ihn verursachte Zweite Weltkrieg vernichtete vieles. Die Verheerungen, die er anrichtete, waren nachhaltig. Zwar konnten sich fast alle Mitglieder und Kandidaten der WPV zum Glück in die physische Sicherheit der Emigration retten – allen voran der greise Freud selbst; aber der „brain drain", der Verlust an intellektueller Kapazität, an Erfahrung und implizitem Wissen war natürlich fatal. Das Wissen wanderte aus, in den angelsächsischen Raum hauptsächlich – nach England mit Freud, nach Amerika; und was Europa, was Deutschland und Österreich vertrieben hatten, wurde dann zum erfolgreichen Paradigma, das die gesamte Diskussion bis in die Mitte der 80er Jahre beherrschen sollte. Die Psychoanalyse mit ihrer Auffassung von den unbewussten Konflikten, vom Ich, das nicht der alleinige Herr im eigenen Haus ist, von der beherrschenden Rolle der Sexualität für unsere gesamte mentale Ausstattung wurde die herrschende Idee für alle möglichen gesellschaftlichen Felder: die Werbung und das Marketing, die Medizin, die Gesellschafts- und Kulturwissenschaften, Kunst und Kunstgeschichte, Literatur und Literaturwissenschaft, Philosophie, die Ethnologie, die Anthropologie, die Medizin: Psychosomatik und Psychiatrie; die Soziologie, die Psychologie sogar. Bildende Kunst, das moderne Theater und alle, die darin arbeiten, sind bei der Psychoanalyse in die Schule gegangen, bewusst, wenn sie studiert haben, was Freud et al. geschrieben haben, unbewusst, wenn sie „nur" das Klima eingesogen haben, das die Zeit nach dem Zweiten Weltkrieg bis in die 80er Jahre hinein bestimmt hat.

Aber nicht nur darin hat sie sich als „Meistertheorie" erwiesen, auch, was die therapeutischen Unternehmungen angeht, gibt es wohl kein vergleichbar wichtiges Paradigma. In der Psychiatrie war es so, jedenfalls in der Zeit des Booms nach dem Zweiten Weltkrieg bis zum Ende der 80er Jahre. In den USA waren alle Lehrstühle mit Analytikern besetzt und die Frage nach dem analytischen Lehrer war mindestens so entscheidend bei einer Bewerbung im Bereich der Psychiatrie wie die medizinische Expertise, die jemand mitbrachte. Und auch in Europa waren Psychoanalyse und Klinik gut miteinander verträglich, in Deutschland leistete hier Alexander Mitscherlich wichtige Dienste als Türöffner für einen psychoanalytisch inspirierten klinischen Umgang mit psychischen Krankheiten und in meiner Generation war es dann eigentlich vollkommen klar, dass man, wenn man sozialpsychiatrisch tätig war, dies auf einem psychoanalytischen Hintergrund zu tun hatte. Und so waren die psychoanalytischen Ausbildungsinstitute damals voll mit jungen, motivierten Psychiatern und Psychologen, die die Welt verändern wollten und dazu kam ihnen die Psychoanalyse gerade recht; alles schien sich gut zusammenzufügen: die Ansicht, dass Wahnsinn ein gesellschaftlich gemachtes Phänomen ist, die die psychiatriereformerischen Bewegungen in Italien, Frankreich, Deutschland und Österreich angetrieben hat, traf sich gut mit den psychoanalytischen Vorstellungen des Unbewussten, des Konflikts, aber vor allem auch des Verstehen-Könnens von scheinbar Unlogischem, Bizarrem. Wohlwollende Neutralität, Abstinenz und nicht „besser für den Patienten wissen müssen, was er braucht, als er selbst", das waren – und sind natürlich! – weitere Züge der psychoanalytischen Kur, die sehr gut zuammenpassten mit dem Impetus der jungen, ungestümen Reformer, ihre Patienten nicht zu „behandeln", sondern zu verstehen und ihre Autonomie zu respektieren. Eigentlich gibt es dazu nichts Einschränkendes zu sagen – das ist immer noch eine gute Idee, finde ich.

Inzwischen ist allerdings, was die Psychiatrie angeht, eine andere Mode ausgebrochen – die biologische Psychiatrie. Sie setzt einen vollkommen anderen Schwerpunkt und betrachtet den Menschen als eine Art biochemischer Maschine. Gedanken und Gefühle sind in dieser Auffassung biochemische Prozesse, die ebenso – mittels chemischer Substanzen – beeinflusst werden können und sollen. Und sonst im Wesentlichen nichts. Das ist uns – den Psychoanalytikern – ein bissel zu wenig und zu dürftig. Wir sehen es eher gerne umgekehrt: die Chemie muss zu Hilfe kommen, wenn das Ich des Patienten gar nicht mehr in der Realität arbeitsfähig ist und sich in den Wahnsinn stürzt; damit wir verstehen und mit den Patienten arbeiten können, müssen sie arbeiten können und bei uns bleiben können: mit ihren Gedanken und Gefühlen. Aber nicht umgekehrt: damit die Medikamente wirken, ist es gut, wenn auch ein bisserl Psychotherapie dabei ist. So sehen es unsere biologischen Kollegen. Über die komplexen Probleme erkenntnistheoretischer Art, die mit diesen beiden ganz konträren Positionen verbunden sind, können wir hier leider nicht weiter handeln. Schade, aber auch das wäre ein neues Buch.

Psychotherapie im engeren Sinn kommt ja ohne Medikamente aus, und die Psychoanalyse ist – so gesehen – nur eine von vielen Methoden, die sich auf diesem Markt tummeln. Grob gesagt lassen sich die „Schulen" in zwei Richtungen einteilen: die kognitiv-verhaltenstherapeutischen und die tiefenpsychologisch-psychoanalytischen. Erstere sind eine ganz eigene „Baustelle"; sie geht davon aus, dass es ein dynamisches Unbewusstes nicht gibt und deswegen auch die Annahme von Trieben, Konflikten etc. nicht gerechtfertigt ist. Die kognitiven Therapieschulen gehen davon aus, dass es sich bei Symptomen um falsch gelernte Verhaltensweisen handelt und dass man sich deswegen durch „Umlernen" wieder symptomfrei machen kann. Die psychodynamischen oder tiefenpsychologischen Schulen lassen sich dagegen alle – zumindest grob – mit folgendem Charakteristikum beschreiben: alle meinen, dass die spezifische Geschichte eines Menschen eine zentrale Rolle in der Symptombildung spielt und dass man das Symptom, was auch immer es sein möge, deswegen nur gut und anhaltend behandeln kann, wenn man sich methodisch auf diese individuelle Geschichte bezieht. Wie das die einzelnen Methoden tun, das ist ganz verschieden: einige, die „systemischen" sehen die unbewusste Geschichte mehr als überindividuelles Phänomen der Gruppe (des Systems), in dem der Patient steckt, Modell Familie etwa. Andere, wie die „Gestalttherapie" legen ihren Schwerpunkt auf das Ausleben und Wiederdurchleben von inneren Geschichten mit den problematischen Figuren der Kindheit oder des früheren Lebens. Und so könnten wir die Liste fortsetzen – die Schulen sind vielfältig und unüberschaubar. Neben den anerkannten Schulen, die eigene Ausbildungsinstitute haben, deren Absolvierung zur Abrechnung psychotherapeutischer Leistungen mit den Krankenkassen berechtigt, gibt es noch viel mehr, die sich im daran anschließenden freien Markt tummeln.

In diesem Kontext ist die Psychoanalyse nur eine unter vielen. Aber natürlich ist sie eine besondere, die Ahnherrin, die alle gerne beerben wollen; am besten, ohne es zugeben zu müssen und dafür Steuern zu zahlen, wie z. B. die Adlerianer, wie wir oben gesehen haben. Oder die das Erbe empört ablehnen wie z. B. die Körperpsychotherapien, die der Psychoanalyse gerne vorwerfen, dass sie „nur im Kopf" arbeite. Oder jene, die überhaupt versuchen, sich an der Frage der Theorie und der zugrunde liegenden methodischen Vorstellungen vorbeizuschummeln wie etwa die „klientenzentrierte Gesprächstherapie". Andere Beispiele ließen sich beliebig anfügen, aber auch hier gilt der Satz: mehr wäre schon wieder ein neues Buch, wir haben uns hier auf die Darstellung der Kontroverse um und mit Alfred Adler und seiner Grundannahmen beschränkt, sozusagen als Fallbeispiel.

Was die Psychoanalyse als Therapie kann, können am besten die Patienten beurteilen, die sich seit rund 130 Jahren ihrer und ihrer Analytiker bedient haben, um mit Ängsten, Verwirrungen, Wahnsinn, Depression, Sucht, Destruktivität, Zwang, Delinquenz oder was auch immer zurecht zu kommen. Von der anderen Seite her, aus dem Sessel hinter der Couch, kann ich dazu nur sagen, dass die Psychoanalyse die Form des Dialogs zwischen zwei Menschen ist, die dem Ideal einer herrschaftsfreien und offenen Entfaltung des Menschlichen am nächsten kommt.

Das alleine ist schon hilfreich, wenn dann auch noch Können, Disziplin, Nachdenken und Wissenschaft dazukommt, ist es geradezu großartig. Etwas Besseres jedenfalls haben wir einstweilen noch nicht erfunden.

Ausgewählte Literatur

Adler, A. (1922): *Heilen und Bilden.* Wiener Volksbildung
– (1927): *Menschenkenntnis.* S. Fischer Taschenbuch, 1966

Appignanesi, L. & Forrester, J. (1992): *Freuds Women. Family. Patients, Followers.* New York: Other Press, 2001

Borens, R. (2006): Jenseits der Anerkennung. Anerkennung und Übertragung. *Zeitschrift für psychoanalytische Theorie und Praxis*, 21, 404–422

Cassou, J. (1967): Vorwort zu *Die Malerei der Romantik.* In: Cogniat, R.: *Weltgeschichte der Malerei*, Band 15. Lausanne: Editions Rencontre Lausanne

Davies, J. K. u. Fichtner, G. (Hrsg.) (2006): *Freuds Library. A comprehensive catalogue / Freuds Bibliothek.* Vollständiger Katalog. London-Tübingen: Freud Museum – edition diskord

Freud, A. (1936): *Das Ich und die Abwehrmechanismen.* Kindler: Die Schriften der Anna Freud, Band 1,193–362

Freud, S., Breuer, J. (1895d): *Studien über Hysterie.* S.Fischer: Gesammelte Werke (GW), 1, 75-312
Freud, S. (1900a): *Die Traumdeutung.* GW, 2/3
– (1901b): *Zur Psychopathologie des Alltagslebens.* GW, 4
– (1910a): *Über Psychoanalyse.* Fünf Vorlesungen, gehalten zur 20jährigen Gründungsfeier der Clark University in Worcester, Mass., September 1909. GW, 8,1–60
– (1921c): *Massenpsychologie und Ich-Analyse.* GW, 13, 71–161
– (1933a): *Neue Folge der Vorlesungen zur Einführung in die Psychoanalyse.* GW, 15
– (1937c): *Die endliche und die unendliche Analyse.* GW, 16, 59–99

Freud, S. und Jung, C. G. (1974): *Briefwechsel.* Frankfurt am Main: Fischer

Göllner, R. (2006): Die Grenzen der Erziehung im Roten Wien. Zur psychoanalytischen Kritik der Individualpsychologie bei Siegfried Bernfeld. *Wiener Zeitschrift zur Geschichte der Neuzeit*, 6, 57–72

Grimbert, Ph. (2001): *Runter von der Couch. Ein Ausweg für alle, die an ihren Neurosen hängen.* München: Goldmann, 2003

Grosskurth, Ph. (1987): *Melanie Klein. Her Life and her Work.* Cambridge, Mass.: Harvard Univ. Press

Grünbaum, A.: *Die Grundlagen der Psychoanalyse. Eine philosophische Kritik*. Stuttgart: Reclam, 1988

Habermas, J. (1966): *Erkenntnis und Interesse*. Frankfurt am Main: Suhrkamp

Handlbauer, B. (2002): *Die Freud-Adler Kontroverse*. Giessen: Psychosozial

Hegel, G. W. F. (1830): *Enzyklopädie der philosophischen Wissenschaften im Grundrisse*. Berlin: Akademie-Verlag, 1966

Hirschmüller, A. (1978): *Physiologie und Psychoanalyse in Leben und Werk Josef Breuers*. Bern: Hans Huber, S. 348; Orig. S.1 (=Jahrbuch der Psychoanalyse, Beiheft 4)

Huber, M. (2006): *Die Krankengeschichte(n) der Anna O. – Das A und O der Psychoanalyse?* Vortrag bei den S. Freud Vorlesungen 2006. Unveröff. Manuskript

Israel, L. (1976): *Die unerhörte Botschaft der Hysterie*. München: Ernst Reinhardt Verlag, 1983

James, H. (1898): *The Turn of the Screw*. deutsch: *Das Durchdrehen der Schraube*. dtv

Kristeva, J. (2000): *Melanie Klein*. New York: Columbia University Press, 2001

Laplanche, J. (1988): *Die allgemeine Verführungstheorie*. Tübingen: edition diskord

Leuzinger-Bohleber, M., Stuhr, U., Rüger, B. & Beutel, M. (2001): Langzeitwirkungen von Psychoanalysen und Psychotherapien: Eine multiperspektivische, repräsentative Katamnesestudie. Psyche, 55: 193–276

List, E. (2006): *Margarete Hilferding*. Wien: Mandelbaum

Malcolm, J. (1980): *Psychoanalysis – the impossible profession*. London: Karnac, 1988

Moser, Christian (2005): *Freud – sein Leben, erzählt von seiner Couch*. Carlsen

Nunberg, H. & Federn, E. (1962): *Protokolle der Wiener Psychoanalytischen Vereinigung*. 6 Bände, 1906–1908. Frankfurt am Main: S. Fischer

Pfabigan, A. (1982): Max Adler. *Eine politische Biographie*. Frankfurt/ New York: Campus

Rattner, J. & Danzer, G. (2007): Individualpsychologie heute. 100 Jahre Lehre Alfred Adlers. Würzburg: Königshausen und Neumann

Richebächer; S. (2005): *Sabina Spielrein – „eine fast grausame Liebe zur Wissenschaft"*. Zürich: Dörlemann

Ricoeur, P. (1970): *Freud and Philosophy: An Essay on Interpretation*. New Haven and London: Yale University Press

Roth, G. (2000): Warum ist Einsicht schwer zu vermitteln und schwer zu befolgen? *Vortrag am 25. Januar 2000 im Niedersächsischen Landtag*
– (2003): *Fühlen, Denken, Handeln. Wie das Gehirn unser Verhalten steuert*. 2., erweiterte Auflage. Frankfurt am Main: Suhrkamp

Rubenfeld, J. (2007): The Interpretation of Murder. Deutsch: *Morddeutung*. Roman. München: Heyne

Sperber, M. (1970): *Alfred Adler oder Das Elend der Psychologie*. Wien, München, Zürich: Molden (1975): Die vergebliche Warnung. All das Vergangene ... Wien: Europa, 1975

Spielrein, S. (1912): *Die Destruktion als Ursache des Werdens*. In: Sabina Spielrein. 2 Bände. Band 2: Ausgewählte Schriften. Berlin: Brinkmann und Bose, 1986

Stancic, M. (2003): *Manès Sperber. Leben und Werk*. Nexus 63, Frankfurt am Main: Stroemfeld

Wolfgruber, G. (2006): *Anna O. – Bertha Pappenheim (1859-1936). Historisch-biographische Aspekte*. Vortrag bei den S. Freud-Vorlesungen 2006. Unveröff. Manuskript